JN273999

中央銀行の財政社会学

中央銀行の財政社会学

―― 現代国家の財政赤字と中央銀行 ――

大島通義
井手英策 著

知泉書館

まえがき

　財政や金融，また行政には，昔から統制や検査がかならずついて回ってきた。その重要性は，今むしろいっそうの高まりを見せている。

　ロシアの作家ゴーゴリの有名な戯曲に『検察官』（1836年初演）がある。ある田舎町にとつぜん，検察官——その役割からすれば「検査官」と訳したほうが適切だっただろう——が私人の装いで行政査察に乗り込んでくるというニュースが伝わった。町長，判事，慈善院主事，教育長，郵便局長など，日ごろ賄賂や横領など脛に傷持つ町のお偉方はその対策におおわらわ。たまたまこの町に止宿した無一文の若者フレスタコーフは，狼狽した町長たちに仮の姿の検査官と思いこまれ，町長の邸宅に招かれて酒食の饗応を受け賄賂を贈られる。調子に乗ったフレスタコーフは，町長の妻や娘に甘い言葉をかけ有頂天にさせたうえで，一片の嘲りの手紙を残して町を去る。一同地団駄踏んでいるところへ，今度は本物の検査官の到来が告げられる。その衝撃のあまり，舞台に居並ぶ全員，石のように硬直したところで幕は下りる。

　ロシアでこの喜劇がおおきな反響をよび話題となったのは，「検査」と言われる事柄が，当時のロシアで実際にはどのようにおこなわれていたかをあらわに描きだしたからである。町長たちは，相手すなわち検査官が自分たちに何を期待しているかを読み，その読みにしたがって自分たちの利害を守るべく行動した。それが饗応と贈賄という形をとったのは，こうすることで検査官の「期待」をみたすことができると町長たちが「期待」したからだった。19世紀前半のロシアという限定を取り除いて言うならば，ここに示唆されているのは，検査が実際にどのようなものであるかは，検

査者と被検査者双方の利害関心と相手の期待（行動）についての予想，彼らがおかれた社会の状況やその選択を規定する制度のあり方とによって決まるということである（Pirker［1989: 17］本書第4章参照）。

　ここでまず明らかなことは，一般に，検査官による検査が適正だったか否かを検査する仕組みをつくらざるを得ないということである。近代国家における「行政責任 Public Accountability」を確保するには，それが不可欠だからであり，その意味でこれは古くて新しい問題である。近年のことについて例を一つあげるならば，我が国では最近，以前は政府会計の一部をなして会計検査院の検査の対象だった種々の機関が独立行政法人となり，その監査に公認会計士または監査法人があたることとなった。そこであらためて問われることとなるのが，その監査法人等の監査が適正かどうかを誰が統制し検査するのかという問題である。それが金融庁であるとして，では，その金融庁の検査が適正だったか否かを誰が検査するのだろうか。また，ここで言われる「適正」とは何を意味するのか。昨今，この類の問が金融面にかぎらず政府行政のさまざまな分野で投げかけられていることは，周知のところである。

　当事者たちが自らの利害関心と相手の期待（行動）についての予想にもとづいて行動することは，行政や決算の検査についてのみならず，その事前の計画立案，予算政策の決定についても見ることができる。1960年代から70年代にかけて，計画化志向の予算改革論（PPBSなど）に対抗して予算政策の実証理論として予算過程論（本書227頁参照）が提起されたが，そこでは，予算政策を決めるのは，現実の政策決定過程に参加しこれに影響を及ぼす主要な政治主体間の権限配分と，主体それぞれの役割に関する相互期待であるとされていた。その立ち入った検討はさておき，この主張が予算政策決定過程の一面を明らかにするものだったことは認めてよいだろう。われわれがしばしば耳にする「財務省（大蔵省）統制」という言葉も，予算政策にかんする財務省と行政各省庁とのあいだでの権限配分と相互期待のもとに成りたつ事柄であり，さらには，少なくとも1998年の日銀法改正までは財政・金融政策にかんする大蔵省と日本銀行および民間金融機関とのあいだの同様の関係を指している。

　なお，この「統制 control, Kontrolle, contrôle」の語源を12世紀までさ

かのぼって見てみると，contra rotula（＝照合計算）にたどり着く。日常のことで言えば，簿記を習った方ならばどなたもご記憶のように，金額の誤記を訂正するときに消しゴムを使わず，二重線を引いてそのうえに正しい数値を書き加えるのが照合計算である（Schmölders〔1988→2002: 135〕本書第4章参照）。あるいはまた，統制はcontre-rôle（＝対抗役割）からの派生語だとも言われる。要するに，この言葉が含意しているのは，検査と同様，ある主体の他の主体にたいする一方的な制裁の行使にとどまらず，役割をことにする複数主体の関係でもある。

　この見方に立って，政府と中央銀行の関係，あるいは，中央銀行の政府にたいする従属もしくは自律と言われる問題を考えてみること，これが本書の基本的な狙いである。

　我が国の中央銀行は1998年まで，法の規定にもとづいて政府の監督のもとにおかれ，また大蔵省が，金融機関の検査権とともに証券会社や金融機関にたいする監督の権限も掌握していた。金融の財政への従属が語られた所以である。同年の日本銀行法改正によって，日銀は政府からは独立の機関となり，同時に大蔵省も改組されて（2001年以降財務省），民間金融機関の検査などの監督権限は金融監督庁（2000年より金融庁）に移され，財政・金融面での統制の制度上の仕組みにはおおきな変化が見られた。

　だが，この制度改正は政府と日銀の関係を，その法改正において望ましいものとされた両者の関係へと果たして変えたのだろうか。本書第1章はこの疑問から出発する。その際われわれは，先にゴーゴリについて述べたことをさらに一歩進めて，制度と主体との関係は，前者が後者を規定するという一方向のものとしては捉えきれないという仮説をたてる。この仮説は，本書の第2章と第3章における歴史分析をつうじて実証される。

　この二つの章はいずれも1930年代から40年代初頭までの時期の事例の分析だが，第2章で取り上げるドイツの場合でも，第3章で論ずる日本の場合においても，軍部やある政治勢力が強大な影響力を行使していたその陰で，対政府信用供与にかんするかぎり，主導的な役割を果たしたのは中央銀行であり，従来の研究が主張してきたような政府による中央銀行支配の結果ではなかった。中央銀行をしてそのように行動させたのは，中央銀行自体の利害関心（その政策権限の強化）だった。これが，日独のいずれに

ついても原史料の考証にもとづく分析をつうじてわれわれが得た結論である。

　日本の現状に立ち戻って言えば，改正日本銀行法において日銀の政府からの自立が規定されたとはいえ，それは日本における中央銀行政策の政府政策にたいする自律を保証するものではない。この数年われわれが目にしてきたのは，日銀の政府にたいする関係が，むしろ資金調達や国債市価維持という政府の国債管理政策における日銀の役割重視という方向に向かいつつあることである。この現実を法規定から推しはかれないとすれば，日銀法改正以前の政府・日銀関係を法規定のみから説明することに難点があることもまた，明らかである。そしてまた，このことからすれば，公共選択論が規範として定立しようとしているルールによる政策の統制は，現実によって裏切られつつあると見るべきだろう。

　この研究状況を乗りこえるには，第4章で述べるように，財政社会学という接近方法，それも，20世紀初頭のゴルトシャイト以来の議論の批判的な検討に立脚した財政社会学がいま求められている。

　「財政社会学」とは，あるいは見慣れない言葉かもしれない。これがある体系をもって提唱されたのは，第一次世界大戦さなかのオーストリアでゴルトシャイトという在野の学者によってであり，これを高く評価して世に知らしめたのはシュンペーターだった。彼らをしてそうさせたのは，戦費の中央銀行信用による調達で破綻に直面していた同国の財政状況である。第二次大戦後に財政社会学という言葉が人々の記憶によみがえったのは1970年代の後半以降，先進諸国において財政赤字が蔓延した時期においてだったことからすれば，財政社会学は財政赤字の申し子だと言えるだろう。このことはこの書物にも当てはまる。われわれがこのような内容をもって本書を世に問おうとするのは，近年の我が国の財政危機を読み解くのに既成財政学は十全な武器たり得ないと考えるからである。

　財政社会学は、財政を歴史の文脈のなかで捉えることから始まる。ただしそれは，財政史を究めればすむというものではない。われわれの関心は現代の財政にあるが，その際，過去を現在のひとつの相，あるいは函数として見るべきだと考えている。本書でその紙幅の半ば以上を30年代の分析にあてたのは，そこで明らかになったことを，あの時代と現在との連続と

非連続を見分けたうえでならば，現在を考えるために活かすことができると考えたからである。その分析における焦点は，政策主体相互の，そしてこれらの主体と制度との関係にあわせられる。

　そのような試みは，管見のかぎり，今までなされたことはない。果たして本書がそれに成功したか否か，読者の忌憚ない批判を乞う次第である。

　この書物には，その研究内容を整理し問題意識を明確にするうえでの前史があり，その過程で多くの方々から助言を得，また励ましを与えられた。井手が客員研究生として日本銀行金融研究所に在籍する機会をそなえてくださったのは伊藤正直氏（東京大学）である。また，翁邦雄氏（日本銀行金融研究所）からは論文執筆やワークショップでの報告など過分なチャンスを与えていただいた。さらに，阿川裕里氏，武藤哲氏，藤木裕氏，畑瀬真理子氏（同上）からはそれぞれの立場から丁寧なコメントと批判を頂戴した。大島と井手が初めて共同で報告をおこなったのは2001年5月，日銀金融研究所の定例の研究会においてである。この貴重な場を設けてくださったのは同研究所の鎮目雅人氏である。同氏はさらに，われわれ両名とともに，翌02年10月の日本財政学会大会の「企画セッション」において共同報告の労を執ってくださった。その際，三名の報告に適切なコメントを加えられたのは加藤榮一（当時法政大学）・吉野直行（慶應義塾大学）両氏である。また，金澤史男氏（横浜国立大学）には，座長としてこのセッションの円滑な進行をはかっていただいた。この間に逝去された加藤氏への追悼の思いをあらたにすると同時に，吉野・金澤両氏には心からのお礼を申し上げたい。これらの報告の内容は，大島・井手「中央銀行政策と財政統制――1930年代初頭～戦時期のドイツと日本について――」として『三田学会雑誌』（95巻1・2号）に掲載された。本書は，これを推敲し，その後の史料考証の結果を取りいれ，さらに現状分析と財政社会学についての方法論的検討を加えたものである。なお，原史料の収集に際して関連資料を保管する機関の方々より懇切な助言や協力を得たことは，われわれにとっておおきな励ましだった。

　世代を異にするわれわれ二人が知り合い，問題意識の共通性を確認し，それを共同の作業にまで実らせることができたのは，研究集団 Network 2000においてである。このことからすれば，同研究集団は本書の生みの親

だと言ってもよい。

　なお，この書物の第1章と第3章は井手が，第2章と第4章は大島が担当・執筆したが，いずれの章も両名による検討を経たものである。とくに第4章は，論旨の構成にいたるまで両名による議論を重ねた結果である。

　われわれがこの書物を最終的にこのような形にまとめることができたのは，知泉書館の小山光夫さんが出版を二つ返事で引き受けてくださったからである。日本における学術研究とその成果の刊行の現状を憂慮する小山さんの期待に，この書物がすこしでも応えることができるならば，これに過ぎる幸いはない。なお，本書の刊行については，全国銀行学術研究振興財団から助成を得ている。衷心より感謝を申し上げたい。

　また，本書は，独立行政法人日本学術振興会平成18年度科学研究費補助金（研究成果公開促進費）の交付を受けた。記して謝意を表する。

2006年6月

大　島　通　義
井　手　英　策

目　次

まえがき …………………………………………………………… v

第1章
現代日本における財政金融政策の諸側面
——量的緩和・中央銀行の独立性・財政赤字——

1-1　財政金融をめぐる理論的整理と中央銀行制度改革 …………3
　1-1-1　財政金融政策に関する分析枠組み　5
　1-1-2　1998年改正日本銀行法の内容と論点　10
　1-1-3　ブンデスバンクにおける「独立性」の意味　15

1-2　量的緩和政策の影響とその歴史的地位 ……………………18
　1-2-1　量的緩和政策が与えた中央銀行政策への影響　18
　1-2-2　中央銀行政策の転換は政策史上どう位置づけられるのか？　24

1-3　反転困難な政策構造の形成 …………………………………31
　1-3-1　為替政策と財政リスクの高まり　31
　1-3-2　大量借換え時代の到来と国債管理政策　39

1-4　結論および問題提起 …………………………………………46

第 2 章
1930年代ドイツにおける中央銀行の「独立」と「従属」

2-1　1930年代のライヒスバンク——「独立」から「従属」への道程 …54
　　2-1-1　1924年銀行法から1939年ライヒスバンク法へ　54
　　2-1-2　ライヒスバンクから見た中央銀行の「独立」と「従属」
　　　　　 (1933/34年)　57
　　2-1-3　積極的信用政策の手段を求めて　61

2-2　手形金融とライヒ財政 …………………………………66
　　2-2-1　手形金融制度の仕組み　66
　　2-2-2　手形金融のもとでの国防軍財政　72
　　2-2-3　手形金融とライヒ財政政策　77

2-3　ライヒスバンクの信用政策 ……………………………85
　　2-3-1　ライヒスバンク資産構成の変化　85
　　2-3-2　手形金融と貨幣市場の変容　90
　　2-3-3　資本市場の統制　95

2-4　政府金融の〈正常化〉からライヒスバンク法制定へ ………100
　　2-4-1　資金調達方式の転換　100
　　2-4-2　国庫危機を醸成した諸要因　103
　　2-4-3　国庫危機からの脱出　111

2-5　おわりに——1939年法のもとでのライヒスバンク ……………120

第3章
戦時財政における中央銀行の「独立」と「従属」
―日本の場合―

**3-1 従属か？ 合理性か？ 大蔵省統制と中央銀行政策をめぐる
論点の変化** ……………………………………………………130

3-2 高橋財政期および戦時期における政策構造――概観 …………134
 3-2-1 日銀の金融調節と大蔵省統制の限界
   ――高橋財政期の財政金融政策をめぐって　134
 3-2-2 戦時期における日本銀行・大蔵省の政策課題　142

3-3 財政と金融の一体化が意味するもの ………………………152
 3-3-1 資金統制の展開と日本銀行の地位　152
 3-3-2 予算編成権移管問題と資金統制　160

3-4 1942年日本銀行法制定過程における諸論点 …………………178
 3-4-1 日銀改組の背景と対政府信用の位置づけ　178
 3-4-2 日銀の金融調節機能をめぐる諸論点　183

3-5 おわりに――1942年以降の大蔵省統制と中央銀行政策 ………195

第 4 章
財政社会学の視点と射程

4-1 「歴史は繰り返す」 ……………………………………………… 204

4-2 財政社会学の提唱 ………………………………………………… 207
 4-2-1　ゴルトシャイト　207
 4-2-2　シュンペーター　213

4-3 財政社会学の展開 ………………………………………………… 222
 4-3-1　多元的社会における財政
  　　　──マンの財政社会学とその批判的継承　222
 4-3-2　財政権力の核からその外縁へ
  　　　──シュメルダース財政論の視線　230

4-4 〈国家〉の再発見 ………………………………………………… 237
 4-4-1　歴史的制度論の登場　237
 4-4-2　財政論のあらたな展開　241

4-5 財政社会学の課題と分析枠組み ………………………………… 245
 4-5-1　分析の対象　245
 4-5-2　接近方法　248

4-6 おわりに …………………………………………………………… 256

索　引 ………………………………………………………………………… 271

中央銀行の財政社会学
―― 現代国家の財政赤字と中央銀行 ――

第1章

現代日本における財政金融政策の諸側面
――量的緩和・中央銀行の独立性・財政赤字――

1-1 財政金融をめぐる理論的整理と中央銀行制度改革

近年,財政および金融政策[1]は新たな局面に移行しつつある。先進諸国における福祉国家の行き詰まり,金融政策における裁量からルールへのパラダイムシフト,さらには,ユーロ導入をめぐるヨーロッパ各国の通貨制度改革の本格化,これらの要因は複雑にからみ合い,財政と金融の分離,中央銀行の法的な独立性をめぐる議論を活発化させている。ケインズ流の財政金融政策に依拠したこれまでの福祉国家が何らかの修正を求められている点は合意が整いつつあるし(Pierson [1991=1996], Johnson [1999=2002], 林ほか [2004] など),政治と距離をとった金融政策の運営が物価の安定とかかわりを持つことは,総力戦とハイパーインフレーションの教訓をひも解けば容易に想像がつく。このように考えると,財政と金融の分離をめぐる主張は説得的なのだが,近年のわが国における政策の現状は,中央銀行の独立性を自明の理としてきたこれまでの議論には収まりきれな

---

1) 金融政策を広く定義すれば,金融市場における資金の需給調節,貨幣制度や金融制度,証券制度に関する政策も含めた通貨当局(政府および中央銀行)の経済政策と言うことができるだろう。しかし,本書が金融政策という用語を用いる際,金融行政は直接の対象としていない。また,物価の安定に代表されるような中央銀行独自の課題に対して,自身の政策理念に即しつつ中央銀行が主体的に政策を行う場合を中央銀行政策と呼ぶことがある。

い問題を示しつつある。

　周知のように，1998年日本銀行法の改正以降，わが国では，日銀の独立性を踏まえた新たな政策枠組みのもとでデフレからの脱却をめざし，さまざまな施策が試みられてきた。そのなかで最も注目を集めたのが，2001年3月19日に表明された国債買い切りオペによる「量的緩和」政策への転換である。これ以降，金融市場は歴史的な緩和状態にいたったのであるが，その一方で，日銀の保有国債が資産に占める割合は戦時期なみの高水準となり，同行の国債保有リスクを高め，財政当局にも長期金利の上昇，利払い費の増大という将来のリスクを鋭く突きつけることとなった。また，2003-4年にかけて実施された為替政策も同根の問題である。というのも，2003年1-3月期から04年1-3月期にかけて政府日銀による積極的な円売り介入が実施されたが，その際のドル買いは市場に大量に存在する円資金なくしては不可能だったからである。史上まれに見る規模で為替介入が行われた結果，わが国には世界的に見て巨額の外貨準備保有高がもたらされ，ドル買い資金のために発行された政府短期証券の残高は空前の額に達している。

　これらの事実は，政府からの法的な独立は中央銀行に対して，あるべき理念に即した，自律的な政策運営を保証するであろうという考えに疑問を抱かせる。あるいは，法的な独立が実現されても財政政策と金融政策の一体性がかえって強められる可能性，そしてそれが政策運営上のリスクを高めうる可能性を端的に示している。法的独立性の強化とその後の政策リスクの共有，このような逆説的な状況をわれわれはどのように理解すればよいのであろうか。

　以上の問に対して，本書は日本の現状，ドイツ・日本の歴史比較を通じた複眼的な分析を試みる。そのうえで，最終的には財政社会学に関する方法を提示する。まず，本章では，次章以下の歴史分析における分析枠組みを示すために現状分析とそれに基づいた仮説の提示がなされる。第1節では，財政と金融に関する従来の分析枠組みおよび中央銀行独立の動きをサーヴェイする。続いて，第2節-第4節では，量的緩和政策への転換が中央銀行政策や財政運営に与えた影響を考察する。最後に，第1節で示された従来の分析枠組みを念頭に，第2章以下で検討される内容の問題意識を

示す。

1-1-1 財政金融政策に関する分析枠組み

1930年代は世界恐慌からの脱出過程であり，世界的なレベルで金本位制度から事実上の管理通貨制度への移行が進んだ時期である。このような通貨システムの転換は財政および金融を通じた経済政策のあり方を一変させることとなる（Kindleberger［1973＝1982］）。その後，ケインズ経済学やこれを発展させた補整的財政論が普及し，カウンターシクリカルな総需要管理が政策の第一目標として幅広く認識され，財政政策や金融政策はそれを実現するための手段として一体的に運営されていく。

このような，政策の機能面に着目したケインズ経済学ないし補整的財政論に対して，歴史や経験的事実を尊重する財政学では，財政，金融の政策的な一体性を現代資本主義の歴史的特徴と関連づけて議論してきた[2]。一例として，鈴木武雄の財政金融一体化論を見てみよう。

鈴木が重視するのは，市場経済の発展の歴史とともに変貌を遂げてきた財政と金融の関係である。鈴木は近代的な財政制度の特徴を国ないし国の経済活動である財政が市場経済のなかに織り込まれた点，とりわけ，貨幣によって収入と支出をまかなう貨幣財政が確立した点に見出した。そして，このような貨幣財政＝近代財政への移行が王侯領主に対する商人の「金融（Finance）」を端緒としていた点に着目し，これを「Financeとしての財政」と呼んだ（鈴木［1957：第2章］）。経費論の立場からは，財政の現代的な特徴としては，公共経費の膨張，補助金等の移転的経費の増大がしばしば指摘されてきた（神野［2002：247］）。鈴木はこれを受け入れながら，歳入面において財政活動の主体たる政府が金融市場での借り手ないし貸し手としての地位を獲得し，さらにその政府に対する直接，間接の貸し手として中央銀行が位置づけられた点に注目する（鈴木［1957：第4章］）。こ

---

[2] 政策を機能面から把握するケインズ経済学には，社会のさまざまな要求が反映される予算過程に関する分析が欠けることとなる。金融とのかかわりをひとまず措けば，財政過程における政策主体の相互作用の結果として財政による利益統合の性格規定が可能であるとの指摘（大島［1972］），予算過程を通じて行われる意思決定過程の分析に予算論の「復位」を見出す指摘（高橋［1974］）などは，このような視点からのケインズ経済学批判として数えることができるであろう。

のように，「財政の金融化」あるいは「金融の財政化」が著しく進んだ点に「Financeとしての財政」の現代的な特徴を見出したのである（同［1957：第5章］）。

　一方，このような市場経済の発展が財政，金融の関係に与えた影響を考察する議論とは反対に，財政および金融政策をめぐる権限の対抗が経済や政治に与える影響を重視する議論も存在する。シュメルダースは，租税を取りあげることのできる国家権力，すなわち「財政高権」が国家自身の存立基盤であることに着目する。そして，「財政高権」を含む「財政権力」のなかにこそ，すべての公共財政経済の基礎を見出せる点を強調する（Schmölders［1955＝1957: 19f.］）。ここで注意すべきは，財政「権力」の本質が財政「高権」にすべて還元しうるものではないという点である。それは，歴史的には「財政権力」のなかには，国家の貨幣鋳造や貨幣制度の規律に関する「通貨高権」も存在してきたからである。つまり，財政政策と通貨政策の間にみられる変転著しい関係のなかにこそ，財政権力の本質，ひいては政治と経済の関係全般が見出せると論じたのである（同［1955＝1957：20］。より詳細な記述は4-3-2を参照）[3]。

　以上のように，財政・金融を有効需要創出の道具とみなすケインズ経済学，補整的財政論とは異なり，財政政策および金融政策の関係あるいはそれらと市場経済との関係から財政の現代性を捉え返そうとする視点は，財政学において広く受け入れられた見方だといえる。

　ただし，その財政学において，財政と金融が密接不可分の関係にあるという主張が共通してなされる一方，政策運営上，あるいは，分析上の観点から双方の区別も同時に強調されているという点は重要である。たとえば，鈴木は財政政策を「通貨金融政策の一環」と最終的に位置づけたが，政策

　3）このように考えると中央銀行の独立性とは，国家による通貨高権の乱用を阻止するためにこれを中央銀行に委ね，そしてその独立を保障することで公共経済の基礎を確立しようとするものだといえるであろう（4-3-2）。しかし，シュメルダースの指摘を踏まえれば，通貨高権と財政高権の関係，言い換えれば，通貨高権の国家からの独立の程度，その意味は，財政高権との関係において歴史の文脈のもとでさまざまに変化しうるであろう。われわれが量的緩和以降の，そして，1930年代の中央銀行の独立性を論ずるのは，その独立の意味内容，ひいては通貨高権と財政高権から構成される財政権力のあり方そのものが歴史のコンテクストに規定されるものであることを示したいからである。

上の権限にかんしては，現代国家の分業という観点から中央銀行の「独立」ないし「中立」の必要性を論じている（同［1955＝1957：257f.］)。シュメルダースも同様に通貨政策が公共財政経済に奉仕させられた点を鋭く批判し（Schmölders［1970＝1981：27］)，議会や政治による意思形成を重視する財政高権と必ずしもそれを前提としない通貨高権にかんして，分析上，区別を行う必要を強調している（同［1970＝1981：4］)。

　以上の伝統的な財政学の見方に対して，財政政策の規律を確保するための手段について，規範的な議論を行ったのが公共選択論である。公共選択論の代表的著作として知られる Buchanan＝Wagner［1977＝1979］は，ケインズ政策が一部の知的エリートが政策決定を行うことを前提としている（「ハーヴェイ・ロードの前提」）点を厳しく批判した。そして，公債に頼った財政支出が，負担をあまり伴うことなく行政サービスを受給できるという財政錯覚を引き起こし，財政赤字を容易に生み出しうることを問題視した。これらの認識をもとに，負担軽減を望む有権者，その代理人としての政治家，予算を最大限獲得しようとする官僚，政治過程におけるそれぞれの合理的な行動が，市場を通じた個人の選択よりも過大で非効率的な財政赤字をもたらす可能性を示唆したのである。

　このような政治過程に固有の非効率性に対しては，80年代以降，公共選択論以外の分析も含め，ルールに基づいた政策運営の重要性が強調されてきた。たとえば，Bernholz［1986］は，制約のない裁量的権限がインフレによる債務償還を引き起こしがちであるとの観察からルールに基づいた政策運営の重要性を指摘したし，Bernholz の議論を敷衍した Buchanan ［1991＝1992：第7章］でも立憲的制約による金融秩序の維持が主張されている。このほか，財政政策が金融政策に対して支配的なスキームのもとでは，金融引き締めが将来のインフレーションを引き起こしうる点を指摘した Sargent＝Wallace［1981］，同論文を踏まえて，中央銀行の独立性強化が財政規律をもたらし，その独立性とインフレに負の相関があることを指摘した Parkin［1987＝1990］なども中央銀行政策と財政政策の関係に着目したものとして同列に加えることができるであろう[4]。こうして，

---

　4) Dixit［1996＝2000］は，取引費用政治学アプローチに基づいてコミットメントの重要性

裁量を排除した金融調節を要求するマネタリズムや政策目標を法律に書き込む立憲主義（Constitutionalism）など，ルールに基づいた政策運営の要求は，公共選択論の枠組みを超えて影響力を増していくこととなるのである[5]。

このように，財政学および公共選択論では，まったく異なる文脈にありながらも，ケインズ経済学的な枠組みのもとでの財政金融政策のあり方，とくに，中央銀行信用による財政赤字のファイナンスに対して批判を加えてきたということができる。一方，1980年代後半以降になると，通貨統合を模索するヨーロッパを中心に中央銀行の独立性をめぐる議論が活発化し，金融論においてもいくつかの重要な指摘がなされるようになる。

中央銀行の独立性にかんしては，数値化された独立性を用いて国際比較を試みるものが多く存在する。その代表であるCukierman, Webb and Neyapti [1992] は，中央銀行法を参考に総裁の任免権や政府部門への貸出条件等を点数化することで独立性を数値化し，この数値とインフレ率との関連を論じている。その実証結果に基づけば，1980～89年におけるG7諸国の中央銀行の独立性指数は，最高がドイツの0.69，最低が日本の0.18であった（満点は1.00）。これとインフレ率の相関を見ることで，先進国においては物価と中央銀行の法的な独立性には負の相関があること，つまり，インフレ抑制が中央銀行の責任だとすれば，そのためには政府から政治的に独立すべきであることが明らかにされたのである。

を論じているが，中央銀行の独立性に関するコミットメントと比して，財政策へのコミットメントは容易に形骸化することを指摘している。なお，邦訳版のあとがきにおいて，訳者の北村は中央銀行の独立の結果日銀と財務省が相手の行動を読み込んで行動しなくてはならなくなったという意味で，相互依存，相互対立が明確になったとの興味深い指摘を行っている。

5）ちなみに，1990年代に入ると金融論ではテイラールールやインフレターゲットをめぐる議論がルールにもとづいた政策運営を論じるうえで重要な位置を占めるようになった。テイラールールとは，目標インフレ率からの乖離とGDPギャップによって望ましい政策金利の水準を導き出すためのルールであり，短期金利＝目標実質金利＋インフレ率＋0.5×インフレギャップ＋0.5×GDPギャップという簡単な式によって示される（Taylor [1993]）。一方，インフレターゲット論は，中央銀行がインフレ率の目標を設定・公表し，この達成を優先すべきとする考え方であり（Krugman [1998]），このインフレターゲットをインフレ率の意識的な上昇と結びつけた場合，これを調整インフレ論と呼ぶ。調整インフレ論にかんしては注37もあわせて参照。

ただ,わが国のインフレ率と中央銀行の独立性という論点に限定すれば,バブル期においてですら,資産価格の上昇の一方で消費者物価指数はきわめて安定的だったことが知られている[6]。グッドハートの言葉を借りれば,「日本は,世界における最低のインフレーションを達成した国であると同時に最も従属的な中央銀行をもった国という二面性」(Goodhart [1995: 51f.])を有していたのである。また,中央銀行の独立性維持のためには,国民によるサポートが不可欠であるが,そもそも国民の要求が物価の安定に収斂するかどうかは自明ではない(Lastra=Miller [2001: 49])。事実,民主化過程の途上国の事例のように中央銀行の独立性が物価の安定とはおよそかけ離れた論理のもとで実現されることもある(Boylan [2001: 241ff.])。以上の意味において,中央銀行の独立性と物価の関係は,理論的にも実証的にもより洗練されるべき論点といえる[7]。しかしながら,財政学,公共選択論が強調してきた中央銀行ないし金融政策の独立性問題は,こうした議論の活発化によってさらなる理論的裏づけを得たことは間違いない。

このように,財政金融に関する諸理論は,双方の分離,あるいは,中央銀行の独立性強化を主張する点においておおむね一致している。そして,一方では,このような理論的な発展に支えられ,他方では,ヨーロッパにおける通貨統合の進展,わが国におけるバブル崩壊後の経済停滞,金融不祥事などに見られる状況変化により,1990年代にはヨーロッパ,日本において次々に中央銀行制度改革が実現されることとなる。そこで,以下では,理論的には強く支持される中央銀行の政府からの独立にかんして,改正日銀法を素材にどのような改正が行われたのかを確認し,続いて,最も政治的独立性が高いことで知られるブンデスバンクを事例にその独立の意味するところを考えておくこととしよう。

---

6) ただし,最終的にはバブル期末期において物価の上昇が顕在化しており,その後のデフレ・スパイラルも勘案すれば,長期的な物価のコントロールに失敗したとの評価も可能である(翁ほか [2001:76ff.])。

7) Cukierman, Webb and Neyapti [1992] 以降の中央銀行の独立性と経済パフォーマンスの関連を論じた業績については,藤木 [1998:第5章]の整理を参照せよ。

1-1-2 1998年改正日本銀行法の内容と論点

1996年2月,与党による大蔵省改革プロジェクト・チームの設置に端を発し,同年7月,中央銀行研究会(以下,研究会),同11月,金融制度調査会(以下,金制)日銀法改正小委員会の設置,審議を経て,1998年4月1日,新日本銀行法が施行された。ところで,日銀法改正の実質審議が開始されたのは首相の私的諮問機関である中央銀行研究会においてである。そこで同研究会の第一回議事要旨を見ておくと,冒頭,松下日銀総裁より,1)中央銀行が果たすべき使命あるいは目的(物価の安定と金融システムの安定の関係),2)中央銀行の独立性・中立性,3)政策委員会の一層の機能強化,4)金融システムの安定確保のための中央銀行の機能,5)国際金融の分野における中央銀行の役割が議論の焦点として掲げられている。一目見て分かるように,55年ぶりの法改正とあって改正の対象は網羅的であり,実際,議論の内容も多岐にわたっていた。以上の松下総裁の問題提起に即しながら,以下では改正法の内容と評価を整理していく[8]。

まず,1)「中央銀行が果たすべき使命あるいは目的」については,改正法第2条および第1条第2項において,物価の安定と決済の円滑化による信用秩序の維持(いわゆる,金融システムの安定化)が日本銀行の責任として明確に示されることとなった。ここでまず目を引くのは,現行法の「日本銀行は国家経済総力の適切なる発揮を図る為国家の政策に即し通貨の調節,金融の調整及信用制度の保持育成に任ずるを以て目的とす」といういわゆる従属規定が削除されたことである。日銀法改正の趣旨から考えてもこれは当然のことであるが,政府との関係は単なる本規定の削除によって解消する問題ではない。この点は2)との関連で後述する。

続いて注目されるのは,政策目的として,物価および為替双方の安定を意味する「通貨価値の安定」ではなく,「物価の安定」が選択された点である。金制の出した答申理由書では,対外的および対内的な通貨価値,双

---

[8] 改正法の内容およびその評価については,立脇[1998],鐘ヶ江[1999]を参照。また,改正日銀法の制定過程にかんしては真渕[1997]に詳しく,本項も基本的にこれに依拠しながら以下の記述を行う。ただし,同書公刊後公表された中央銀行研究会の議事要録や金融制度調査会の答申理由書等も適宜参考にしている点をあらかじめ断っておく。

方の追求が利益の相反を生み出すことが指摘されている。これは，為替安定，自由な資本移動，中央銀行の独立性が同時に成立しないことを指摘した「国際金融のトリレンマ」の問題と関連しているが，為替介入が政府の権限となれば財政運営と為替政策の連動性は高まることが予想されるし，また，実際にも日銀が為替政策に関するコミットメントを避けた点を批判する向きが存在する。詳しくは５）の項目で論じる。

　次に，２）「中央銀行の独立性・中立性」についてであるが，改正法第３条および第５条の２において，日本銀行の自主性の尊重，運営の自主性がそれぞれ明文化されることとなった。これは，物価の安定を実施するうえで，中央銀行の政治的中立性が極めて重要との判断によるものであり，前項に述べた学界の理論潮流とも符合している。一方，独立性にかんしては，憲法第65条に規定された内閣の行政権との関連が注目されたが，政府による人事権が留保されれば，中央銀行に行政府から独立した行政権限を付与可能との解釈が第５回研究会において示された。これを受けて，改正法第23条では政府による総裁，副総裁，役員の任命権が規定されることとなった[9]。ただし，その一方で，旧法に存在した政府による総裁等の解任権が削除された点は注目すべき変更である。

　以上，１）で見た従属規定の削除とあいまって，日銀の法的な独立性は大幅に強化されることとなったが，同時にいくつかの留保規定も設けられている。まず，第２条では日銀が物価の安定を通じて「国民経済の健全な発展に資すること」が明記されており，第４条でも政府の経済政策の方針との整合性，政府との十分な意思疎通の必要性が明記されている。次に，旧法42条および43条に規定されていた蔵相の監督権，業務命令権について，前者は，改正法第56条において日銀が法令や定款に違反した場合という条件つきで「違法行為等の是正」として存置され，後者も，同第19条第２項において議決延期の請求権が政府に与えられることとなった[10]。さらには，

　9）　以上の任命に対しては国会による同意が必要とされ，これに対する強い反発が日銀サイドに存在したといわれる（真渕［1997：63ff.］）。
　10）　業務命令権にかんしては，第９回研究会において政府による議案提出権を認める案（議案提出権）と政策委員会に対して一定期間判断を留保することを求める権利（議決延期権ないし議決延期請求権）とが議論されている。その後，大蔵省（当時）は議決の延期を強制できる議決延期権を強く要求し，金制においていったんその方針で固められたが，世論

国会の審議を不要とし，不認可時の理由書提出を条件とするものの，改正法第51条において，財務大臣に対する日銀予算の認可権が規定されることとなった。このように，改正法が無条件に政府からの自律的な政策運営を認めるものではなかった点には注意が必要である。

3)「政策委員会の一層の機能強化」については，研究会報告書，金制答申，双方において旧法第24条に規定されていた役員会の廃止が謳われ，これを受けて，改正法第15条において政策委員会に対し最高意思決定機関としての地位が与えられることとなった[11]。政策委員会は3名に増員された日銀関係者と6名の審議委員から構成され，同時に，政府委員は議決権を持たないオブザーバーとしての参加しか認められないなど，その地位が制限されることとなった。この結果，従来大蔵大臣の認可事項であった預金準備率の変更も含め，中央銀行政策に関する一般的な業務を政策委員会の判断で決めることが可能となったのである[12]。

一方，政策委員会に対する意思決定権の集中は同時に日本銀行の説明責任の高まりを意味することとなる。そこで，第20条において速やかな議事要旨の公開，一定期間経過後の議事録の公開[13]がそれぞれ規定されることとなった。ただし，研究会報告書，金制答申，両者とも「政策委員会での自由な討議の妨げとならないよう」配慮が必要であることに言及されてお

の強い批判を受け議決延期の請求権が設けられることとなった経緯がある（真渕［1997：304ff.］）。ただし，議決延期請求権は国際的に見てもあまり例のない規定であり，同様の規定を持ったブンデスバンクはEMI（欧州通貨機構）より削除を勧告されている（高橋［2000］）。

11) GHQ経済科学局の財政金融課が示したいわゆるバンキング・ボード構想に対して大蔵省および日本銀行は徹底してこれに反対しており，とりわけ，当時の一万田日銀総裁が本来の趣旨を換骨奪胎した政策委員会としてこれを制度化したという経緯がある。真渕［1994：120ff.］を参照。その後98年改革に至るまで，政策委員会は，スリーピングボードと揶揄されることとなる。

12) なお，日銀の業務にかんしては，旧法第22条に政府に対する無担保貸付，国債の応募または引受が明文化されている（この点は，3で後述する）。これに対し，金制答申理由書は，戦時インフレへの反省からこの規定の問題性を指摘し，改正法第33条において，財政法第5条但し書きに該当する場合を除き，対政府信用供与が制限されることとなった。一方，政府短期証券の引受が業務として明文化された点を批判する指摘もあったが（たとえば，立脇［1998：95ff.］)，その後，1999年4月より定率公募残額日銀引受方式から公募入札方式（2000年4月より完全公募入札方式）へと移行することとなった。本章，第3節参照。

13) 1998年10月，政策委員会は各会合から10年を経過の後に議事録を公開することを決定した。

り，発言者を特定化しないかたちでの情報公開が求められている[14]。

4)「金融システムの安定確保のための中央銀行の機能」，にかんしては，日本銀行の業務が第33条以降に明記されている。ここで注目されるのは，改正日銀法第37条（金融機関への一時貸付），38条（信用秩序の維持に資するための業務），に示された「信用秩序の維持」のための規定である。まず，37条は予見しがたい偶発的な事態への対処としての短期貸付を明文化したものである。これに対し，38条は信用秩序の維持に深刻な影響を与えかねない場合に，総理大臣および大蔵（財務）大臣の要請に基づいて日銀が金融機関への貸付を行う旨，明記したものである。

ここで言及しておきたいのは，これらの法規定と日銀特融との関係である。1994年12月の東京協和，安全両信組の破たん以降，日銀特融が相次いで実施されたことは広く知られている（くわしくは立脇［1998：36ff.］）。特融の際，研究会および金制小委員会では，信用秩序維持に関する最終的な責任が政府にあることを確認しているが，融資の不良債権化に対する政府の責任は厳密には明確化されていない[15]。また，改正法第43条では，財務大臣および内閣総理大臣の認可を受けた場合，法律に規定されていない業務をも行うことができるとされており，信用秩序の維持という観点から37条や38条とは異なる基準の金融機関救済が行われる可能性もはらんでいる[16]。

最後に，5)「国際金融の分野における中央銀行の役割」であるが，国際金融業務にかんしては，改正法第36条第1項および第40条において政府の代理人として為替売買を行う旨が規定された[17]。まず，研究会報告書が

---

14) 結局，1998年4月1日「政策委員会議事規則の制定等に関する件」において，議事録には発言者を明記する旨が記載されている。

15) この点に関連して，研究会の答申「中央銀行制度の改革」では，一方で金融システムの安定化に対する「政府のイニシアチブ」が強調され，他方で一時的かつ緊急の流動性不足には「日本銀行独自の判断で流動性の適切な供給を行いうることとすべき」と述べられていた。その後，金制小委員会の議論を経て日銀特融の期限および基準が設けられるのだが（以上，真渕［1997：286f.，第6章］），このような経緯に明らかなように，信用秩序の維持に関する日銀，政府の役割および責任は極めて峻別が困難なものだといえる。

16) 「日本銀行の独立性に関する研究会」による「金融制度調査会答申に対する意見」では，支払能力のない金融機関の救済も可能との誤解を招くとして，「信用秩序の維持」を削除すべきという批判が加えられている。

17) 改正法では，為替介入に関する権限のほかに，第41条および第42条において，外

「為替介入については，現在の国際金融システムの下では，政府が一元的に責任を持つべきである」とし，金制の答申でもこの方針が踏襲されることとなった。この決定に対しては多くの批判が行われている。たとえば，「日本銀行の独立性に関する研究会」作成「中央銀行研究会報告書に対する意見」は平時の為替介入は日銀主導で行うべきと指摘し，同「金融制度調査会に対する意見」においても，政府主導の為替介入が日銀の通貨価値安定のための金融調節を著しく制約しかねないと厳しく批判している[18]。

ただし，後者の批判についてはやや慎重な検討が必要である。それは，「金融制度調査会に対する意見」が「物価の安定を主軸とした通貨価値の安定」に日銀の政策目的を見出している一方，研究会および金制の議論，さらには，改正法第2条は「物価の安定」そのものを政策目的として設定しているからである。すなわち，改正法が通貨の対外価値に二義的な地位しか与えていない以上，為替の介入を政府の権限とみなしたことそれ自体はとくに矛盾する選択ではないのである。その意味では，日銀OBから厳しい批判があがったことにも示されるように（真渕［1997：79f.］），同行の政策課題が「通貨価値の安定」ではなく「物価の安定」と狭く解釈されたことが問題であったというべきであろう。

以上の改正をおおまかに評価すれば，真渕が「大蔵省統制の終わり」（真渕［1997：終章］）と総括したように，中央銀行の政治的独立性は相当程度高められたものということができよう。むろん，氏が繰り返し強調するように，このような変化が大蔵省スキャンダルと自民党の下野によってきっかけを得たことは間違いない。しかし，一方でこうしたダイナミックな変化の背景には，ケインズ経済学の普及によって一体的に運営されてきた財政金融政策に対する批判のまなざしが常に存在していたことも無視できない。これに，低成長時代の到来とケインジアンポリシーの効果への懐疑，裁量による政策運営への強い批判，グローバリゼーションと国際通貨体制の変容による政策理念の転換などの実態的な要因が重なり合うことで，財政と金融の分離は不可逆的な議論の潮流として定着していったのである。

国の中央銀行や国際機関との取引を業務として明文化している。

18) このほかにも，立脇［1998：101f.］，高橋［2000］などを参照。

それは，ひとりわが国に止まらずヨーロッパにおいても中央銀行制度の改革が重要な政策アジェンダとして浮上したことにも明確に表れている。

1-1-3　ブンデスバンクにおける「独立性」の意味

以上の改正日銀法を評して，松下前総裁は「日本銀行115年の歴史の中でも，最大の出来事である」（1997年6月11日記者会見）と述べた。一方，ヨーロッパでもこれとほぼ時を同じくして，中央銀行制度史上，特筆すべき事件が起きる。欧州中央銀行（European Central Bank: ECB）の設立である。それは，これまで個々の国民国家の統治機構に組み込まれていた中央銀行が，新たに国民国家を超える政治統合体のひとつの機構として設置されたという意味でじつに画期的な出来事であった。もちろん，周知のように，この決定に至る過程では市場統合，政治統合の長期にわたる，そして困難に満ちた紆余曲折の歴史があった。その過程においてもっとも重要，かつ，もっとも合意困難であった論点こそが「中央銀行の政府に対する独立性」である。そこで，ヨーロッパ中央銀行設立にあたってのモデルとされ，日銀改正論議においてももっとも独立性の高い中央銀行のモデルのひとつとして論じられたドイツ・ブンデスバンクに着目して，「政府からの独立」が意味するところを考えておこう[19]。

ドイツにおける中央銀行と政府の関係を論じるにあたっては，1875年銀行法以来の，とりわけ第一次大戦後の賠償体制と密接に関係していた1924年銀行法のもとでの両者の関係，さらにはこれを完全に覆したとも言える1939年ライヒスバンク法のもとでのそれを無視するわけにはいかない。その概要は第2章での説明にゆずるが，当面の問題として重要なのは，ドイツレンダーバンク（1948年設立）とその後身であるブンデスバンク（1957年設立）における政府との関係である。

ドイツレンダーバンクは一般に認められているようにアメリカの連邦準備制度をモデルとしており，州中央銀行とその出資によるレンダーバンクとの二重構造によって設立された。同行は，当時の州政府のみならず，と

---

[19] 以下の記述においては，とくに注記したもののほか，Deutsche Bundesbank [1995] を参考とした。また，ECBの成立過程そのものについては，Howarth and Loedel [2005] を参照せよ。

くに1949年以降，連邦政府に対しても独立の立場を保持し続けたことで知られている。一方，ブンデスバンクはそれまでの州中央銀行を実質的にはブンデスバンクの大支店として位置づけなおし，レンダーバンクにおける組織の二重構造を改めることで単一の中央銀行組織を実現したものである。そしてここでも，連邦政府に対する独立性が維持されることとなるのであるが，ここでいう「独立性」の意味するところをブンデスバンク法の規定について見ると，次の通りである。

　まず，ブンデスバンク法は先行するドイツの中央銀行法と異なり銀行券の発行準備や兌換についての規定をいっさい含んでいない。これを支えたのは，発行される銀行券を金あるいは為替によって裏づけることは貨幣の価値の維持にとって必要でもなければ十分でもなく，究極的には，生産可能性の成長に照準を合わせた貨幣供給が重要なのだという認識だった。この認識から導き出されるブンデスバンクの任務は，通貨価値の維持（第3条），換言すれば，価格の安定性の確保である。そして，この「任務」にかんする規定を受けて，ブンデスバンクの政府に対する独立性について次のように規定された。「ドイツ・ブンデスバンクは，その任務に忠実であるかぎり，連邦政府の一般経済政策を支援する義務を有する。ブンデスバンクは，本法により同行に与えられた権限の行使にあたって連邦政府の指示を受けない」（第12条）。ここで注意を要するのは，実は，銀行監督や為替相場の決定に関する権限などがブンデスバンクの専管事項でないことに示されるように，同行の独立性は限定された領域において実現されているという事実である（羽森［2002：114f.］）。すなわち，上述の規定がセットになって，かつ，金融政策に限定しつつ，ブンデスバンクの政府に対する独立性の意味が規定されることとなったのである[20]。

　西ドイツにおける中央銀行のあり方をこのように方向づけたのは，言うまでもなく，前述の1939年のライヒスバンク法のもとでの中央銀行のあり方に対する批判ないし反省である。しかし，その際，見落とすことができないのは，戦後再建の始発点でこの方向づけを与えたのがアメリカ占領軍

　20）なお，これらの条項における「ブンデスバンク」を「ヨーロッパ中央銀行制度」に，「政府」を「共同体」に置き換えれば，おおむね同じ趣旨の規定を欧州共同体条約の第105条と108条に見出すことができる。

政府だったという事実である。当時の西側占領地域の州政府指導者（のちの連邦経済相エアハルトを含む）たちは，政府の中央銀行に対する影響力の行使をなんらかの仕方で法規定に盛り込むことを主張していた。そして，1949年のドイツ連邦共和国成立後も，ブンデスバンク法の制定にいたるまで，政府とりわけ連邦首相アデナウアー自身がこの要求にこだわり続けていた（Buchheim [2001]）。というのも，当時，ケインズ主義の影響を受け，財政金融を一体として捉えたマクロ経済レベルでの政府介入が当然視されていた状況のもとでは，少なくとも政府の側では，政府政策への中央銀行政策の同調ないし協力は当然視されていたからである。これらのことからすれば，いわゆるブンデスバンク・モデルは必ずしもドイツ人の独創とは言えない起源のものだった。

それにもかかわらず，また，現に両者の政策判断のうえでの対立や齟齬が顕在化するいくつかの局面を経ながらも，レンダーバンクないしブンデスバンクの政府に対する独立が維持されてゆく背景には，ほぼ30年のあいだに2度も味わった世界大戦とその後のインフレ，そして通貨改革という国民の経験があった。別の表現で言えば，通貨の安定性と社会の安定性が同一のものであるとの認識が国民に広く共有されていたということであり，国民の強い支持のもとに中央銀行が通貨価値の安定を追求することは，民主主義的な観点とも整合的だったのである（Howarth and Loedel [2005: 54]）。

しかし，いっそう重要なこととしては，このような政府との関係において展開された中央銀行政策のもとで，ドイツが物価の安定すなわち通貨価値の維持に成功したこと，そして，この実績がドイツの政治政党のみならずコーポラティズムを支える社会集団のすべてによって受け入れられるにいたったことがあげられよう。ブンデスバンクをして言わせるならば，このような「安定性カルチュア」のもとでの貨幣価値維持の持続的な成功，これがブンデスバンク・モデルへの評価を定着させたのだと言うことができる。ECBを創設するにあたって，ドイツとは異なる中央銀行－政府関係を築いてきた他の国々，とりわけフランスの異論や懸念を抑えて，ブンデスバンク・モデルが採用されたのは，これまでかち得てきた以上のような評価によっていると言えるのである。

このように，政府からの独立後ブンデスバンクが築き上げてきた信用，その背後に存在する歴史，経験，国民の支持を踏まえるならば，ここでいう独立性という概念が，単に立法上の規定に止まるものではないことは容易に理解できる。そして，同様に，現在の日銀に求められるのは単なる法規定上の独立ではなく，国民からの支持，信頼に応えうるような政策体系の構築とその積み重ねだということになるだろう。だとすれば，問われるのは，第1に法律に明文化された独立規定のもとで，現在，日銀がいかなる政策選択を行っているのかという点であり，第2にそれが独立性という要件を欠いた中央銀行法のもとで行われた政策選択と何が異なり，何が同一なのかという点である。後者の課題は次章以下にゆずることとし，次に，節を変えて，改正日銀法のもとでの政策運営の実態について実証的に検討していくこととしよう。

1-2 量的緩和政策の影響とその歴史的地位

1-2-1 量的緩和政策が与えた中央銀行政策への影響

2001年3月19日に実施に移された量的緩和政策の内容は，1）月額4000億円規模の長期国債買い切りオペの開始，2）銀行券発行残高による国債買い入れ限度額の設定，3）日銀当座預金残高の5兆円程度への増額から構成されている[21]。無担保コールレートという「金利」から日銀当預残高という「量」へと政策指標をシフトさせ，生鮮食品を除いた消費者物価指数の対前年比上昇率が安定的にゼロ以上となるまでの政策継続をコミットすることで，デフレからの脱却を図ったものである。

以上の政策転換は，理論的には，1）短期金利の一層の低下，2）金融機関が積みあがった日銀当預をより有利な資金運用に振り向ける「ポートフォリオ・リバランス効果」，3）企業や家計の景気回復への期待が設備投資や個人消費に好影響を与える「期待効果」などによって支持される。

---

[21] その後，量的緩和は急速に進められ，2006年3月時点で買い切りオペの月額は1兆2000億円に，日銀当預残高も30兆〜35兆円にそれぞれ増額され現在にいたっている。

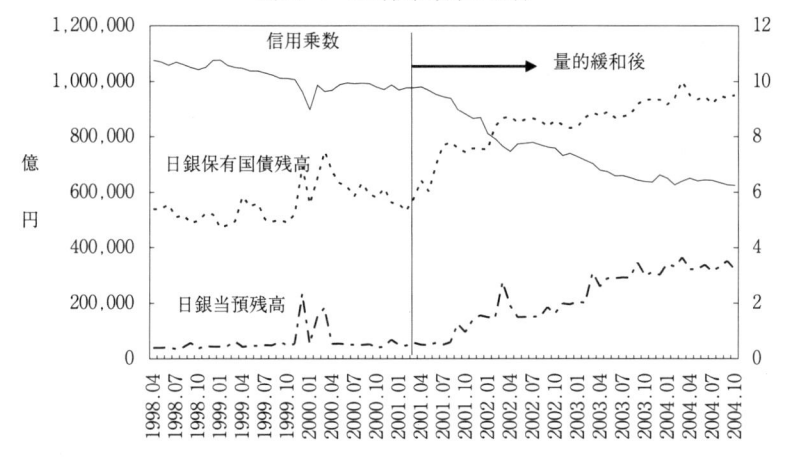

図表1-1　量的緩和政策の影響

出所）日本銀行「日銀勘定」「マネタリーベース」「マネーサプライ」より作成。

　しかしながら，資金供給が増大した一方でマネーサプライの伸びは鈍く，マネーサプライをマネタリーベースで除した信用乗数は低下が続いている（図表1-1）。これは，金融システム不安を背景とした信用機能の麻痺，民間非金融部門の現金保有増に基づくものといわれ，量的緩和によって民間資金需要を本格的に掘り起こすには相当の時間を要していることが分かる（石田［2003：32ff.］，南［2004：5］）[22]。

　さて，まずは，量的緩和政策が日銀に与えた影響について具体的な整理を行っておこう。第1に指摘できるのは，バランスシートの量的な変化である。図表1-1に示されるように，政策転換後の国債保有額の増大は急激である。長期国債保有額で見てみると1999年度末時点の29兆7302億円から政策転換直後2001年4月の45兆8000億円へと急増し，2005年12月時点で63兆1337億円に達している（各「事業年度財務諸表等および日本銀行勘定」）。一方，短期国債は，1999年度末19兆7393億円，2001年度末32兆1408億円，2005年12月35兆7837億円という推移をたどっている。こうして見ると短期国債の保有は，量的緩和以降の伸びが緩やかになっているように思われる

---

　22)　ただし，2005年8月，政策投資銀行は企業の設備投資が対前年度比11.6%増とバブル期並みの盛り上がりを見せつつあることを公表し，同時に，日銀当預残高も目標値である30兆～35兆円を大きく割り込む事態が発生するなど，景気は新たな局面を迎えつつある。

が，これを政府短期証券と割引短期国債に区分すると，前者が19兆3389億円，17兆8727億円，5兆1306億円と減少する一方で，後者は，4004億円，14兆2682億円，30兆6531億円と急増している（同前）[23]。

以上のような長期国債と割引短期国債を中心とした国債保有の増大は，同時にバランスシートの資産規模増大に結びつくこととなる。2005年3月のわが国における資産合計額は155兆6071億円に達しており，対GDP比で約30％の水準である。ちなみに，アメリカの連邦準備銀行（12地区連結ベース）および欧州中央銀行のそれは，それぞれ7700億ドル（83兆円），8300億ユーロ（112兆円），対GDP比は7％および12％であり，日銀の資産規模は世界的に見て突出している（日本銀行企画室［2004：7］）。こうした資産規模の増大に対応するのが，負債資本項目における当座預金および発行銀行券の増大であり，その傾向は，図表1-1における日銀当預残高と信用乗数の推移を見ると一目瞭然であろう。

続いて指摘したいのは，財務の健全性の問題である。2005年12月時点で日銀の総資産に占める長期国債の割合は40.5％となっており，FRBの54.7％（2003年12月）と比較すると一概に不健全な財務とはいえない。また，自己資本比率が先進各国で乖離していることからも明らかなように，財務の健全性が中央銀行にとって不可欠の要件であるかという点にかんしても明確な合意は得られていない（植田［2003］）。このような背景には，自国通貨の独占的な発行権を有する中央銀行の場合，返済不能，あるいは流動性不足に陥ることはないため，財務の健全性が中央銀行の目的や機能との関連から位置づけられざるをえないという問題がある。ゆえに，財政政策の機能を担わされることやインフレや経済政策の抑制によってしか債務を償還できない状況，これらをもって中央銀行の返済不能状態と考えるべきだという主張が出てくる（鎮目［2001：244f.］）。

しかしながら，中央銀行の財務の健全性に以上のような独自の基準が存

---

23) このような短期国債の動向と並行して，近年，買入手形が急増している点も見逃せない。2000年度末に5兆9079億円であった買入手形残高は，量的緩和への転換にともない翌年度末11兆4330億円へと増大し，2002年度末には29兆5184億円に達した。その後，漸減傾向が続いていたのであるが，2004年度以降急増を始め，2005年12月には44兆899億円にのぼっている。

在することを認めたうえでも，いくつか検討すべき点が残されている。た
とえば，時系列的にみてみると資産比40.5％という数字は1999年度27％と
比較して大変な上昇であり，わが国の歴史においては日中戦争～太平洋戦
争期に匹敵する水準である。後述のように，日銀引受を甘受した過去の経
緯にはさまざまな批判がおこなわれているが，引受が実施されていた高橋
財政期のほうが，今日より日銀の保有国債－資産比率が低いという事実を
どのように考えるべきであろうか。

　また，日銀保有長期国債の評価方法にかんして，2004年度より従来の低
価法から会計上の評価損をその都度計上する必要のない償却原価法に変更
された点も疑問なしとはしない。直観的にいえば，独自の財務健全性基準
を有するはずの中央銀行に対して，企業会計方式をあえて導入するという
判断の妥当性が問題となろう[24]。しかし，それ以上に，問われるのは，国
債の長期保有を前提とした制度変更の意味である[25]。この点について，い
くつか指摘をしておきたい。

　まず，いわゆる出口政策が模索される局面において，いくら満期保有が
前提とはいえ，流動性を吸収するために売りオペを行わざるを得ない局面
ではいずれ評価損が発生することに注意しなければならない。その意味で
は，現在の政策構造は買いオペの継続が前提とされている，あるいは将来
は手形オペによる流動性調節が想定されているということになるが，手形
売却であっても会計上の損失は避けられないし（植田［2003］），一方，国
債も借換え償還が前提となる以上，保有リスクは長期にわたって日銀を苦
しめることとなる。次に，この制度変更が保有国債の価格下落に備えた日
銀の損失回避の措置だとすれば，国債価格の下落可能性を日銀が認めたこ
と自体，市場のボラティリティを高めかねない[26]。また，満期保有の原則

　24）　2000年度以降，企業会計基準における金融商品会計への時価会計の導入により，
低価法が民間企業では採用されなくなっていること，公的機関における企業会計の導入が進
んでいることを変更の理由としてあげている。日本銀行企画室［2004：5］を参照。
　25）　2000年度までは，長期国債および短期国債の双方が売却されていたが，2001年度
には長期国債の売却が停止され，2002年度以降は短期国債の売却益もごくわずかなものとな
っていった。その意味では，量的緩和にともない満期保有の原則が明確なものとなり，それ
が会計上追認されたということもできる。
　26）　損益計算書を見る場合，低価法は「国債償却」の項目に評価損が表れることとな
る。その推移を見ておくと，1999年度末2712億円，以後1067億円，5753億円，6379億円，1

そのものが国債の期中売却による市価下落を回避するための措置だとすれば，これは国債の価格維持として作用し，金融機関への「インプリシットな補助金」（白川［2002：184］）となりうる。それは一方で，不良債権処理に苦しむ金融機関を助けることになるが，他方では，貸付の機会費用を高め，ベースマネーの供給がマネーサプライへと結びつく可能性を減じ，量的緩和の政策効果を削いでいた可能性がある。最後に，日銀引受開始時の1932年に，前年度における国債暴落の経験から帳簿上の評価損を回避する措置（「国債標準価格制度」）がとられた経緯との関連である。この措置は，いったん日銀が引き受けた国債を金融機関に確実に売却するための措置であり，会計上の制度変更が国債の消化ならびに価格維持と深く関連することを示唆している。以上の問題群を眺めたとき，保有国債の評価方法の変更は，財務の健全性低下と深くかかわるものと見るべきではないだろうか。

　第3に指摘したいのは，日銀の金融調節手段の多様化である。量的緩和政策の導入後，長期国債の買い切りオペを通じた積極的な金融調節が行われることとなった点はすでに述べた。これにくわえて，2002年11月には4兆円を限度とした銀行保有株式の購入が開始された。中央銀行としてはきわめて異例の措置であり，同年9月「世界の中央銀行で民間の株を持っている中央銀行はないと思う」と速水元総裁も会見で述べている[27]。また，2003年7月には1兆円規模の資産担保証券の買い入れが決定された。この措置は資金回収にリスクがあるとされる「ダブルB格（投機的格付け）」までの証券を買い入れるものであり，戦時期の過剰流動性形成の直接的原因の1つである「手形担保貸付」と類似した資金供給方法でもある[28]。

　これらの評価にかんして，その政策論議の過程では中央銀行政策の守備

兆91億円となっている。以上の数字は長期国債の評価損であり，それが2003年度末に急増している事実は保有リスクの高まりとそれに対する懸念が会計上の評価法の変更をもたらした可能性を示唆している。ちなみに，日銀の自己資本は5兆円強しかない。

　27）　なお，2004年9月，2兆180億円の買い入れをもって終了し，2007年9月末までの保有が決まっている。

　28）　中央銀行における保有資産の健全性は戦前の日銀改革論議においても議論の焦点のひとつであった。ちなみに，1942年日本銀行法の制定過程ではこの手形担保貸付は日銀のイニシアティブのもとに制度化されている。この点にかんしては第3章を参照。

範囲をめぐるいくつかの論点提示が行われた。当時，2001年9月11日アメリカ同時多発テロの勃発，9月14日大手スーパーマイカルの破綻等により，国内の金融不安が一気に高まりを見せていた。これへの対応として金融システム不安の解消が議論の争点となったのであるが，事態を分かりにくくしたのは，かかる対策がデフレ解消，景気回復に資するかたちで実施されるべきとの政治圧力に日銀がさらされたことである。その際，株，社債，不動産に始まり，不動産投資信託，株価指数連動投資信託の買い入れまでが論じられたが[29]，これらの選択肢にかんして，日銀の三木審議委員は2001年12月6日，以下のような注目すべき発言をしている[30]。

まず，三木は，「こんなことをやる時は国が滅びるか滅びないかの時であり，国が滅びてセントラルバンクの信認があるのか，ということになる訳ですから，そこまでいった時には出るかも知れません」と述べ，日銀による土地や株式の購入を極めて強い調子で否定した。そのうえで，日銀が選択可能な手段にかんして，「そういう中で程度の差ということになってくると，やはり国の財政政策と絡んでくる……今，国債の買い切り，長国の買い切りは2千億円ずつ月3回ということでやっているのですが，これを増やすということは可能性があるかもしれない，手段としてはまだ出来る可能性もある」と指摘した。

以上の発言の意味するところは，理論的な政策効果ではなく，中央銀行政策の「幅」において土地や株の買い取りは許容できないこと，これに対して，通常の金融調節の選択肢が限られてくる状況のなかで，財政政策と金融政策の一体化は避けがたく，また許容可能でもあること，と整理できるだろう。発言の強弱に差はあるもののこうした見方は他の審議委員にも共通した見解であった（藤井［2004：256］）。もし，株の買い取りを最終手段とみなす上述の認識を踏まえるとするならば，当預残高の増大の後に銀行保有株の買い入れが実施され，再度，当預残高増大の後に資産担保証

---

29) 以上において，国内外でもっとも支持された議論の一つに外債購入論がある。外債購入論は，ゼロ金利制約によって短期国債とベースマネーがほぼ代替的な状態にある現状では，短国の買いオペは同じ流動性を交換しているに過ぎないという批判を受けて登場した。

30) 日本銀行「2001年12月6日　札幌市における金融経済懇談会終了後の記者会見要旨」。

券の買い入れを決定，そして，さらに再び当預残高が増大されるという経緯[31]は，中央銀行の政策の「幅」が極めて弾力的に解釈されていった過程ということになるだろう。同時に，それは政治からの側圧によって中央銀行の政策理念が翻弄され，政策の操作可能性と財政と金融の政策連動性が一歩ずつ拡大されていく過程でもあったのである。

1-2-2　中央銀行政策の転換は政策史上どう位置づけられるのか？

さて，前項に見た一連の施策は，金融論では「非正統的な金融政策」と呼ばれるが，次に，その非正統性を財政学の視点からどのように把握するかという点について検討をくわえておこう。この点にかんして，鈴木武雄は，財政運営上の要請から買いオペが金融調節を逸脱して実施された場合，財政法第5条の国債市中消化原則が形骸化することをいち早く指摘していた（鈴木［1957：159］）。むろん，ここでいう「逸脱」にかんして一義的な基準は存在しない。だとすれば，問題は，歴史的に見て財政政策と金融政策の境界はどのように捉えられてきたのか，逸脱が指摘される時期にはその背景で何が起きていたのか，という点に求められるだろう。そこで，以下では，戦前・戦後の政策史を事例に財政と金融が重なり合う領域での政策選択を考察し，その流れのなかに現状を位置づけることとしたい。

　まずは，管理通貨制度への移行期における政策選択である。1931年12月に蔵相に就任した高橋是清蔵相は，金本位制度からの離脱を表明，管理通貨制度への事実上の移行を実施した。一方，翌32年11月には日本銀行の新規国債引受発行（以下，日銀引受）が開始されるが，引受の受諾とそれを通じた対政府信用供与は，中央銀行政策史における深く刻まれた「痛恨極まりない，苦渋に満ちた経験」であったといわれている（日本銀行［1986：181］）。日銀による信用供与が戦時財政を根本から支え，かつ，占

31）　細かく見ると以下の通りである。2001年12月日銀当預残高10〜15兆円への増大，2002年9月銀行保有株の買い入れ公表，2002年10月，2003年3月当預残高の増大措置（15兆〜20兆円，17兆円〜22兆円にそれぞれ増額），同年4月資産担保証券の買い入れ公表，同年4月，5月，10月，2004年1月当預残高の増大措置（22兆〜27兆円，27兆〜30兆円，27兆〜32兆円，30兆〜35兆円にそれぞれ増額）。

領期におけるハイパーインフレーションをもたらした歴史からすれば当然の感想であろう。しかし，問題はそのような安易な政府への信用供与（以下，対政府信用）がなぜ選択されたのか，という点にある。そして，その背景には，政府からの強制や軍部からの圧力ではなく，日銀の主体的，合理的な計算が存在していたという点を見逃すことはできない。詳細は第3章に譲るが，その内容を簡単に見ておけば以下の通りである。

1930年1月，日本は金本位制に復帰した。しかし，金の流出を抑制するために高金利政策が求められたにもかかわらず，金融恐慌から続く資金偏在，昭和恐慌のもとでの資金余剰とによって金融は緩和するという「変態的金融緩慢」（伊藤［1989：209および241］）が発生し，日銀の政策選択の幅は著しく狭められていた。このような状況において，1930年「日本銀行制度改善に関する大蔵省及日本銀行共同調査会」が設置され，同年から翌年にかけて，日銀引受を通じた対政府信用供与を同行の業務として受け入れること，一方，金融市場調節機能の強化という観点から大蔵省の同意を必要としない売りオペを導入することが合意された（井手［2001：181 ff.］）。つまり，高橋財政の開始以前の時期において，日銀による対政府信用と国債売却を通じた流動性調節とを実施する枠組みが整えられており，これに金本制度から管理通貨制度への通貨制度の転換，高橋蔵相の登場が重なることで，対前年度比で約40％増にも達する財政膨張が実現されたのである。

日銀の「反省」に示されるように，以上の政策スキームは戦時期には軍事資金調達の手段と堕し，占領期のハイパーインフレを引き起こすこととなる。しかしながら，その過程では，金本位制を停止した時点での日銀の主体的な判断があったことがまず押さえられるべきであろう。ただし，それは，日銀の判断に誤りがあったという単純な問題ではない。日銀引受は管理通貨制度への移行という通貨システムの転換なくしてはそもそも不可能であったが，それは，一方では金本位制のルールに思考が引きずられながらも[32]，他方ではこれまでにない新たな政策環境への対応が求められた

---

32) たとえば，金本位制からの離脱後も1932年3月「金地金買上並輸出手続」によって産金の時価買い上げが実施されたり，1934年4月「日本銀行金買入法」によって日銀の金保有増大がもくろまれたりしている。

ことを意味している。国債売却を通じた大胆な金融調節はその対応の一例である。昭和恐慌による金融機関の収益減は国債投資へのインセンティブを高め，日銀の売りオペを成功に導くこととなったが，その成功はかえって政策の正当性を高め，日銀引受を通じた財政膨張からの反転を困難にした[33]。このような政策の連鎖，思考と実態の乖離のなかで，当初は合理的なものとみなされていた日銀の判断が，最終的にはハイパーインフレに結びついたという点をどの様に考えるかが問題なのである。

次に，戦後の財政金融史を振り返ってみよう。広く知られているように，1947年に制定された財政法第4条において赤字国債の発行原則禁止が，同第5条において日銀引受の禁止を意味する市中消化の原則がそれぞれ確立された。また，戦時期の債務はハイパーインフレによって強制的に償還され，アメリカのような戦時国債の管理をめぐる問題も発生しなかった[34]。このような文脈のもとで，復金インフレの収束以降，中央銀行信用と財政政策は異なる問題として扱われることとなったが，両者の関連が再び問われる契機となったのは1962年「新金融調節方式」の導入と1965年国債発行の再開である。

新金融調節方式とは，中長期的な日銀券の増加率にあわせて資金を供給する「成長通貨ルール」に基づいて金融調節を行うというもので，従来の金利政策にくわえて債券オペを積極的に活用する点に新基軸があった[35]。ここで注目すべきは，当初，政府保証債[36]を対象に実施された上述の債券

---

[33] 日銀の売りオペの成功はインフレを穏やかなものにしつつ景気回復を達成するうえで欠くことのできない要件であった。しかし，その成功こそがさらなる財政出動が問題にならないとする財界の主張を支えることとなるのである。井手［1998］を参照。

[34] 米国においてはFRBと財務省の国債管理政策をめぐる歴史的な合意として「アコード」が知られている。これについて本章では扱う余裕はないが，今後，歴史的な水準に達した国債管理のあり方をめぐって日銀と財務省の間でアコードを模索する動きが出てこよう。米国のアコードにかんしてはひとまず井田［1978］を参照せよ。

[35] こうした変更の理由としては，第1に高度経済成長期において資金不足に苦しむ都銀が日銀貸出に依存しきっており，そうした政策のあり方の是正が強く求められていたこと（いわゆる，金融正常化論），第2に資金運用部の余資を債券運用すべきだとする議論が活発化し，日銀は「金融の二元化」としてこれを強く批判していたことがあげられる（大蔵省財政史室［1991：194ff.］）。

[36] 当初は，政保債が選ばれたが，翌年以降，金融債，電力債，地方債が追加されている。なお，新金融調節方式の概要については，大蔵省財政史室［1991：第五章第一節］を参照せよ。

オペが，国債発行を契機として次に述べるような大きな変質を遂げた点である。

わが国の国債管理政策の特徴として，戦後初の国債発行が行われた1965年以降，債務残高が緩やかに伸びていく一方，流通市場の育成が著しく遅れたことをあげることができる（中島［1977：第7章］）。その理由としては，流通市場の整備が国債価格の不安定化を促がす事態を財政当局が恐れたからだといわれているが（大蔵省財政史室［1991：314］），これに対し，民間の資金需要が存在する場合，流通市場の欠如，国債の売却困難は金融機関にとっての保有リスクを増大させる。そこで，1967年に新金融調節方式のもとで発行後1年を経過した既発債を日銀が買い入れる措置が決定されることとなるのである（大蔵省財政史室［1991：310ff.］）。

以上の措置の背景にあったのは，1965年以降の金融緩和局面において，政保債を中心とする債券オペの金利より日銀貸出金利の方が低くなり，金融機関が日銀貸出への依存を再び強めるなど，債券オペによる金融調節が行き詰まりを見せ始めていたという事実である。そのため，日銀は国債をオペ対象に加えることによって新金融調節方式を維持する選択を行った（大蔵省財政史室［1991：292ff.および312］）。同行は戦後初の国債発行に際して日銀引受を断固として拒否したことが知られているが（日本銀行［1986：179ff.］），発行1年後の国債の大部分を買い入れたことで，この時期の国債は「実質的には日銀引受に近い形で発行」（大蔵省財政史室［1991：311］）されることとなった。こうして，戦後初の国債発行を契機に，金融の正常化の観点から導入された新金融調節方式は金融調節手段の確保，国債市価の安定，金融機関のリスク回避というそれぞれ主体の利害を反映したものへと変質していく。その結果，本来の金融調節の趣旨とは異なる選択を日銀は許容せざるを得なかったのである。

以上，財政と金融の「接近」，金融政策からの「逸脱」が観察された時期の日銀の政策選択を見てきた。これらの転換期に共通して言えることは，財政当局や金融機関からの政策要求を日銀が受容すると同時に，その際の対応が日銀の直面する政策課題とも整合的であったという点，それが最終的には日銀の制度設計を超えて，予期せぬ状況を生み出したという点である。社会や経済が不安定な時期には従来とは異なる新たな財政と金融の関

係が模索されるが，財政と金融の領域があいまいになることで，中央銀行の政策理念とは異なるかたちで政策手段や役割が再構築されたのである。一方，このような共通点を認めたうえで，経済のグローバル化，国債市場の整備などの環境変化のもとに置かれた今日では，中央銀行に求められる役割・機能も大きく変化しつつある。だとすれば，日銀法の改正以後の中央銀行政策と財政政策の関係はどのように論じることができるだろうか。以上の歴史的経緯と現状の相違点・共通点の双方に留意しつつ，この点を検討しておきたい。

まず，過去と現状を比較するうえでもっとも異なる点は，国債市場の発達とそれが財政政策におよぼす影響の度合いである。理論的に見ると以下の通りである。

市場メカニズムを活かした買い切りオペの場合，日銀引受のように政府が自由に発行条件の決定を行うことは不可能であり，条件の交渉過程において市場参加者の要求を考慮しなければならない。次に，こうした市場参加者の多様な要求に応えるためにより一層の市場化が促進されていく。近年，リオープン方式による銘柄統合，ストリップス債や物価連動債の適格担保化などを通じて国債市場の流動性を高める改革が進められていることはその象徴である。最後に，以上の結果，国債市場は，政府の資金調達を超えた民間経済主体の重要な資金調達・運用の場となり（日本銀行金融市場局［2004：1ff.］)，金融機関を中心とした国債保有者の収益を損なうことがないように，財政膨張には一定の規律が課せられることとなる。

ところが，問題なのは，量的緩和政策への転換が以上の財政に対する市場規律を麻痺させる効果を有していた点である。まず，日銀が毎月定期的な買いオペを行うことをコミットしたため，多額の買い入れによる国債価格の安定は所与となる。すると，金融機関は収益の確保を約束される一方で，適切な価格づけをおこなうインセンティブを失うこととなるであろう。時系列で見ても国債金利は異常な低さであるし，国債市場がバブルであるとの指摘や日銀による価格支持が行われているとの指摘は多い（金子［2002：第5章]，中島［2003：52ff.］)。価格メカニズムが機能不全に陥るなかで日銀の国債保有の増大が進むのであれば，これは，事実上の日銀引受，対政府信用を意味することとなってしまう。

一方，市場が整備された状況において日銀が大量の国債を保有するということも，歴史上初めての経験である[37]。国債保有とバランスシートの関係を見ておくと次の通りである。高橋財政期には国債引受と同時にその売却が実施された結果，日銀の保有国債はほとんど増えていない（井手［1998］）。新金融調節方式における債券オペも同様で，国債の買い入れ額は成長通貨の範囲内に抑制されていた（大蔵省財政史室［1991：314］）。一方，量的緩和政策以降，不良債権処理と貸し渋り，大企業の直接金融へのシフト，財政構造改革のデフレインパクト等による民間資金需要の停滞を背景に，大規模な買い切りオペが実施され，これが継続された結果，日銀保有国債は急増することとなった。

ここで問題となるのは，国債市場の発達によって大量の国債残高が絶えず長期金利の上昇圧力として働き，金融機関や日銀のバランスシート毀損を引き起こす可能性を生じさせている点である。デフレ脱却へのコミットメントによって，デフレ克服が明確になるまで国債の買い入れを停止することはできなかったし，信用秩序の維持という観点からも金融機関に大きな収益減をもたらすような政策転換は容易ではない。2006年3月量的緩和の解除が決定されたが，それがゼロ金利政策の解除も含めた本格的な金融政策の正常と結びつくタイミングは判断がむつかしい。政治サイドからの圧力も高まることだろう。依然として，国債保有リスクは継続するし，長

---

37) 近年，日銀引受あるいは調整インフレの経済効果を強調する議論が見受けられるが（たとえば，原田・岩田［2002］，Bernanke［2003］），理論的にはさておき，歴史経験的にはまず前提とすべき多くの相違，克服すべき課題が存在している。調整インフレ論者は，短期金融市場の名目金利がゼロだとしても，対前年度比の物価上昇率（＝期待インフレ率）がマイナスであれば実質金利はプラスであるとの認識にたち，中央銀行が目標インフレ率を定め，その達成に努力することで実質金利の低下，デフレからの脱却を主張する（原田・岩田編［2002］）。このような議論は，中央銀行政策を単なる政策の道具とは考えない本稿の視点からはあまり重要な問題提起ではないのだが，あえて問題点を指摘すれば，期待インフレ率の上昇がどのようなパスを経て実体経済に影響をおよぼすのかが不明な点にある（白川［2002：219ff.］）。わが国では，昭和恐慌からの回復過程において日銀引受による急激な金融緩和がもくろまれ，近年こうした政策運営の再評価が行われている（岩田編［2004］）。が，成功の背景には，1）前年度比で1.5倍にも達する急激な財政支出の増大，2）植民地市場の開拓と為替放任による円安誘導，輸出増，3）4度にわたる利下げ，4）軍事衝突，軍拡による国民心理の高揚，5）閉鎖経済といった前提ないし波及経路が存在した。こうした前提，経路の存在しない調整インフレは歴史的には経験がないし，もしこれらの経路への関与まで想定するのであれば，それは明らかに金融政策の範疇を超えることとなる。

期金利の上昇と利払い費の増大を懸念する財政当局と中央銀行は異体同心の問題を抱え込んでいる。このように，国債市場の発達と中央銀行の独立という，積年の課題が克服された後に財政と金融が困難な状況を共有するという現状は皮肉と言うほかない。

次に，共通点の検討である。日銀が大蔵省や金融機関とリスクを共有する過程において，歴史的に繰り返し観察された同行の金融調節機能の再編はどうであろうか。

1999年のゼロ金利政策以降，金利政策という重要な政策手段を日銀は喪失した。財政金融史の経験に照らし合わせれば，そのような時期には必ず政策手段の強化が意図されているが，今回も同様である。具体的に見ていくと，金利政策という伝統的な手法を放棄し，量的緩和政策，買い切りオペの導入によって積極的な資金供給を可能にした。この量的緩和政策の導入はゼロ金利政策によって金融調節が困難な状況のもと日銀に政策手段を与えるものであった。さらに，ゼロ金利政策以降，コール市場が麻痺状態に陥った一方で，国債担保を条件とするロンバート型貸付の採用によって国債の担保価値が高められた。この措置によって，金融機関は国債購入による収益確保を図るだけではなく，コール市場が機能しない中で手許流動性を確保するための準備としても国債保有を進めていった。これは，緊急時における日銀貸出への金融機関の依存が強まったことを意味するし，国債価格に多大な影響を与える買いオペとあわせ，日銀の金融機関への影響力は潜在的に強められることとなったといえる。銀行保有株式あるいは資産担保証券の買い入れも同様である。

こうして財務省，日銀，金融機関といった各主体の錯綜する利害のなかで国債市場の整備にもかかわらず財政に対する市場規律は弱められていくこととなる。一方，中央銀行の政治的な独立性は法的に強化されたが，量的緩和からの再転換が各主体に大きな損失を与えるという不安定な政策構造が生み出された。転換直後にあって量的緩和政策を歴史的に位置づければこのように言えよう。次に問題となるのは，量的緩和への転換という日銀の政策選択が財政政策や他の政策主体の行動・選択にいかなる影響をおよぼし，それが日銀の政策体系にどのようにフィードバックされたのかという点である。この点にかんして，為替政策と国債管理政策を事例に検討

しておこう。

1-3　反転困難な政策構造の形成

1-3-1　為替政策と財政リスクの高まり

まずは，2003-4年度を中心に実施された為替介入の影響である。すでに1-2で見たように，改正日銀法第36条第1項および第40条において，日銀は政府の代理人として為替売買を行う旨が規定されている。それは，同改正法第2条において「通貨価値」ではなく「物価」の安定が規定されたことと深くかかわるものであり，為替政策に対する責任を政府に委ねた点にかんして，日銀の関係者も含め多くの批判が寄せられることとなった。こうした経緯に即していえば，わが国の場合，為替政策を金融政策として位置づけることは適切ではないということになる。しかし，そのように位置づけられなかったことの意味，すなわち，中央銀行を代理人として実施された為替介入が財政政策にいかなる影響が与えたのかについて検討することは中央銀行政策の「幅」を考えるうえで示唆に富む。

　まずは，為替政策の基本的な枠組みについて見ておこう。為替政策の担当部局は財務省国際局であり，日銀はその代理で為替介入を行う[38]。わが国の場合，歴史的に円高トレンドにあるため円売り介入が基本であり，調達した円資金でドル買いを行い外国為替資金特別会計（以下，外為特会）で保有する。円売り介入を事例に資金の流れを見ておくと，まず，政府は政府短期証券の一種である外国為替資金証券（以下，外為証券）を発行し，金融市場から資金を調達する[39]。この資金は日銀内に設置された政府当座

---

38) ちなみに，他の先進国を見ておくと，介入の主体が各国中央銀行である点，介入の決定権が一定程度中央銀行に認められている点で共通している。例をあげれば，政府に優先権を与えつつもFRBに一定の権限を認めた米国，介入の一般的な指針をECBが決定するユーロエリア，金融政策の目的と整合的な場合にのみBOEに権限を認めるイギリス型などがあげられる。

39) 1999年度以降，大蔵省証券，外国為替資金証券，食糧証券の3証券は，政府短期証券の名称で一括して発行されている。以下では，説明の便宜上，外国為替資金証券の名称で記述する。

預金に積み上げられ，日銀は財務大臣の指示のもとこの政府当座預金を利用しながら円売りドル買いを行う。ちなみに，円調達の時点で金融機関の日銀当預から政府当座預金に資金が振り替えられ，その後，円売り介入によって政府当座預金から日銀当預への振替が起きるため，資金の出入りはニュートラルになる。一方，購入されたドルは最終的に外為特会において保有される。ドルを円に切り替えれば介入の効果が減殺されてしまうため「流動性の高い外国債券」の購入に向けられることとされており，基本的には米国債投資を行っている。

　外為証券の売買高にあらかじめ予算の枠を設定することは困難である。それゆえ，外国為替資金の収支は歳入歳出外資金としての扱いを受ける（原田 [1997：116]）。一方，外為証券の発行限度額は毎年度の予算総則に定められる。試みにここ数年の推移を見ておくと，2002年度69兆円，03年度79兆円，04・05年度140兆円と著しい増大を確認することができる。このような政府短期証券（以下，FB）の大量発行を支えたのは以下の要因である。まず，1999年3月にFBの発行形式が定率公募残額日銀引受制から公募入札へと改められたが，その際，市中消化促進の観点からFBを日銀の与信の担保対象として広く認める措置が講じられた[40]。これに量的緩和による銀行手許資金の増大が加わることによって，日銀保有FBが減少し，代わりに，金融機関のFB投資が急増することとなったのである（詳しくは，1-3-2を参照）。

　このような資金調達を容易にするための制度改正に支えられ，介入回数は2000年度から2002年度の間に年5〜7回で推移していたものが03年度は47回へと激増する。さらに，その金額を見ておくと，2002年の7月から12月にかけて介入金額がゼロであったのに対し，2003年1-3月期2兆3867億円，4-6月期4兆6116億円，7-9月期7兆5512億円，10-12月期5兆8755億円と推移した後，2004年1-3月期には14兆8314億円という大規模な介入が実施されている。なお，この介入を最後に，2005年度末の時点で介入金額はゼロとなっている[41]。このように，2003年から2004年初頭にか

---

[40] 具体的には，政府短期証券を当座勘定根抵当として適格とすること，1999年4月1日以降に発行される政府短期証券について，新たに代理店制度における保証品および為替決済制度における担保として適格とすることが同年3月25日の政策委員会で決議された。

けて集中して介入が行われたわけであるが、この短期間の介入がわが国の財政にもたらした影響は非常に大きなものであった。

　積極介入の結果を見ておこう。現在わが国の外貨準備高は中国に次いで2位であるが、2005年3月末時点では8377億ドルであり、2位の中国6591億ドルと比較しても突出した水準に達していた。また、外為証券残高（ただし、年度越の額）は2002年度末56兆5254億円から2005年度末には106兆7044億円へと急増するといわれている（財務省「最近10年間の年度末の国債・借入金残高の種類別内訳の推移」）。この債務残高は外貨準備急増の裏返しといえるが、その外貨保有の見合いとして米国債保有額が増大している。政府部門の米国債保有額は非公表のため正確な数値は確認できないが、日本経済新聞は2003年度末の米国債保有は対前年度比で44.2％に相当する17兆5500億円増大しており、その背景に円売りドル買い介入がある旨を報じた。2位の英国、3位の中国の米国債保有がそれぞれ対前年度比8.6％、8.2％であるからわが国の米国債投資の国際的な地位は突出して高い（2004年2月20日付夕刊）。

　さて、以上に示された短期債務および米国債保有の増大が財政に与える影響を論じていくが、その前に現在の為替介入制度の問題点について簡単に述べておく。

　単純にいえば、ドル安の進行は保有外貨の減価をもたらすこととなるから、大量の外貨準備を抱える現状からいえば、ドル高＝円安誘導が望ましい選択であることはいうまでもない。しかし、会計制度を細かく見ると、為替差損を表面化させないためのいくつかの仕組みが存在する。「外国為替資金特別会計平成14年度財務書類」によれば、はじめにそれまでの半年間の実勢相場の平均値である「基準外国為替相場等」が立てられ、この基準相場と実際の相場との差が売買損益として認識されて外為特会の歳入歳出に反映されることとなっている。しかし、問題はここからで、実際には

　41）　2004年11月21日には4年8ヶ月ぶりに102円台を記録するなど急激な円高への懸念が高まったが、その後、原油価格の急騰を受け、円安基調が続いている。ただし、景気の回復基調が鮮明になるにつれ円高への圧力が次第に強まる可能性があるし、介入の有無はさておき、2003年以降の為替介入の積極化が財政におよぼした影響はそれはそれとして独自に検討される必要がある。

外為資金の基準相場に変動があったときの評価差額については損益認識されず，貸借対照表上，決算時に「外国為替等繰越評価損益」として繰越経理される。つまり，会計制度上，為替評価差額を損益として認識しない仕組みになっているのである[42]。

一方，米国債保有の評価損益は，「外国為替資金特別会計平成14年度財務書類」を例にとると，貸借対照表上では「資産負債差額」として，資産・負債差額増減計算書上では「資産評価差額」として認識される。しかしながら，満期保有が原則であるため，実際には，含み損は損失として認識されない。ただ，償還時または売却時には損失として認識されるから，永遠に乗換えを継続しない限りは，為替差損を防ぐために円安誘導を行うインセンティブが為替政策に与えられることとなる。以上を総括すれば，現在の会計制度は為替差損を不明瞭にすること，外貨準備および保有米国債の増大はさらなる円売り介入を必要とする構造を作り出していることが理解できる。

続いて2003～4年に積極化した為替介入が財政に与えた影響を検討していこう。論点は大きく分けて2つある。第1は，量的な側面，すなわち，為替介入が財政赤字の増大に与える影響であり[43]，第2は，質的な側面，すなわち，為替介入に関する意思決定と財政民主主義の問題である。まずは，前者から見ていこう。

外為特会と一般会計の関連であるが，外為特会法第13条の規定により，前年度の決算上の剰余金の一部が一般会計の歳入に繰り入れられ[44]，残額は財政融資資金に積み立てられる。外為特会の剰余金は2001年度2兆1744億円，02年度1兆7353億円，03年度3兆6456億円，04年度1兆9113億円という推移をたどっている（2003および2004年度は見込み額）。繰入れないし積み立ては翌会計年度に行われるから，2002年度以降の推移を見ておくと，

---

42) ただし，最終的には長期的な円高トレンドを反映して貸借対照表における5兆7000億円に達する「為替換算差損益」となって表れることとなる。だが，特別会計を通じた操作であることにくわえ，為替売買による損失が見えにくい現状の会計制度は予算統制の観点から見て決して望ましいものとはいえないだろう。なお，この点については立教大学関口智氏より示唆を得た。

43) これらの点にかんしては河村［2003］の分析をあわせて参照されたい。

44) その額はいわば予算の先食いのかたちで赤字国債の特例法に定められる。

一般会計への繰入額は02年度1兆9700億円，03年度1兆5000億円，04年度1兆4190億円，05年度同1兆4190億円，積立金はそれぞれ02年度2044億円，03年度2353億円，04年度2兆2266億円，05年度4923億円となっている（各年度「特別会計予算参照書」）。2003年度の突出した剰余金計上と翌年度における積立金の急増が目に付くが，その原因は円安誘導が順調に推移するなかで生じた外為売買差益に求めることができる[45]。

　以上，総じて安定的な一般会計繰入が行われており，一見するところ為替政策が財政赤字の削減に寄与していることを理解することができる。しかし，その背後では，いくつかの不安定要因が存在している。たとえば，外為特会歳出における国債整理基金特会繰入の増大，すなわち利払い費の増大があげられる。外為証券は3ヶ月償還ルールを採用しているが，実際には借り換えが常態化し，先述のように発行残高は見込み額で100兆円を超えている。その結果，限りなくゼロに近い利回りにもかかわらず，利払い額は，2002年度2277億円，03年度3068億円，04年度4603億円，05年度5620億円と増大しつつある。また，外為特会における為替評価損の急増も見逃せない。これは，2004年度中の急激な円高が原因であるが，外国為替等繰越評価損は前年度の7兆6562億円から急増して11兆4289億円となっている。2005年度末の時点で積立金が13兆8949億円存在する予定となっているが，円高の急進は積み立て不足を引き起こす可能性がある。

　この点をより細かく見ておこう。現在の円建て負債は2003年度決算額で107兆円，外貨建て資産は130兆円あり，将来の景況の好転が日米金利差の逆転をもたらしたとき，外為証券の金利が1％上昇すると単純にいって外為特会に1兆億円程度の損失を計上する可能性がある。これにくわえて，円高の進展はドル資産の減価をもたらすこととなる。基準外国為替相場で見た場合，2004年上期と2005年上期の差額が7円であり，評価損の増大額が3兆7727億円であるから，1円の円高が5400億円の評価損をもたらした計算となる。外為特会法第14条では同特会が赤字決算となった場合に積立金を取り崩して損失を補てんする義務を定めている。現在の積立金は約14

---

[45]　2004年度以降は介入停止による為替差益の減少，その一方で保有米国債の増大を反映した運用収入の漸増が観察される。

兆円，繰越評価損が11兆4289億円であるが，これが赤字決算に転じたとき，一般会計から外為特会への繰入が必要となり，一般会計の財政負担に拍車をかけることとなる。このように考えると，景気の回復＝国内金利の上昇が円高を招くという教科書的な理解に基づくならば，外為証券残高が積み上がっている現状は超低金利政策からの転換をいっそう困難なものにするだろう。

　次に，為替介入と財政の民主主義的な統治との関連を考えておきたい。そもそも，構造改革によるデフレショックを吸収するために円安への誘導，輸出振興が行われているとすれば，これは輸出産業に対する一種の補助金であり，それが当局の裁量で行われること自体問題である。だが，ここではそれにくわえて「流動性の高い外国証券」として米国債への投資がすすんでいる事実を取りあげよう。

　周知のように，米国では，2003年5月，11年間で総額3500億ドルに達する大型減税法案が成立し，2004年度の財政赤字も過去最大の4126億ドルにのぼっている。さらに，2004年6月に約4年ぶりの利上げが実施されて以降，2005年8月まで10回連続でFFレートの利上げが行われ，同時多発テロの起きた2001年9月以来の高い金利水準が実現されている。以上に示されるように景気は回復基調にあり，本来なら金利が急騰しかねない状況にある。ところが，日本の積極的な米国債投資がそれを下支えし，財務省証券（3ヶ月物）の利回りは，2002年度1.60％，03年度1.01％，04年度1.37％，05年度2.86％（05年は第二四半期）と安定的に推移している[46]。

　これに対して，小泉政権の緊縮財政路線によってわが国の国債発行は抑制基調に置かれている。これが財務省の財政健全努力によるものであることはいうまでもないが，事態は深刻で，2008年度をピークとする本邦国債の大量借換えを目前に控え，これ以上の国債増発が物理的に困難だという事情が存在する（詳しくは，次節）。ところが，円滑な借換えが危ぶまれるなか，FB発行限度との絡みから，2004年1月には17年ぶりに日銀に対する政府保有米国債買い戻し条件付売却が5兆円規模で行われ，追加的な

---

46) 財務省証券の金利は，景気の長期上昇局面である1991～2001年の平均で約4.6％であった。また，近年の長期金利も02年度4.61％，03年度4.02％，04年度4.27％，05年度4.16％と安定的に推移している。

為替介入，米国債投資の増大が図られた。自国の国債消化が困難な状況にあり，緊縮路線によって国債の発行自体を抑制するという文脈において，短期債務を増大させつつ他国の財政赤字をファイナンスするという以上の状況をどのように考えるべきだろうか。

財政学の大原則として，予算を「民主主義にもとづいて被統治者が統治するために，財政をコントロールする手段」（神野［2002：78］）と位置づける視点，すなわち，財政民主主義が存在する。このような観点からすれば，外為特会に積みあがったドルの投資対象をどうするのか，外為特会から一般会計への繰入額をどの程度にするのか，これらの判断が財務省の主計局と国際局に事実上委ねられている点は大きな問題だといえる。むろん，会計間の予算操作自体は，財政当局の予算編成技術と表裏一体の問題であり，この技術の活用の過程こそが明治以来の大蔵省の予算統制の歴史であった。しかし，いかに予算が国会の承認を受け，形式的には民主主義的な統制のもとに置かれていたとしても，議会の監視がおよびにくい特別会計を通じて特定の国の財政赤字がファイナンスされ，その結果として自国の財政リスクが高められるような状況は看過できない。

このように，量的緩和政策以降の為替介入は，量的，質的な側面から財政への負荷を強めつつある。最後に，以上の財政の変化と中央銀行政策の関連を検討しておこう。

前節に示したように，日銀の保有国債がかなりの額に達している状況では，国債価格の暴落は日銀のバランスシートを毀損し，通貨の信用を傷つけ，急激な円安を進行させるだろう[47]。その時の対応としては，銀行券の発行残高を上限とする日銀の国債購入限度を撤廃する[48]，新規国債のさらなる買い増し，さらには財政法第5条の見直しも含めた直接引き受けの実施などが検討の対象として考えられる。つまりは，価格支持政策の全面化であるが，これらの措置が景気の上昇局面で流動性を追加供給するという

---

47) 2003年秋の長期金利の高騰局面では，日銀は8000億円の評価損（半期決算でも32年ぶりの損失）を計上した。また，納付金は当初予算の2割，1096億円となり，国庫収入も減少している。

48) 南［2004］は日銀券の発行残高という上限に国債の購入額が接近している点を示唆している。

矛盾に満ちた政策であることはいうまでもない[49]。

　以上のようなシナリオに対して，外為特会の米国債売却でドル資金を調達し，ドル売り円買い介入によって為替を円高に導きつつ，過剰流動性を吸収するという措置が取りうるであろう。ただし，ドル安誘導の成否や程度によって保有米国債の売却損益は変動するものの，少なくとも米国債の価格下落によるキャピタルロスは覚悟しなければならない。また，1997年橋本首相による「米国債売却」発言の経験を踏まえれば，現実には米国債の大量売却が相当な政治リスクをともなうものであることはいうまでもない。経済面でも同様であり，米国からの資本逃避，債券市場，株式市場へのショックはもちろん，その衝撃が日本経済に波及するリスクも勘案しなければならないであろう。

　一方，金融政策の転換の影響も重要である。量的緩和政策からの転換，さらにはその後のゼロ金利政策の解除が短期金利の上昇をもたらすとすれば，為替介入によって急増した政府短期債務は，財政運営上の大きなマイナス要因となろう。2005年度末決算で107兆円にも達するといわれる外為証券の残高は，わずかな金利上昇が大きな財政負担と直結する構造を作り出している。とくに，債務残高の増大にも示されているように，政府短期証券は借り換えの連続によって長期固定化しているが，短期債務が頻繁に借り換えを要求することを考えれば，このことはよりいっそう明らかであろう。ゼロ金利政策からの転換はこのようなリスクを勘案したうえで実施される必要がある。

　以上，本節では為替政策と財政の関係を概観してきた。ここでのポイントは，空前の為替介入が将来の財政負担を高めたということである。これがわが国において為替政策の決定権が政府に委ねられたことのひとつの帰結である。その際，日銀は政府の代理人として行動しただけではない。量的緩和による金融緩和は財務省が低利で円資金を調達することを可能にし，同省が金利格差を利用した為替操作，米国債投資を通じて為替差益や運用

49）　これに対し，本章でも指摘したように手形売りオペによる流動性の調節は検討に値する。むろん，中央銀行が損失を被る点では変わらないし，相当大量のオペ玉が必要となるだろう。この点との関連では，注20に述べたように，2004年以降，日銀の買い入れ手形残高が急増している点は興味深い。

益の確保を図り，一般会計への繰り入れを行ううえでの背景をなしたのである。

確かに，こうした措置が短期的には財政赤字の縮小に貢献する点は認めなければならないであろう。また，日銀がかかる為替政策を念頭におきつつ量的緩和に踏み切ったということも当然ありえない。ここで言いたいのは，前節に述べたように，物価の安定や信用秩序の維持という中央銀行政策上の課題に即して開始された量的緩和政策が，近接する財政金融政策ないしその政策主体に予想外の影響を与え，それが，中央銀行の主体的な政策選択を切り崩していくという動学的な不整合性の問題である。財政民主主義の形骸化が進むなかで短期債務の増大と利払い費の増大という財政運営上のリスクが増大し，同時に，為替差損を回避するために円安誘導，低金利の持続を図る必要が生じつつある。そうすれば，ゼロ金利政策の継続が当然求められることとなるし，その圧力に屈すれば日銀の国債保有リスクはますます高まることとなろう。問題はこのようなもぐら叩きともいうべき状況をどのように考えるのかということであり，そこには，単なる中央銀行の政策転換をめぐる議論には収まりきれない問題が存在しているのである。

1-3-2　大量借換え時代の到来と国債管理政策

次に，大量の国債残高が財政政策と金融政策の結節点である国債管理政策に与えた影響を整理し，本章で示された論点を豊富化しておこう。

国債管理政策という用語はさまざまに用いられており，その意味するところは必ずしも一義的ではない[50]。一方，本章の課題から言って，それを正面から取り上げ再定義をすることは困難だし，必要でもない。かつて中島将隆は，「政府資金を金融市場の制約に従って調達するのか，それとも

---

50) たとえば，スミスの場合，民間保有国債の残高構成の操作という意味で限定的に使っているし (Smith [1960])，より一般的なレベルでは利子費用の最小化や景気循環へのカウンターシクリカルな流動性供給という観点からも議論される（貝塚 [2003]）。さらには，わが国の場合，戦時期に大量に発行された国債が戦後インフレによって大幅減価し，その累積および管理が政策課題とならなかったため，国債の大量発行が本格化する1960年代まで「国債管理政策」という用語すら明確に意識されていなかったという指摘さえある（小林 [2003：2および7]）。

金融市場から隔離された市場で調達するのか」と問い,「歴史的に形成された各国の金融制度の相違が国債管理政策の種差を生みだすこととなった」と述べた（中島［1977：23］)。この問題提起を手がかりに,国債流通市場が整備され,金融市場の財政運営に対する制約が強まった現代にあっていかなる問題が生じつつあるのか,という点に焦点をあわせて議論を進めていくこととしたい。

まず,年度末の国債・借入金残高を概観しておくと,小泉内閣発足後,残高全体に占める普通国債の割合が減少する一方で特例国債の割合は増大していること,政府短期証券の大部分を占める外為証券残高の比率が急増していることが確認できる。前者にかんしていえば,公共事業への批判が高まり建設国債の発行額が漸減する一方で,特例国債の発行額が,2001年度,15兆2804億円,02年度17兆5459億円,03年度20兆5705億円,04年度23兆3823億円,05年度25兆8822億円と増大したことを反映している。また,債務残高に占める外為証券残高の割合は2001年度8.0%,以後8.5%,12.1%,13.2%,15.8%と急増しており,1-3-1での分析を裏づける結果となっている。

次に,図表1-2および図表1-3にもとづいて満期構成および所有者内訳を見ておこう。満期構成にかんしては,財政融資資金特会の国債発行が急増していることが分かる。また,量的緩和政策が開始された2001年度以降,内国債の残高増がペースを早めるとともに,ここ1,2年,短期国債の残高が増大傾向にあることが読み取れる。次に,所有者にかんしては膨大なストックと比較して年々の保有増が小さいため,大きな変化は観察できない。ただ,政府,日銀,生保・損保を含む市中金融機関による保有が大部分を占めているが,国内銀行の保有が2003年度以降頭打ちになっていることが読み取れる。また,政府部門においては郵貯の割合が増大しており,資金運用部への預託義務が廃止になった2001年財投改革以後も実態としては旧財投資金による国債投資が増大していることが分かる。

さて,以上の国債管理における基本的な趨勢を理解したうえで,近年,国債管理政策においてとみに重要性を増して来ている問題として借換政策があげられる。国債整理基金における借換債の推移を見てみると,2002年度には69兆6155億円だった借換債は,以後,74兆9489億円,84兆4507億円,

図表1-2 国債および借入金並びに政府保証債務現在高の推移

(単位：億円)

区　分	1998年度末	1999年度末	2000年度末	2001年度末	2002年度末	2003年度末	2004年12月末
内国債	3,107,402	3,431,336	3,806,546	4,481,625	5,042,536	5,564,163	6,060,357
普通国債	2,952,491	3,316,687	3,675,547	3,924,341	4,210,991	4,569,738	4,891,734
長期国債(10年以上)	2,427,433	2,476,056	2,570,113	2,667,238	2,797,930	2,938,322	3,088,107
中期国債(2年から6年)	348,847	505,075	771,715	931,438	1,069,384	1,225,000	1,340,760
短期国債(1年以上)	176,211	335,557	333,719	325,665	343,678	406,413	462,867
財務融資資金特別会計国債				437,605	755,644	918,490	1,107,419
長期国債(10年以上)				168,180	294,310	403,290	518,952
中期国債(2年から5年)				269,425	461,334	515,200	588,467
交付国債	6,542	5,535	4,518	3,455	2,384	2,717	3,336
出資国債等	29,694	28,453	25,545	22,673	21,424	21,692	20,359
預金保険機構特例業務基金国債	58,008	22,099	45,834	39,452			
国鉄清算事業団債券等承継国債	60,667	58,562	55,103	54,100	52,092	51,529	37,509
借入金	970,353	1,056,432	1,100,929	1,095,463	1,070,205	606,057	591,735
長期（1年超）		735,681	699,020	649,047	583,147	103,643	73,185
短期（1年以下）		320,752	401,908	446,416	487,058	502,413	518,550
政府短期証券	297,790	441,930	476,388	496,034	574,864	861,259	858,974
合　計	4,375,545	4,929,698	5,383,863	6,073,122	6,687,605	7,031,478	7,511,065

出所)　「日本国債ガイドブック2005」より作成。

105兆6245億円，2006年度にいたっては108兆2621億円もの額に達している(06年度は予定)。ここで問題なのは，このような推移が今後も継続するという点である。

　図表1-4は2005年9月末の普通国債に関する満期構成を示したものであるが，借換えのひとまずのピークは，小渕内閣期に大量に発行された10年債の償還期である2008年度であることが読み取れる。当時，5年割引債および10年利付債はシ団引受が可能な国債であり（2000年に5年割引債のシ団引受は廃止），小渕内閣による第3次補正と1999年度当初予算における国債増発，1998年12月「資金運用部ショック」による金利上昇等を背景に，残額引受によって安定的な消化が期待できる10年債への傾斜が強まったのである[51]。その結果，10年債の大量発行がおこなわれ，その償還が2008年に集中して訪れることとなった。

図表1-3　国債の所有者別内訳

(単位：億円)

所有者名	2000年度末		2001年度末		2002年度末		2003年度末		2004年12月末(速報)	
政府等	1,446,853	35.4	1,920,467	40.9	2,251,308	41.8	2,337,243	41.0	2,526,352	40.8
財政融資資金	772,659	18.9	709,136	15.1	657,276	12.2	535,046	9.4	499,589	8.1
郵便貯金	262,151	6.4	541,214	11.5	756,964	14.1	843,893	14.8	968,075	15.6
簡易生命保険	295,439	7.2	397,582	8.5	506,051	9.4	523,048	9.2	526,288	8.5
日本銀行	476,241	11.6	700,495	14.9	810,598	15.0	854,699	15.0	895,684	14.5
市中金融機関	1,580,065	38.6	1,539,186	32.8	1,745,059	32.4	1,956,205	34.3	2,032,902	32.8
国内銀行	637,724	15.6	542,718	11.6	627,415	11.6	752,066	13.2	766,563	12.4
民間生命保険会社	216,803	5.3	240,582	5.1	277,290	5.1	283,840	5.0	338,433	5.5
民間損害保険会社	12,668	0.3	17,047	0.4	26,835	0.5	32,278	0.6	37,683	0.6
証券投資信託	119,960	2.9	85,804	1.8	89,383	1.7	86,369	1.5	66,082	1.1
海外	244,941	6.0	167,002	3.6	182,799	3.4	201,859	3.5	269,160	4.3
証券会社	71,552	1.7	86,162	1.8	116,517	2.2	49,858	0.9	132,157	2.1
家計	101,398	2.5	123,808	2.6	126,825	2.4	145,368	2.6	197,583	3.2
対家計民間非営利団体	36,555	0.9	55,994	1.2	51,200	1.0	60,634	1.1	71,778	1.2
非金融法人企業	12,164	0.3	13,136	0.3	13,246	0.2	7,209	0.1	6,211	0.1
合計	4,089,729	100.0	4,692,054	100.0	5,386,935	100.0	5,699,344	100.0	6,197,909	100.0

出所）　財務省「国債ガイドライン」より引用。

　以上で「ひとまずの」と断ったのには理由がある。それは，2005年1月に財務省が発表した「国債整理基金の資金繰り状況等についての仮定試算」を見る限り，要償還額は2012年以降再度上昇カーブを描くからである。その意味では，2009年度以降の減少傾向は，「一休み」と解釈すべきであり，15年以上の長期債や今後発行されるであろう割引短期国債，2年利付債，5年利付債の償還を加味する必要がある。実際，2004年度以降，中期ゾーン（2～6年）の発行が急増しており，この傾向がどうなるかによっても要償還額の動向は左右されることとなろう。そこまで先の話はひとまず措いておくとしても，2008年度対策として2002年には国債証券買入消却法の改正が行われ，借換えの平準化を企図した前倒し買入消却が行われる

---

　51)　ちなみに，新規財源債15兆5000億円の増額に対してシ団引受は6兆8000億円を占めていた。

図表1-4 国債残高の満期構成

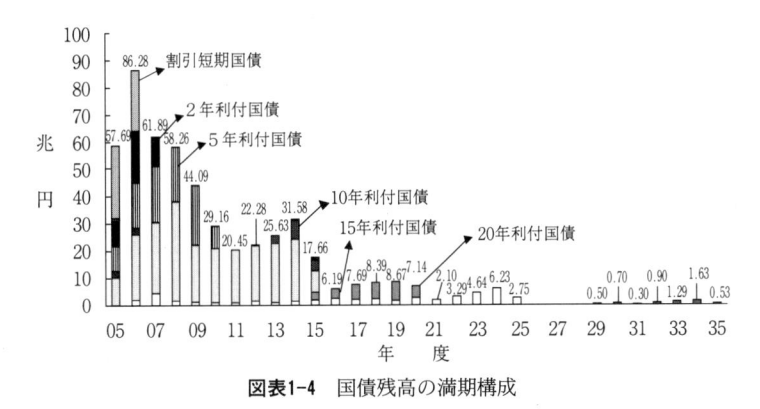

出所）財務省「国債ニュースレター2006年1月号」より作成。

など予断を許さない状況が続いている[52]。

　ちなみに，借換債の大量発行という観点からわが国の政策史を振り返ると，1920年代が国債借換えの連鎖の時代として知られている（大内[1974：163ff.]）。この「連鎖」を支えたのは，第1にシ団引受であり，これを大蔵省預金部（戦後の資金運用部）と日銀による国債保有が補完していた（武田[2003：105ff.]）。しかしながら，2004年度よりプライマリーディーラー制度が導入され，シ団引受は廃止の方針が決定されているし[53]，さきに見たように，金融機関によるさらなる国債保有もあまり期待できない。財投資金はといえば，2001年度の財投改革によって郵貯資金の資金運用部への預託義務は廃止されている。また，先に確認したように，郵貯の国債投資は増大傾向にあるが，郵政事業民営化の具体的方向性が見えない現状では，今後の推移は極めて流動的な状況であると言うほかない[54]。このような状況の変化に応じて1920年代の経験とは異なり，借換債の消化に

52）2002年度1464億円だった消却額は，翌年度9390億円へと急増し，その後2兆円，2兆2000億円の償却が見込まれている。

53）ただし，プライマリーディーラー制度において国債市場特別参加者に認定されるためには，発行予定額の3％以上の応札をすること，発行予定額の1％以上の落札をすることが義務づけられており，その運用次第ではシ団引受と同様の機能を果たす可能性がないとは言えない。この点は今後の推移を見守る必要がある。

54）ただし，郵政事業民営化に際して，既往預入分は郵政公社から郵貯銀行の特別預金となったが，この特別預金部分には国債等への運用義務が課されている。

関する重要性が日銀に集中して次第に高まりつつある。

　財務省の公表している国債発行計画にもとづけば，2002年度に3兆3700億円だった日銀乗換は，03年度に6兆4420億円に増大し，04年度13兆2190億円，05年度23兆436億円，06年度16兆5574億円と推移している（各年度「国債ニュースレター」）。2006年度の抑制は興味深い動きだが，ここで注意を促しておきたいのは，2005年度より乗換えの方法に変化が見られることである。ここでいう日銀乗換とは日銀が保有する国債を同行が借換えて引き受けることであるが，その額にかんしては「対政府取引に関する基本要領」にしたがって，政策委員会が乗換えを行う前年の12月に決定している。ところで，2002年度から04年度までは，償還期限を迎えた利付国債にかんして，上に述べた金額の割引短期国債への乗換えが決定され[55]，乗換えの翌年度に全額現金償還を受けていた。ところが，2005年度分からは2004年度に借換引受を行った分の割引短期国債にかんして，国債整理基金の買入消却に応じたことにより借換引受を行った部分については，同短国をもってその額面総額全額の借換引受を行うこと，それ以外の部分は額面総額の2分の1について同じく借換引受を行うことが決定された。すなわち，これまで日銀乗換に対して行われていた翌年度全額現金償還の原則をくずし，2分の1強の再乗換を同行が認め，05年度に日銀乗換が急増したのである。

　このように，政府の国債管理政策における日銀信用への依存は進みつつある。しかし，問題はこのような借換政策における日銀の重要性の高まりにとどまらない。図表1-5は，短期国債も含む日銀保有国債残高の内訳を見たものである。まず，量的緩和政策への転換によって長期国債の保有が進んでいることが見て取れるが，同時に，短期国債の保有にかんして新たな動向が確認できる。あらかじめ断っておくが，「短国」と表記される部分には，統計の性質上政府短期証券（FB）と満期1年未満の割引短期国

　55）　ただし，2004年度より先に述べた買入消却が都市銀行保有分だけではなく財政融資資金および日銀保有分にまで拡大された関係で，同年度分にかんしては，買入消却分の4000億円が別途加算されている点でそれ以前とは異なっている。2003年12月「平成16年度中に償還期限の到来する本行保有国債の借換えのための引受けおよび平成16年度中の国債買入消却への対応に関する件」参照。

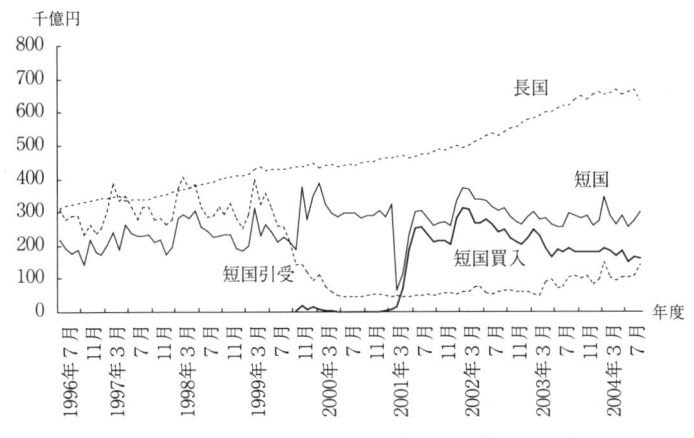

1-3 反転困難な政策構造の形成　　45

図表1-5　短期国債を含む日銀保有国債残高の内訳

出所）日本銀行「マネタリーベースと日本銀行の取引」より作成。

債（TB）の双方を含んでいる。さて，図表1-5に戻ろう。すでに指摘したように，1999年3月改正によって，FBの公募入札への変更が行われ，さらに日銀の与信の際の担保対象として広く認める措置が講じられた結果，FBの市中消化がすすみ，短期国債引受残高が減少したことが分かる。一方，量的緩和への転換以降，1999年10月に制度化された短期国債の無条件売買オペが積極的に行われ，TBの買い入れ残高が急増したことが見て取れる。

しかし，さらに注意を要するのは，2003年に入るとTBの買い入れが減少する一方で，それまで横ばいに推移してきたTBの引き受けが増大している点である。1999年に日銀保有の利付国債を償還時点で割引短期国債に乗換えることができるよう措置されたが，先述の乗換えの増大を反映して日銀のTB引受が増大しているのである。図表1-6によって中長期債の動向もあわせて確認しておくと，10年債から2年債，5年債へのシフトが進みつつあることが読み取れる。国庫的観点からは低金利時代には金利負担を抑制するために満期構成は長期化するというのが経済学の常識であるが，現状はこれと反対に進みつつあることが理解できよう。

このような状況の評価は難しいが，仮に景況の回復と民間資金需要の増大が背景にあり，保有リスクに対する懸念の高まりが中長期国債の短期債

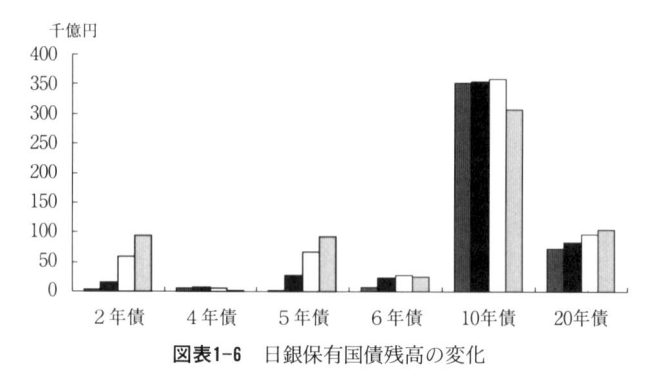

図表1-6　日銀保有国債残高の変化

出所）　日本銀行「日本銀行が保有する国債の銘柄残高」より作成。
注1）　保有残高＝買いオペによる買い入れ＋借り換えのための引き受け－売却額
　2）　グラフは左から2001年～2004年の残高を示しており，毎年12月時点を比較している。

への借換え，中長期国債内部での満期構成の短期化を推し進めているとすれば事態は深刻である。というのも，近年は短期国債オペの札割れが懸念される状況であり，そのなかで借換債とくに短期債発行が要求されるという困難に陥るからである。また，景気の回復局面では，短期的には中短期ゾーンを軸とした金利上昇，すなわちベアフラット化の可能性が大きく，短期化された満期構成のもとでは利払い費の増大をもたらす可能性が大きい。このような現状は，日銀のゼロ金利政策の転換がもたらすリスクをいっそう増大するかもしれない。あるいは国債の保有リスクをいっそう高めるとともに，財務省の借換政策と連動してさらなる保有国債の満期構成の短期化，追加的金融緩和を必要とする状況を生み出す可能性もある。だとすれば，それは中央銀行政策の枠を超えて政府の国債管理に中央銀行が巻き込まれることを意味するだろう。

1-4　結論および問題提起

以上，本章では，日銀法改正以降，とくに，量的緩和政策への転換以降の財政政策と金融政策の境界上の問題に着目し，日銀の金融政策，為替政策，国債管理政策が財政運営に与える影響を考察してきた。
　第一に指摘すべきは，量的緩和およびそれを前提とした政策選択は，財

1-4 結論および問題提起

政の日銀信用への依存を高め，財政運営上のリスクを増大させるという不安定な構造を生み出した点である。本章では，買い切りオペが日銀の国債保有を増大させ同行の財務の不健全性を高めつつあること，為替の積極介入がもたらした膨大な外為債務，その利払い費，さらに為替差損が一般会計の財政負担を増大させかねないこと，借換政策において日銀信用の動員が進んでいること，満期構成の短期化が進み短期金利の上昇に敏感な債務構造がもたらされていることなど，さまざまな問題を指摘してきた。すなわち，景気の回復，量的緩和・ゼロ金利政策からの転換によってもたらされる金融政策の正常化が，かえって財政の抱え込んだリスクを顕在化させる可能性を増大させているのである。

現在，ゼロ金利政策からの転換が重要な政治課題として浮上しつつある。むろん，中央銀行政策の観点からすればこのタイミングにおける政策転換は当然だし，望ましいものである。しかし，その政策転換が与える影響はもはや金融政策の枠内で完結する問題ではなくなっているのではないだろうか。2001年3月，中央銀行の意思決定により政策のレジームが大胆に転換された。そして，その大胆な変化を与件として，財務省や市場参加者を中心に政策の体系，債務ないしその管理のあり方が形成されてきている。量的緩和によって財政運営上のリスクが高められた状況のもとで中央銀行が独自の判断で政策転換を行うこと，そのようなこと自体，金融政策の民主的統治の観点からは検討に値する論点である。だが，それはひとまず措き，また，今後の景気の回復や金融システムの安定化をわれわれが望んでいることを付けくわえても，なお，政策スキームの大胆な変化が潜在的な財政負担を高め，正常な金融政策への機動的な転換をかえって困難にしたという可能性，このような量的緩和政策の副作用については，それはそれとして適切に検討されるべきである。

第二に指摘すべきは，このような反転困難な政策構造が，中央銀行が法的な独立性を達成したあとに形づくられたという問題である。ここで強調しておきたいのは，中央銀行はその公的な経済主体としての性格から効果的な金融調節の方法を追求する必要があると同時に，市場への介入が効果を持ってはじめて組織としての存在意義，正当性が認められるという点である。歴史的に見れば，中央銀行は自身の政策機能の強化に対して常に強

いインセンティブを持ち続けてきた。それは，市場調節の効果をめぐる経済的な合理性と，その効果を発揮することによって担保される組織の存在意義をめぐる政治的な合理性との双方を追求する歴史であったとも言える。このような観点からすれば，量的緩和政策は，よりいっそうの金融緩和という経済的な課題と同時に，ゼロ金利政策のもとで政策手段と金融市場での主体的役割を喪失していた日銀の新たな政策手段の開拓という政治的な課題に応えるための選択であったと位置づけることができるであろう。

一方，この選択は中央銀行法の改正を経て実現された物価の安定，信用秩序の維持という政策理念に即して実施された。確かに，中央銀行の政策理念は中央銀行の有する公共性の必要不可欠な拠り所である。しかし，本論で示されたように，その理念が具体的な政策手段に反映される過程では解釈の余地ともいうべき「幅」が観察される。今回の措置に関して，新日銀法のもとで明確にされた政策理念を正しいものだと認めても，その実現のために選択された量的緩和政策は，それまでとは異なる政策レジームとそこでの新たな利害関係を形成することとなった。その政策転換に際し，急増する政府債務を適切に管理する必要に迫られた財務省[56]，不良債権の処理のために国債購入を積極的に進め，そこからの収入を重視していた民間金融機関[57]，これらの経済主体はいっそうの金融緩和を要求した。デフレ経済においてこれらの要求は物価の安定ないし信用秩序の維持という政策理念となんら矛盾するものではない。そして，政府債務の利払い費の最

---

[56] 政策決定委員会に財務省から参加したオブザーバーは量的緩和政策への転換に際し以下のような要求を行っている。「1）ゼロ金利政策を再実施し，金融緩和状態を一定期間続ける旨を明確にする，2）物価安定の目標を明らかにする，3）オペの対象拡大等により豊富な資金供給を行う，といった政策手段やこれらの組み合わせが考えられる。日本銀行におかれては，これらの政策手段につきご検討のうえ，早急に一層の金融緩和に向けての措置を決定して頂きたい。」2001年5月1日「金融政策決定会合議事要旨（3月19日開催分）」を参照。

[57] 金融機関の保有有価証券の期末構成比を見てみると，株式保有が2000年度25.1％，01年度21.9％，02年度13.9％，03年度14.7％，04年度13.8％であるのに対して，国債保有は同40.3％，40.5％，46.1％，49.8％，49.7％という推移を示している。これを受けて，金融機関の国債損益尻も2000年度3908億円，01年度4296億円，02年度8181億円，03年度3060億円，04年度1354億円と変化している。近年の国債収益の減少傾向は興味深いが，量的緩和政策をきっかけとして金融機関の保有資産構造，収益構造に変化が生じていることは一目瞭然である。全国銀行協会「平成16年度決算　全国銀行財務諸表分析　付属表・参考表」を参照。

1-4 結論および問題提起

小化，借換えにおける日銀信用の動員，買いオペを通じた国債価格支持など本章に示されたように，量的緩和の実施後は，中央銀行信用が政府の財政運営において欠くことのできない前提となっていった。このような中央銀行信用を結節点とした政策の「非正統的」な連関が中央銀行の法的独立性の強化の後に実現されているという事実は，自律－従属という概念で政策を見ることの限界を浮き彫りにしている。

本章の分析と以上の評価を踏まえたうえで，われわれは次のように問題と仮説を提示したいと考える。一国ケインズ主義の終焉，経済のグローバル化，法的な中央銀行の独立性確保という世界的な潮流に規定されつつ，個別の国民国家においては多様な利害が錯綜する。これに対して，制度に方向づけられた解決のあり方が模索，選択される一方，その選択は他の主体の新たな制度解釈をもたらし，それぞれのアクターの制度設計，合理的判断とは大きく異なる状況を不可逆的に形作っていく。このような過程において中央銀行政策と財政政策の関係，法的独立性の意味を理解しようということである。もし，これらの見方を受け入れるならば，中央銀行の独立性とは，公共選択論者が想定するようなルールによる政策の統制という問題領域を超えることとなるだろう。あるいは，金融論においてインフレ抑制との関連で積極的に論じられてきた中央銀行の独立性も，法的な独立それ自体の意味を規定する各国の政策構造との関連から理解される必要が生じてくるであろう。

われわれは，現状分析からえられたこのような視点を中央銀行法の形成ないし改正の過程に当てはめ，仮説の妥当性を確かめたいと考えている。ここで繰り返し強調しておきたいのは，財政政策と通貨政策の間にみられる変転著しい関係のなかに，政治と経済の関係全般が見出せるとしたシュメルダースの問題提起である。中央銀行の自律，従属という二項対立的な見方を超えて，財政当局と中央銀行を中心とした政策主体の相互作用という動態的なプロセスの中で中央銀行政策と財政政策の関係を理解することとしたい。2章および3章では，政府への従属の象徴として知られるドイツにおける1939年ライヒスバンク法改正と日本における1942年日銀法制定過程を考察し，法的従属のもとでの主体的な政策運営という今日とは正反対の事実を明らかにする。そして，4章において現状と歴史の比較，日本

とドイツの国際比較に基づき，われわれの分析手法の提示および近接領域の問題群への批判を行うこととする。

参 考 文 献

石田定夫［2003］「国債残高の累増をめぐって」『証券経済研究　第41号』日本証券経済研究所。
井田啓二［1978］『国債管理の経済学』新評論。
井手英策［1998］「後期高橋財政と国債漸減政策」『証券経済研究　第14号』日本証券経済研究所。
─────［2001］「新規国債の日銀引受発行をめぐる日本銀行・大蔵省の政策思想」『金融研究　第20巻第3号』日本銀行金融研究所。
岩田規久男編［2004］『昭和恐慌の研究』東洋経済新報社。
植田和男［2003］「自己資本と中央銀行」『2003年　日本金融学会講演』。
大蔵省財政史室［1991］『昭和財政史　金融1』東洋経済新報社。
大内兵衛［1974］「日本財政論　公債編」『大内兵衛著作集　第2巻』岩波書店。
大島通義［1972］「日本財政の国際比較」林栄夫ほか編『現代日本の財政　現代財政学体系2』有斐閣。
翁邦雄・白川方明・白塚重典［2001］「金融引き締めはなぜ遅れたか」香西泰ほか編『バブルと金融政策　日本の経験と教訓』日本経済新聞社。
貝塚啓明［2003］『財政学　第三版』東京大学出版会。
鐘ヶ江毅［1999］『新しい日本銀行　改正日本銀行法の研究』勁草書房。
金子　勝［2002］『長期停滞』ちくま書房。
河村小百合［2003］「外貨準備政策運営の見直しを」『Japan Research Review12月号』日本総研。
小林和子［2003］「国債管理政策と市場の関係」『証券経済研究　第41号』日本証券経済研究所。
鎮目雅人［2001］「財政規律と中央銀行のバランスシート」『金融研究　第20巻第3号』日本銀行金融研究所。
白川方明［2002］「『量的緩和』採用後一年間の経験」小宮隆太郎ほか編『金融政策論議の争点』日本経済新聞社。
神野直彦［2002］『財政学』有斐閣。
鈴木武雄［1957］『近代財政金融』春秋社。
高橋智彦［2000］「改正日銀法と中央銀行の独立性」『公共選択の研究　第34号』現代経済研究センター。
高橋　誠［1974］「予算論」林栄夫ほか編『現代財政学　現代財政学体系1』有斐閣。
武田　勝［2003］「第一次大戦後における借換債の日銀引受」『証券経済研究　43号』日本証券経済研究所。

立脇和夫［1997］『改正日銀法』東洋経済新報社。
中島将隆［1977］『日本の国債管理政策』東洋経済新報社。
─── ［2003］「拡大する日本国債市場の危機」『証券経済研究　第41号』日本証券経済研究所。
日本銀行［1986］『日本銀行百年史　第6巻』。
日本銀行企画室［2004］『日本銀行の政策・業務とバランスシート』。
日本銀行金融市場局［2004］『国債市場と日本銀行』。
羽森直子［2002］『欧州中央銀行の金融政策　新たな国際通貨ユーロの登場』中央経済社。
林健久・加藤榮一・金澤史男・持田信樹［2004］『グローバル化と福祉国家財政の再編』東京大学出版会。
原田靖博監修［1997］『新版　財政収支のみかた　わが国の国庫制度と財政資金の動き』ときわ総合サービス。
原田泰・岩田規久男編［2002］『デフレ不況の実証分析』東洋経済新報社。
藤木　裕［1998］『金融市場と中央銀行』東洋経済新報社。
真渕　勝［1994］『大蔵省統制の政治経済学』中央公論社。
─── ［1997］『大蔵省はなぜ追いつめられたのか　政官関係の変貌』中公新書。
南　武志［2004］『デフレ脱却観測の高まりと金融政策運営』農林中金総研。
Bernanke, Ben 2003 "Some thoughts on monetary policy in Japan", *Remarks Before The 60th Anniversary Meeting of The Japan Society of Monetary Economics*, May 31, 2003.
Bernholz, Peter 1986 "The implementation and Maintenance of a Monetary Constitution", *Cato Journal 6*, pp. 477-512.
Boylan, Delia M. 2001 *Defusing Democracy- Central Bank Autonomy and the Transition from Authoritarian Rule*, The University of Michigan Press.
Buchanan, James M. 1991 *The Economics and the Ethics of Constitutional Order*, The University of Michigan Press.＝1992　加藤寛監訳『コンスティテューショナルエコノミックス　極大化の理論から契約の論理へ』有斐閣。
Buchanan, James M.＝Wagner, Richard E. 1977 *Democracy in deficit: The political legacy of lord Keynes*, New York: Academic Press＝1979　深澤実・菊地威訳「赤字財政の政治経済学　ケインズの政治的遺産」文真堂。
Buchheim, Christoph 2001 "Die Unabhängigkeit der Bundesbank-Folge eines amerikanischen Oktrois?", in *Vierteljahreshefte für Zeitgeschichte*, 49. Jahrgang, Heft 1.
Cukierman, Alex, Webb, Steven. and Neyapti, Billin. 1992 "Measuring the Independence of Central Banks and Its Effect on Policy Outcomes", *The World Bank Economic Review Vol. 6 No. 3*.
Dixit, Avinash K. 1996 *The making of economic policy -A transaction-Cost Politics Perspective*, Massachusetts Institute of Technology.＝2000　北村行伸

訳『経済政策の政治経済学 取引費用政治学アプローチ』日本経済新聞社。
Deutsche Bundesbank 1995 *Die Geldpolitik der Bundesbank*, Selbstverlag der Deutschen Bundesbank, Frankfurt am Main.
Goodhart, C. A. E. 1995「中央銀行の独立性」『金融経済研究 第9号』東洋経済新報社。
Howarth, David = Loedel, Peter 2005 *The European Central Bank: The New European Leviathan?*, NewYork: Palgrave.
Johnson, Norman 1999 *Mixed economics of welfare: a comparative perspective*, London; Tokyo: Prentice Hall Europe=2002 青木郁夫・山口隆監訳『グローバリゼーションと福祉国家の変容』法律文化社。
Kindleberger, Charles P. [1973] *The world in depression 1929-1939*, London: Allen Lane= [1982] 石崎昭彦ほか訳『大不況下の世界 1929-1939』東京大学出版会。
Krugman, Paul R. 1998 *It's baaack: Japan's Slump and the Return of the Liquidity Trap*, Brookings Papers on Economic Activity 1998.
Lastra, Rosa M. = Miller, Gieoffrey P. 2001 "Central bank independence in ordinary and extraordinary times", in Jan Kleineman, *Central bank independence: the economic foundations, the constitutional implications and democratic accountability*, The Hague: Kluwer Law International.
Parkin, Michael 1987 "Domestic Monetary Institutions and Deficit", in J. Buchanan, C. Rowley and R. Tollison, *Deficits*, Oxford [Oxfordshire] ; New York, NY, USA: Basil Blackwell=1990 「国内の金融制度と財政赤字」加藤寛監訳『財政赤字の公共選択論』文眞堂。
Pierson, Christopher 1991 *Beyond the welfare state?*, Oxford: Basil Blackwell= 1995 『曲がり角にきた福祉国家 福祉の新政治経済学』未来社。
Sargent, Thomas = Wallace, Neil 1981 "Some Unpleasant Monetarist Arithmetic", *Federal Bank of Minneapolis Quarterly Review Vol. 5 No. 3*, pp. 1-17.
Schmölders, Günter 1955 *Finanzpolitik*, Dritte Auflage, Springer-Verlag Berlin et al.=1957 山口忠夫訳『財政政策 第一版』中央大学出版局。なお, Schmölders 1970=1981は同書の第3版である。
Smith, Warren L. [1960] *Debt management in the United States*, Washington: U. S. Govt. Print. Off.
Taylor, John 1993 "Discretion versus Policy rules in Practice", *Carnegie-Rochester conference series in public policy, 39*.

第 2 章

1930年代ドイツにおける中央銀行の「独立」と「従属」

───────

20世紀前半におけるドイツは，まず，第一次大戦とその直後の時期にハイパーインフレーションを経験し，次いで大恐慌期にはきびしいデフレ政策がとられ，そのさなかでドイツは金本位制を離脱した。さらに第二次大戦中の〈堰き止められた〉インフレを経て戦後ふたたび激しいインフレに見舞われた。そして，最初のインフレはドイツの通貨の「マルク」から「ライヒスマルク」（1923/24年）への切り換え，第二のそれは「ドイツマルク」への切り換え（48年）をもって収束した。四半世紀のあいだに通貨制度のこれほどの激しい転変を見た国は，ドイツを措いて他に見ることはできない。この転変は，ドイツにおける財政と金融，あるいは，政府と中央銀行との関係がもたらした結果でもあり，また，この関係をつくりかえる契機ともなった。この章でのわれわれの課題は，この政府と中央銀行との関係を1932年から39年の時期について考えてみることである[1]。

---

1) この章で取り上げる問題について筆者（大島）は，これまでにいくつかの論考をおおやけにしてきた。まず，本稿と同じ問題意識から出たものとして，大島・井手［2002］がある。さらに，ここでの叙述の基礎をなすものとして大島［1996］がある。このことは，とりわけ当時のドイツでの再軍備とその資金調達について当てはまる。この章で記述することのいっそうの詳細については，これらを参照されたい。ただし，大島［1996］では，ライヒスバンクの政策については十分な考慮を払ったとは言えず，とくに1939年のライヒスバンク法成立の過程についてきわめて不十分な説明に終わっている。以下は，これを検討しなおし，その後に見ることができた史料の考証の結果を取りいれたものである。他方，大島［2000］では，本稿では割愛せざるをえなかったドイツの戦時財政についての概観を試みているので，本稿の論旨を補完するものとして参照していただければ幸いである。

2-1　1930年代のライヒスバンク
──「独立」から「従属」への道程──

両大戦間期のドイツにおける中央銀行法としては，まず1924年に中央銀行の政府からの完全独立を規定した銀行法［*RGBl* II, 1924: 235ff.］が制定され，39年にはこれを廃棄して，前者の後者にたいするこれまた完全な従属を規定したライヒスバンク法［*RGBl* II, 1939: 1015ff.］が制定された。この二つの中央銀行法は，この意味での際だった対照性の故に注目され，人々の関心を呼んできた。だがさらに，この間の33年には，ライヒスバンクに初めて公開市場政策の権限を認める銀行法の改正もおこなわれていた。

そこで，1932-39年の財政金融史の内実に立ち入るにさきだって，以下，2-1-1においては，この二つの中央銀行法の要点をたしかめ，次いで2-1-2では，33/34年の頃に政府との関係について，2-1-3では，さらに政策装置について，ライヒスバンク（厳密にはその国民経済統計局──以下では統計局と略記）がどのような見通しを抱いていたかを検討する。目指すところは，ヒトラー政権初期にライヒスバンクが自らにかかわる制度をどのように考えていたのかをあきらかにし，もってその後のライヒスバンクの政策運営を考える手がかりを得ることである。

2-1-1　1924年銀行法から1939年ライヒスバンク法へ

第一次大戦後の賠償体制と密接に関連して制定された1924年の銀行法は，まず，ライヒスバンクにたいする政府の監督権を否定し，総裁の任免権も政府にではなく，評議員会[2]に認めることなどによって，政府にたいする独立を保障した。その業務としてライヒスバンクは，金・銀・外貨の売買と手形割引，ロンバード貸付が認められたが，手形割引の対象は優良商業手形に限られた[3]。ライヒ政府にたいして提供することを認められたのは，

---

　　2)　構成員14名中7人は外国人（英・仏・米等の戦勝国7ヶ国の代表）によって占められ，うち1名は発券委員としてライヒスバンクの発券業務を監視する役割を担っていた。

　　3)　これに先立つ時期には，1914年8月4日付の法律によりライヒスバンクは，満期まで3ヶ月未満の国庫手形を割り引くこと，この国庫手形と3ヶ月以内に額面で償還されるラ

限度1億ライヒスマルク（以下，RMと略記），ライヒ鉄道とライヒ郵便にたいして合わせて限度2億RMの短期信用（＝運転資金信用）のみであり，これ以外のライヒ・ラント・ゲマインデにたいする信用供与はすべて禁止された[4]。そして，銀行券発行の準備として流通額の40％を金・外貨によって保有することが義務づけられ，準備率がこれを下回った場合には，一定の率で銀行券税が課されることとなった。さらに，ドイツによる賠償債務の履行を確実なものとするために，ライヒ財政・ライヒスバンク・ライヒ鉄道を監視する賠償委員が任命されていた。この法律は，成立と同時に戦勝国が調印したロンドン議定書によって国際法として規定され，その改廃は議定書に署名した国々の承認を要するとされた[5]。

1939年のライヒスバンク法のおもな内容は，第一に，国家の主権および国民社会主義の国家目的へのライヒスバンクの従属の規定（前文），総統兼ライヒ首相によるライヒスバンクにたいする指示権，総裁その他の役員の任免権にかんする規定（1条，4条），行内諸組織の意思決定における指導者原則等，ライヒスバンクの組織的構成や運営の総統兼ライヒ首相への従属にかんする規定である。第二は，対政府信用供与にかんする規定である。ここでは24年銀行法における金額の限定をいっさい除去し，ライヒ国庫手形の売買（13条2項）および政府にたいする短期信用供与（16条）を総統兼ライヒ首相のさだめる規模でおこなうことが認められた。そして，金・外貨準備の規定を廃止する一方で，満期まで3ヶ月未満の手形および小切手・ライヒ国庫手形，満期まで1年以内のライヒ国庫証券，確定利付有価証券，担保付要求払い貸出金，金・外国為替の保有が認められた（21条）。したがって，銀行券発行についての制度上の制約はいっさい課されなかった。

このように1924年法と39年法とでは，第一に中央銀行の国家機構のなか

イヒの債務証書を発券準備に加えることが認められていた。

 4) 対政府信用については，その後，1926年の銀行法改正［*RGBl* II, 1926: 355］により，4億RMを限度とするライヒ国庫手形（満期日まで3ヶ月以内）のライヒスバンクによる割引が可能となった。

 5) 上記のドイツの財政・通貨政策を監視するための諸制度は，1929年8月31日のヤング賠償協定の成立に際して廃止され，30年の銀行法改正により，銀行法の修正等についてはドイツ賠償金の管理機関である国際決済銀行の役員会による承認を要する旨が規定された。

での位置づけ，ないし，その政府にたいする位置関係の規定，第二に中央銀行指導部についての人事権の所在とその組織としての意思決定のあり方，第三に対政府信用供与，そして第四に銀行券発行の規定について，対照的とも言えるような変更が加えられていることが注目される。

この間，1933年10月と37年2月とにもライヒスバンクにかんする重要な立法措置がとられた。

1933年10月の銀行法修正法［*RGBl* I, 1933: 827］によりまず評議員会が廃止され，それにともない，従来評議員会の多数決によって選任されてきた総裁は，役員会の推薦にもとづきライヒ大統領が任命することとされた。また，ライヒスバンクは公開市場操作の権限，すなわちライヒ等の満期まで1年以内の無記名債務証書を含む確定利付有価証券の売買と，買い入れた有価証券と担保付要求払い貸出金を発券準備にくわえることを認められた。また，金・外貨準備率が40％を下回った場合の課税にかんする規定は除去された。この銀行法修正は，まずは過去数年間におけるライヒスバンクを取り巻く政治状況の変化とその間における中央銀行としての政策経験にもとづくものと位置づけることができる。なお，ライヒスバンクが公開市場政策をその政策手段の総体のなかにどのように位置づけたかについては，後に2-1-3で再論する。

他方，1937年2月の「ライヒスバンクおよびライヒ鉄道の関係の規制にかんする法律」（*RGBl* II ［1937: 47f.］）の準備は，実質的にはライヒ財務省がライヒスバンクを含む関係省庁との協議のもとにこれにあたり，手続き上はライヒ交通省がこれを閣議に提案した［*ARH 1937*: Dok. Nr. 25］。その間にライヒスバンクがこの法案の内容に異議を唱えた形跡はない。この法律においては，ライヒスバンク役員会は明確に総統兼ライヒ首相に直接下属する機関と規定された。37年当時の脈絡でいえば，この法律は，同年1月にヒトラーがドイツの同権化要求の一環として，ライヒスバンクとライヒ鉄道にかんする国際的制約の破棄を一方的に宣言したのを受けて公布された。その後の経緯との関連からすれば，ヒトラーが39年1月，シャハト解任にともなうフンクの総裁任命に際して，「この法律によって着手されたライヒスバンクの国家主権に従属する発券銀行への改造」を完成させることを指示したことからすれば，これは39年のライヒスバンク法制定

への第一歩だったと位置づけることができる。ただし、それは結果から見て言えることであって、37年初頭の時期にすでに39年法もしくはそれに近い内容の立法をヒトラー政権が予見していたかどうかは確言できない。39年法が前述のような内容のものとなったことについては、後に詳論するように38/39年のドイツ・ライヒの財政過程に負うところが多分にあったと思われるからである。

2-1-2　ライヒスバンクから見た中央銀行の「独立」と「従属」（1933/34年）

この時期に、ライヒスバンクは自らの立場なり課題なりを銀行法の規定との関連においてどのように考えていたのだろうか。ここではライヒスバンク統計局が主として1932〜34年に作成した文書［BA: R 2501/6858, 6859］について、このことを見てみることとする。ただし、その全容を紹介するゆとりはないので、ここではとりあえず、この間にライヒスバンク統計局が取り上げたテーマを一瞥するにとどめる。

　まず1932年7月には、第一次大戦開始の時期以来、1875年に制定された銀行法にどのような修正が加えられてきたかを整理した。次いで33年4月、シャハトの総裁就任直後、「銀行法修正にかんする基本問題」と題する文書が作成された。ここで当面の重要課題とされたのは、

① 「ライヒスバンクの独立」とは何を意味するのか、
② 「第一次発券準備」（＝金・外貨準備）のあり方と現状、
③ 「第二次準備」、すなわち発券準備としての手形の役割と有価証券等へのその拡大、換言すればライヒスバンクにたいする公開市場操作権限の付与

という問題である。これを受けて33年9/10月には、前記の銀行法修正法を根拠づけるための資料が作成された。そのほぼ1年後の34年12月には、どのような動機からなのか、その事後処理など皆目分からないが、銀行法の全面的な改訂草案が起草され、その附属資料として個別の問題点[6]についての報告書が作成された。なお、これ以降39年春まで、統計局の内部で

銀行法改訂作業がおこなわれることはなかった。

　これらの一連の文書においてライヒスバンクがその政府にたいする「独立」をどのように考えていたのか，このこととの関連で，ライヒスバンクは一般の政府組織とどのような関係にあり，また同行にとって望ましいそのあり方は何だったのかを見てみよう。

　まず「独立性」問題について。統計局は議論の前提として，ライヒスバンクの「独立性」とは何を意味するのかを次のように整理している[7]。

①　ライヒスバンクについては，その役員会のみが指揮権を持ち，責任を負うこと。
②　ライヒ（政府）はライヒスバンクにたいして，法によって規定された特定の規模においてのみ信用供与を求めることができること。
③　ライヒ（政府）はライヒスバンクにたいしていかなる監督権限ももたないこと。
④　人事にかんして政府は，ライヒスバンクの役員のみならず官吏についても，狭く限定された範囲において間接的に影響を及ぼすことができるにとどまること。

　このような意味での独立性をめぐる議論において，ライヒスバンク統計局がまず排除するのは，ライヒスバンクを「国家のなかの国家」と位置づける主張である。銀行法にかんする近年の事態の推移を見るとき，ライヒスバンクをライヒから「完全に切り離す」ことは実行不可能である。ライヒスバンクは経済政策上きわめて重要な決定を下さなければならないが，これをライヒ政府の一般的な経済政策にさからっておこなうことはできない。法規定といえども，この「事実上の結びつき」を断ち切ることはできないのであり，このことはライヒスバンク総裁について見ればあきらかで

　6）　その標題は次のとおりである。「ライヒスバンクの独立性」，「ライヒの行政組織内におけるその位置」，「その国有化」，「株主の位置」，「新銀行法における銀行券の発行準備とその兌換」，「主要外国中央銀行における発券準備規定」，「利益の分配と清算」以上。
　7）　ライヒスバンク統計局「銀行法改定にかんする基本的諸問題」(1933年4月)［BA: R 2501/6858］。

ある。シャハトが1933年10月のライヒスバンク株主総会で述べた言葉をもってすれば，総裁はライヒによって主権的権限を付与されているのであり，政府と完全なコンタクトを持てないような総裁は考えられない。銀行法の立法者がその文言によってあきらかにしようとしたのは，事実上ありえないライヒスバンクの「ライヒからの独立性」ではなく，「ライヒ政府からの行政上の独立性」であると考えられる。このことからして，ハイパーインフレーションの記憶がまだ新たな現時点において銀行法から「独立性」の規定を除去する場合，これによって国の内外において生じうるドイツの通貨への信認の毀損を考えるならば，現行法の規定を維持することが妥当である。これが「独立性」規定についての統計局の基本的な見解だった。

そのうえで統計局が中央銀行としての「行政上の独立性」を維持するために必要と考えていたのは，ライヒスバンクのみが「通貨・割引・信用政策」を決定すること，同行役員会がライヒ政府のいかなる機関の監督も受けないこと，そしていっそう重要なのは，「公共部門の資金調達の要求にたいするライヒスバンクの自立性」である。ことに，ライヒ政府にたいする直接的な信用供与は考えられない。現行の銀行法では，ライヒ国庫手形の割引と短期信用の供与が一定の限度内で認められているが，この規定のもとでならば，対政府信用供与が通貨の状況に決定的な影響を及ぼすことはないと見てよいだろう。したがって，この規定は今後も維持されなければならない。1934年末にライヒスバンク統計局はこのように考えていた。

その際統計局は，この問題との関連で次のように付け加えることを忘れていない[8]。

「政府の資金調達要求にたいするライヒスバンクの自立性にかんしては，国家の存立が問われるような事態に直面したとき，いかなる発券銀行といえども国家にたいする援助を拒みうるものではないことを考慮に入れておかなければならない。目的に適う堅実な発券銀行政策についての保証は，ひとえにライヒスバンク指導部の理性的な状況把握

---

[8] ライヒスバンク統計局「ライヒスバンクの独立性問題について（銀行法改定資料）附属資料 a ）」(1934年12月) [BA: R 2501/6859]。

にかかっている。」

　統計局は，この「国家の存立が問われる事態」が何を指すのかについては説明を加えていないが，この言葉には，この章での論述において繰り返し立ち返って考えてみざるを得ないものがある。

　この「独立性」問題との関連において統計局が重視したのが，ライヒスバンクとライヒ行政組織との関係をどのように設定するのかという問題だった。その焦点はライヒ経済省との関係にあった。ライヒ経済省は，第二帝政末期の1917年に設置されたライヒ経済庁の後身として19年に設置され，ライヒスバンクを含む通貨・信用にかんする事項は，同省の所管とされていた。そのため，ライヒスバンクがなんらかの法令案について立法ないし布告の手続きをとろうとするとき，かならずライヒ経済省を経なければならず，他のライヒ省庁が政府部内で配布する文書も，ライヒ経済省経由でしか手にすることはできない。この状況を脱して「独立性」の要請にふさわしくライヒスバンクの地位を安定させるために不可欠と統計局が考えたのは，ライヒスバンク総裁にライヒ大臣並みの行政上の権限を認めること（ライヒスバンクを「最高のライヒ官庁」[9]のひとつと認めること）と，貨幣・信用政策にかんする排他的な権限をライヒスバンクに認めることだった。

　シャハトは，総裁就任の直後からライヒ政府の閣議や閣僚協議会に出席し発言していた。1934年8月からはライヒ経済大臣代理に任ぜられてもいた。近年の研究では，このようなシャハトとライヒ政府との関係は，銀行法に定めるライヒスバンクの「独立性」を損なうものだったとされているが[10]，当時のライヒスバンク統計局は，この事柄の意味をこれとは異なる脈絡で捉えていた。それによれば，問題は次のようだった。シャハトの閣議等への参加は，彼個人への評価のなせる結果にすぎず，行政組織として

　9）　本書第1章で言及した第二次大戦後のドイツ・ブンデスバンクは，1957年のブンデスバンク法第29条において「最高の連邦官庁」のひとつと規定されている。なお，24年銀行法では，第9条でライヒスバンク官吏の懲戒についてのみ，ライヒスバンク総裁に「最高のライヒ官庁」としての権限を認めていたにとどまる。

　10）　James［1998: 68］。しかし，ライヒスバンク総裁の閣議等への出席はシャハトに始まったことではなく，前任者ルターもブリューニング政権の閣議等に出席していた。

のライヒスバンクが最高のライヒ官庁たることを認められた結果ではない。33年5月31日の政府閣議で第一次ラインハルト計画が審議・承認された際，シャハトは貨幣・資本すべての市場についての政策を規制し監視する小規模の委員会の設置を求め，シャハト（議長）・ライヒ財務大臣・経済大臣からなる「資本市場委員会」が33年夏から活動を始めていたが，これによっても問題が解決されたわけではない。問題は，ライヒスバンクがライヒの最高官庁として認知されること，ライヒスバンク総裁がライヒ政府閣議において議席と議決権を認められること，そして，ライヒ経済省に認められてきた貨幣・銀行問題にかんする権限をライヒスバンクに帰属させることだ。ヴァイマル共和制のもとで「経済民主主義」という時代の波に乗って急速に勢力を拡げてきた同省は，最近，銀行問題・貯蓄金庫・貨幣および資本市場・不動産信用の四つの専門担当ポストを新設した。34年の信用制度法によって信用制度監督局が新設され，ライヒスバンクに下属する機関と位置づけられたが，なお多くの点でライヒ経済省はライヒスバンクの権限を侵害している。銀行法に定めるライヒスバンクの「独立性」を制度として保障するためには，これらの問題の解決が不可欠である。これがライヒスバンク統計局の主張だった。

　しかし，ライヒスバンクがこの主張にそってライヒ行政組織の改革へと行動を起こした形跡はない。また，ヒトラーやナチ党の幹部たちが政府の行政改革に関心を寄せたとは考えられない。後に見るように，その後，とりわけ36年9月にナチ党の実力者ゲーリングが四ヶ年計画全権委員に任命され，省庁横断的な行政権限を認められて以降，事態はライヒスバンクにとっていっそう不利な方向へと展開することになる。そして，ライヒスバンクとライヒ経済省とは数多くの点で対立し摩擦を強めていった。

2-1-3　積極的信用政策の手段を求めて

　それでは，1933/34年の時点で不況克服のために中央銀行による貢献が求められているなかで，ライヒスバンクは当面行使すべき政策手段についてどのように判断し見通しを立てていたのだろうか。

　ライヒスバンクにとって問題の核心は，発券準備の構成とその見通しにあった。この問に答えるには，まず，当面停止されている国際金本位制の

将来見通しをあきらかにしなければならない。その論旨はおおむね次のとおりである。

　国際決済制度としての金本位制に復帰することについては，ナチスの金本位制についてのイデオロギー的反対も含めて多岐にわたる賛否両論があるが，これに代わる制度について見通しがある訳ではなく，現状では，従来の金本位制の復活が最も望ましい選択肢ではある。とはいえ，金本位制復帰を可能とする国際的な政治経済状況が到来するまでに何年かかるのか，予想しうるものではない。したがって，現行銀行法の規定（金・外貨による40％準備）を改めるとして，そのあらたな規定を，金本位制にも，あるいは，それ以外の何らかのあり得べき国際決済制度にも依存させることはできない。そこで，現時点で考えられる関係条項の改訂案として統計局が考えたのは，要約すれば，流通銀行券および要求払い債務の合計額について保有すべき金または外貨の比率は，ライヒスバンク役員会が政府の同意の下にすくなくとも1年前の予告をもってこれを変更しうるという制度だった。なお，銀行法の準備率規定は1939年のライヒスバンク法制定まで変わることなく維持され，39年法では金・外貨の準備率の規定は単純に削除された。

　金・外貨による発券準備規定にこのような問題があるとすれば，第二次準備としての商業手形がいっそうの重要性を帯びることになる。商業手形は，理論的には疑いもなく最も理想的な第二次準備である。なぜならば，それは銀行券の流通を商品の売上げの変化と直接結びつけているからだ。だが実際には，これには懸念がある。この問題を統計局は次のように説明していた[11]。

　「ライヒスバンクの信用政策にとって手形準備が意味するところは，もはや戦前におけるのと同じではない。手形の買い取り率を変化させることによって経済に及ぼしうる影響は，今やいちじるしく減退した。経済の構造変化（産業の集中，商業の後退等——原文での注記）の結

---

11)　ライヒスバンク統計局「新銀行法における銀行券の準備と兌換（銀行法改定資料）附属資料ｅ）」（1934年12月）［BA: R 2501/6859］。

果，総じて手形信用は，他の形態の信用，とくに交互計算信用に対比してますます後退した。その結果純粋な手形準備は，ライヒスバンクの積極的な信用政策と資本市場への影響力の行使を困難にしている。この二つのことは，公開市場政策をつうじて可能となり，容易になるだろう。それゆえ1933年10月27日の銀行法修正法は，手形準備のみをもって第二次準備とすることをやめて，有価証券とロンバード貸付をこれに付け加えたのである。」

このように確認することによって，ライヒスバンクは19世紀以来ドイツの発券銀行制度に影響を及ぼしてきた真正手形原則をようやく払拭したと言うことができるかもしれない。ともあれここに，統計局が1934年末当時の状況をどのように把握し，いかにして有効な信用政策を展開しようとしていたかを見てとることはできる。たしかに，公開市場政策に何の危険もないとは言いがたい。最大の危険は，この政策が対政府信用と結びつくことであり，これによってライヒスバンクが政府の財政政策に巻き込まれることである。政府公債を公開市場操作の対象から除外することは考えられないからである。しかし，このような危険があるからといって，公開市場政策の制度化そのものを断念することは，目的に適ったものではない。なぜならば，中央銀行としてこれを装備することは時代の要請だからである。むしろこれを取りいれたうえで，ライヒ財務省と常時密接に提携し，さらに，とりわけ民間銀行についてこれに対応した改革を実行することによって，公開市場操作にともなう危険を未然に防ぐべきである。現に34年末までの状況を見るならば，ライヒスバンクの公開市場操作によって資本市場は活性化の兆しを見せ始めていた。

ところで，1934年末といえば，ライヒ政府による雇用創出計画のための手形信用の供与が最盛期にあり，他方で極秘裡にだが，再軍備のための手形金融が急激な増大を示し始めていた時期である。この手形金融は，銀行法の規定に抵触しないように形を変えた，事実上の政府にたいする中央銀行信用供与である。問題は，これをライヒスバンクが中央銀行政策の一環としてどのように位置づけていたのかにある。

ライヒスバンク統計局が先述のように「国家の存立が問われる事態」と

書いたとき念頭にあったのは，この手形金融が導入された1932/33年の政治・社会の状況だったといってよいだろう。それは，失業者が巷にあふれ，左右の過激派が街頭で衝突を繰り返し，銀行が窓口を閉ざすことを余儀なくされ，政府の恐慌対策はすべて大統領緊急令によらざるを得なかった時期のことである。雇用創出は，なによりもまず政治的安定達成のための最優先課題だった。再軍備――統計局はこれにいっさい言及せず，この時点でそのための信用供与の実態をどこまで把握していたか不明だが――については，〈ヴェルサイユの軛〉からの解放をかけた国家的な課題であるにもかかわらず，その営みが明るみに出たときにはフランス等による国際的な制裁を避けられないという認識があったはずだ。

これらの国家的な課題遂行のための資金調達について，1929年以来，資本市場は壊滅的な状況にあって公債を発行しうる見通しはなく，恐慌の作用のもとで経済の活動水準が低下した結果，税の自然増収もあらたな増税もありえない現状において，いわば「緊急避難」的な措置として手形金融が考案された。この特殊手形は，近い将来において本来の優良な商業手形あるいは資本市場において調達される資金をもって償却されるという期待のもとに「人工的に作り上げられた」のだった。

たしかに政府特殊手形の割引は，ライヒスバンクの資産における「内国手形保有高」を膨張させるだろう。くわえて，この保有手形のなかには，民間企業救済のためのいわゆる恐慌手形[12]が依然として含まれてもいる。この現実自体は直視すべきだが，将来を悲観的に考えるべきではない。公開市場政策が事態の改善をもたらすからである。33年9月にシャハトが経済界の代表者を前にして述べた言葉をもってすれば，「商業手形はライヒスバンクのポートフォリオから外され，有価証券がその代わりに受け入れられる。公社債市場は安定化するだろう。」[ARH, 1933/34: Dok. 212-3]

なお，一般に現代的な中央銀行政策の手段として公開市場政策とならんであげられるのが，預金準備率制度である。これは銀行法の規定に直接か

---

12) これは，1931年の信用恐慌で支払困難におちいった民間信用機関が振り出した手形を，とくにそのために設立された特殊会社に割り引かせ，これを引受保証銀行が裏書きし，ライヒスバンクが再割引した金融手形である。

かわる問題ではないので，ここで取り上げた統計局の文書ではいっさい言及されていないが，ドイツではそれがこの時期に議論され導入されたことからして，短くこれについて述べておく。銀行貸出にたいする現金準備を一定水準に維持することは，1920年代後半期に一旦課題とされながらそのままに終わり，これがあらためて緊急の課題とされたのは31年の信用恐慌後のことだった。その際には，とりわけ貯蓄金庫が預金の引出に対応し得ず，ライヒスバンクによる支援が求められた。この経験から33年秋の銀行制度調査の過程でこの問題が議論され，34年の信用制度法により，ライヒスバンクに預金準備率（10％）設定の権限が認められたが，第三帝国の時代にはこの権限が発動されることはついになかった（Lindenlaub [2000]）。

おおむねこれが，1933/34年にライヒスバンクが自らの立場や当面の政策について描いていた構図だった。そこに浮かびあがってくるのは，賠償問題の終焉にともなう戦勝国の規制や監視の除去にもとづくライヒスバンクの解放感である。それはまた，20年代後半期のドイツ経済の外国短期資金への依存による自らの政策操作の制約，割引率を変更しても市場の動向に影響を及ぼすことができない状況からの解放感でもあった。これが中央銀行としての信用操作の可能性拡大への制度的な基礎の確立，公開市場政策にたいする権限の実現へとライヒスバンクを向かわせたのだ。手形金融は当面の暫定措置にすぎず，中央銀行としての政策の基軸には公開市場操作をすえて市場にたいする支配を維持すること，これが，ライヒスバンクの当面の見通しだった。

この見通しを確実なものと思わせたのはシャハトの総裁就任である。彼は1924年から30年初頭まで総裁の地位にあって「通貨の守護者」としての名望を贏ち得，国際的にも諸外国の中央銀行家による高い信用を享受していた。くわえてシャハトはヒトラーを公然と支持し，ヒトラーもまたナチ党にたいして，貨幣・信用政策についてのライヒスバンク総裁の専権性を損なうことがないよう指示していた[13]。ライヒスバンクはまた，シャハト

---

13) 1934年3月22日のライヒ総督（国内の各地方に設けられた役職で，ナチの古参党員が任命されていた）の会議においてヒトラーは，個々の党組織が経済・財政問題で担当官庁に政策要求を突きつけることを禁止し，「貨幣・銀行政策についてはライヒスバンク総裁

が強調してやまなかった議会制民主主義の頽廃とそのもとでの財政の規律喪失への批判を共有していた。さきに見た対政府信用についての統計局の警戒感は，もっぱらこの状況認識に立脚していたと見ることができる。要するにライヒスバンクは，ヒトラー政権の登場を肯定的に受け止め，総裁シャハトを支持し，そのもとであらたな政策手段をもって中央銀行としての政策責任を果たしうると考えていた。

　しかし，ここに取り上げた一連の文書を統計局が作成した直後から，メフォ手形金融へのライヒスバンクの関与についての危惧を述べる文書が同局によって数多く作成されるようになった。シャハトもまた，これを受けてヒトラーないしライヒ政府に対応するようになる。再軍備のための手形金融がライヒスバンクの予想をはるかに超えた規模で膨張を遂げ，ライヒスバンクの政策運営におおきな影響を及ぼすようになったからである。次節以下においてその過程を追跡することとする。

2-2　手形金融とライヒ財政

2-2-1　手形金融制度の仕組み

1932年，不況の谷底にあったドイツの経済をよみがえらせ，短期間に好況へと導いたとされる政府政策として雇用創出計画があった。ドイツの経済回復が他国と比較して急速だったことから，その後の研究では，とりわけヒトラー政権によるアウトバーン計画がその主役だったとみなされて，これをもってヒトラー政権によるケインズ主義政策の先取りとする，実は誤った説さえ唱えられることになった（後述2-2-3参照)[14]。その雇用創出計画のひとつの，だが不可欠の資金調達方法が手形金融だった。それはまた，再軍備のための資金調達手段でもあった。ただし，雇用創出計画とその資金調達がすべて公開され，法律に準拠して進められたのにたいして，ドイツの再軍備はヴェルサイユ条約によって禁止されていたため，手形割引に

のみが権限を持っていること」を強調した［*ARH, 1933/34*: Dok. Nr. 320, Anm. 3］。
　14）　たとえば，戦後初期のものではKroll［1958］，最近の論考としてはAbelshauser［1998］がある。

図表2-1 ライヒ政府の雇用創出計画支出（1932-38年度）

(単位：100万 RM)

年　度	1932	1933	1934	1935	1936	1937	1938
A．パーペン・シュライヒャー・ヒトラー政権期の雇用創出計画支出							
I．雇用創出手形による事業	72	841	711	162	59	13	—
II．歳計上の雇用創出事業	64	203	463	131	102	87	—
III．ライヒ職業紹介・失業保険局	40	233	277	215	110	84	—
IV．ライヒ鉄道	56	380	360	271	—	—	—
V．ライヒ郵便	34	34	43	—	—	—	—
合　計	266	1,691	1,853	779	361	399	—
B．雇用創出手形関係							
I．手形の償還	—	53	263	428	387	381	354
II．年度末における手形流通残高の対前年同期増減額	—	854	453	−261	−328	−364	−354
III．新規発行額（I＋II）	—	907	716	168	59	17	—
IV．手形流通残高	—	854	1,307	1,045	716	351	—
内：ライヒスバンク保有（％）	—	46％	41％	10％	18％	9％	—
C．ライヒスバンクの「手形保有在り高」に含まれる雇用創出関連の政府特殊手形（年末）							
I．雇用創出手形	16	262	659	159	—	—	—
II．アウトバーン手形	—	—	248	780	450	320	450
III．ライヒ鉄道手形	—	135	411	572	66	8	—
D．アウトバーン事業へのライヒ補助	—	—	170	-	90	507	866

出典）　ライヒ財務省「ライヒ政府の雇用創出措置1932〜1935年」（BA: R2/13716）；「雇用創出計画による資金の割当・貸付・支払にかんする公共信用機関の報告1933〜1938年」（BA: R2/18656, 18656a, 18656b）；Werner［1939: 159-162］；「信用機関ならびに事業別の雇用創出資金配分にかんする一覧表」（1937年7月7日）（BA: R2/18412）；『ライヒ決算書』（BA: RD47/3); Deutsche Bundesbank, [1976: 313]

よるその資金調達は36年初頭まで極秘裡におこなわれた。

　この手形金融は，当初まず，1932年秋に「パーペン計画」（資金規模2.9億RM）において導入され，次いでシュライヒャー政権の「緊急計画」（6億RM），ヒトラー政権の「第一次ラインハルト計画」（10億RM）において踏襲された（図表2-1参照）。また，ヒトラー政権のもとでは，再軍備資金の調達のためにもこれが採用された（いわゆるメフォ手形金融，図表2-2参照）。前者の制度は当時の総裁ルターの，後者はシャハトのもとでのライヒスバンクによって具体化された。その規模においては，再軍備のための手形金融は雇用創出のそれの10倍以上にのぼった。また，国防軍支出の財源別構成からすれば，手形金融資金が政府の一般財源（税収および公債収入）を凌駕して，34〜37年度には60〜70％を占めていた（図表2-2

のC欄参照)。これがメフォ手形金融のひとつの結果である。だがそれは，この規模から察せられる以上の大きな影響をライヒスバンクの信用政策，ライヒの財政政策，さらには経済政策一般におよぼした。

　雇用創出計画の対象事業は，住宅・地域開発・地方公共施設の建設・運輸・交通等の社会資本の整備と食糧生産の促進などであり，また，国防軍支出の肩代わりもこれに含まれていた(大島[1991/92：表15]参照)。問題はその雇用創出手形による金融の仕組みだが，これを緊急計画と第一次ラインハルト計画を例に説明しておこう[15]。

① 手形の構成：手形の振出人＝事業の注文を受けた事業者ないし事業共同体。引受人＝ドイツ公共事業会社その他の政府系金融機関。第一裏書人＝振出人。第二裏書人＝事業の発注者(ライヒまたは地方の政府機関)。
② 手形の提出：手形は事業者により上記引受人に，当該事業にかんする請求書とともに提出される。その際この初発手形には，これと満期期限を同じくする延長手形が添付される。
③ 満期にかんする規定：初発手形・延長手形ともそれぞれ3ヶ月とし，延長期間は1938年4月1日をこえないこととする(したがって，延長手形の枚数は初発手形振出の時期によってことなる)。
④ 保証：ライヒ政府は公共事業会社等にたいして，延長期間の経過後に手形を償還する義務を負う。手形振出によって発生する債務について，ライヒ政府は，手形の額面金額と同額の，緊急計画の場合には租税証券，ラインハルト計画の場合には雇用国庫証券をライヒスバンクに預託する。
⑤ 事業の発注者がライヒ政府以外，すなわち地方政府である場合，その地方政府はライヒ政府にたいして事業規模と同額の債務を負い，この債務を当該事業によって建設される施設の耐用年数(最短15年，最長45年)におうじて返済する。

---

15) ドイツ公共事業会社「雇用創出措置(1933年)にかんする説明」(1933年2月8日)[BA: RH 15/32]。

⑥ ライヒ政府は，雇用創出手形債務を1934～38年度の各年度に 5 分の 1 ずつ償却することとされ，実際にも，ライヒ政府は税収または後述の利付国庫証券の発行収入等によってこれをまかなった（中間金融の長期金融への転換，すなわち，手形債務の確定債務化）。

雇用創出手形は，上記のように満期が 3 ヶ月であることから，銀行法の規定により，初発手形か延長手形かを問わずいつでもライヒスバンクでの再割引が可能だった。ライヒスバンクは1933年 4 月よりこの手形の再割引に応じていたが，手形がライヒスバンクに持ち込まれる度合いは低く[16]，民間の企業や信用機関が好んで受け入れるところとなった[17]。

次にメフォ手形について。この手形の振出人は軍需を受注した企業，引受人がメフォ（正式の名称＝有限会社冶金研究協会）である。この会社は，実際は手形業務の遂行のためにのみ設立された擬装会社である。軍需企業 5 社名義の払込資本金総額25万 RM は事実上全額ライヒ政府が負担し，役員はすべて国防省とライヒスバンクからの出向者だった。メフォは設立登記を終えた1933年 8 月15日，ただちにその活動を開始した。発足当初のメフォ手形の満期は雇用創出手形と同様 3 ヶ月とされ，39年第 1 四半期を超えないかぎり 3 ヶ月ごとの延長が認められた。

メフォ手形が雇用創出手形と決定的にことなるのは，軍需受注企業が振り出す手形が，メフォによる引受のあと市中で流通することなく，ただちにライヒスバンクによって再割引されたことである。すなわち当該企業はごくわずかな時間の遅れで代金を受けとることができた。もう一つの相違はその保証について見られた。メフォにたいしてライヒ政府は手形債務の償還義務を認めたといわれるが，その証拠はない。雇用創出手形の場合のようななんらかの政府証券のライヒスバンクへの預託もいっさいおこなわれなかった。また，ライヒ政府とライヒスバンクの間にも，手形金融の規

---

16) 振り出された雇用創出手形のうち，ライヒスバンクの再割引を受け同行の保有に帰した額の比率が最も高くなったのは1934年 9 月（58％）だった。ライヒ財務省「ライヒ政府の雇用創出措置」（1936年）［BA: R 2/13716］。

17) この制度の詳細については，ライヒ財務省「ライヒ政府の雇用創出措置」（1936年）［BA: R 2/13716］, Dieben [1949: 691f.] 等を参照した。

図表2-2 国防軍支出（1932年度〜1939年8月，単位：100万RM，括弧内：%）

年度	1932	1933	1934	1935	1936	1937	1938	1939(4-8月)
A　国防相・陸軍・海軍・航空相・空軍の支出								
Ⅰ．歳計上の支出	674	752	1,094	2,396	3,015	4,279	17,151	7,860
Ⅱ．メフォ手形による支出	—	166	2,876	3,695	7,251	6,606	—	—
合計A	674	918	3,970	6,091	10,266	10,886	17,151	7,860
B　ライヒ防衛措置（国防省・航空省以外の一般行政省の支出に含まれる国防軍経費）								
Ⅰ．歳計上の支出	—	—	13	65	113	311	621	153
Ⅱ．雇用創出手形による支出	—	138	73	18	3	—	—	—
合計B	—	138	86	83	116	311	621	153
C　国防軍支出								
国防軍支出（A＋B）	674	1,055	4,055	6,174	10,381	11,196	17,772	8,013
内：歳計上の支出	674	752	1,106	2,461	3,128	4,590	17,772	8,013
対国防軍支出（％）	100％	71％	27％	40％	30％	41％	100％	100％
特殊手形による支出	—	303	2,948	3,712	7,254	6,606	—	—
対国防軍支出（％）	—	29％	73％	60％	70％	59％	—	—
D　メフォ手形関係								
Ⅰ．当該年度中の手形の早期償還	—	—	—	897	979	2,799	3,919	70
Ⅱ．年度末における手形流通残高の対前年同期増減額	—	166	1,979	2,715	4,452	2,688	−70	
Ⅲ．新規発行額（Ⅰ＋Ⅱ）	—	166	2,876	3,695	7,251	6,606	—	—
Ⅳ　手形流通残高	—	166	2,145	4,860	9,312	12,000	11,930	
内：ライヒスバンク保有	—	100％	100％	96％	70％	73％	100％	
E　参考：国防軍支出にかんする他の統計 (4-8月)								
Ⅰ．国防軍統合司令部国防軍備局による統計	—	915	3,490	6,531	9,576	11,311	7,073	—
Ⅱ．旧財務省担当官による統計（戦後の戦犯裁判資料）	630	746	4,098	5,486	10,273	10,961	17,247	11,906
内：手形金融の比率	—	—	52％	49％	43％	25％	—	—

出典）『ライヒ決算書』1932-1939年度（BA: RD47/3）；「ライヒ政府全支出」（OKW, Tischbein作成）（1938年11月4日）（BA: WiVI/104）；W. Genske, 宣誓証言（1948年7月12日）（Nuremberg, 12. 7. 1948）；その他各種原史料により算定。

模・期間・償還義務にかんする文書による確認はなかった[18]。この制度の存在を国の内外に厳重に秘匿するためである。

1936年2月，この制度は改定され，メフォ手形の存在がライヒスバンクによって公認されると同時に，初発手形の満期は6ヶ月に変更された（後述93頁参照）。延長規定は当初従来どおりとされたが，その後まもなく，振出後5年を超えない期間について3ヶ月ごとの延長が認められた。メフォ手形が市中に流通するようになったのはこの改定以降である。

最後にメフォ手形の償還について。シャハトはこの手形制度の導入に同意する際の条件として「おそくとも5年後にその償還を開始すること」としたといわれるが[19]，実際には「早期償還」という名称のもとで34年度より，ライヒスバンクが保有する手形のライヒ政府による償還が開始された（図表2-2のC-Ⅰ欄。詳細は大島［1996：53，273ff.］参照）。

要するに，この二種類の政府特殊手形のうち，雇用創出手形については，ライヒスバンクは再割引を保証しながらもその市場での流通をうながす役割にとどまっていたが，メフォ手形の場合には，1936年1月までは，まず中央銀行通貨の増発によって政府支出が肩代わりされ，手形そのものはライヒスバンクが保有してライヒ政府によるその償還を待つという仕組みで実施された。言うなれば，メフォ手形金融は，さきに見た1914年以降24年銀行法制定までの時期の法規定のもとでおこなわれてインフレの原因となったライヒ国庫手形のライヒスバンクによる直接引受と変わるところはなく，異なるのはただ，この手形が民間の商業手形の体裁をとっていたことだけである。

これまでの研究（たとえば Hansmeyer et al.［1976］）は，この二種類の手形の基本的な制度上の相違を無視し，36年2月以降一般に知られるようになったメフォ手形の制度を念頭において，これと雇用創出手形とは制度としては類似のものだったと見てきた。また，34年度以降おこなわれた手

---

18) シュニーヴィント（1934年よりライヒ経済省第Ⅰ局局長代理，37年〜38年末ライヒスバンク役員）の国際軍事裁判における証言（46年3月18日）［IfZ: Schacht Exhibit No. 34, S. 120ff.］。

19) 国防軍統合司令部の国防経済参謀部員ドレーヴスによる報告書「軍備の観点から見た通貨にとっての脅威」（1938年11月3日）［BA: Wi/VI 104］。

形の早期償還に留意せず，したがって再軍備のための手形金融の規模を過小評価し，この間の公債発行がその償還財源の調達を主たる目的としていたことを見落とす結果ともなった。本章での手形金融制度にかんする理解は，これらの点において従来の研究とことなっている。

2-2-2　手形金融のもとでの国防軍財政

再軍備へのこの手形金融の導入は，1933年度以降のドイツの財政と金融に決定的といってよいほどの影響をおよぼした。ここではまず，国防軍財政について，第一に，この手形金融を原資とする国防軍財政が正規のライヒ政府の歳計から完全に分離されて，いわば「陰の会計」で営まれ，しかもライヒ財務省はこれにいっさい統制権を行使することができなくなったこと，第二に，この手形金融のもとでの国防軍財政は，軍需企業の資本形成と，ひいては当時のドイツ経済における資金循環におおきな影響を及ぼしたことをあきらかにする。まず，国防軍予算の問題について。

これらの一連の制度運営に政治行政上の根拠を与えたのは，1933年4月4日の閣僚協議会における「政府決定」[*ARH, 1933/34*: Dok. 87] だった[20]。3月24日に授権法［*RGBl* I, 1933: 141］が成立して議会主義が否定され，予算の政治統制が消滅した直後のことである。これを提案したのは国防省だが，そのタイミングが周到に計算されたものだったことは明白である。もう一つ重要なことは，この決定によって実現を図ろうとしていたのが，ヴァイマル共和制のもとで28年以来進められてきた秘密再軍備を基礎として今後4年間にわたる中期再軍備計画を達成すること，あわせて恐慌によって経営不振に陥っていた軍需企業の救済をはかることを目的としたものだったことである（大島 [1996：33ff.]）。

この政府決定によって，国防軍による再軍備が現行法規の適用から除外されるのと同時に，財務大臣はそのための資金を「国の内外の世論によっていかなる点でも見破られることのない」方法で提供することを指示され，同時に，国防軍財政の自律化，すなわち国防省によるその予算の決定と管

---

20) なお，この政府決定の前史を含む詳細については，Geyer [1975]，Oshima [1980]，大島 [1996：47ff.] を参照されたい。

2-2 手形金融とライヒ財政

理を，ライヒ財政関係法令の規定にかかわらずライヒ財務省による統制の対象外とすることが認められた。席上これに異議を唱えたのはシャハトと財務大臣シュヴェリーン・フォン・クロージクだけだったといわれる[21]。ライヒ閣僚協議会は，微細な字句の修正のみをもってこれを承認した。かくて国防軍は，これ以降，政権の後ろ盾をもってライヒスバンクに信用要求を提起することが可能となった。

シャハトは，国防軍財政の自律化に反対しながらも，手形金融の導入には応じた。その際彼はライヒ国防相に次のように述べたと言われる[22]。

「生産増加が可能なかぎり，私は資金を提供する。貨幣の面で危険が生ずるのは，完全生産に達して公共発注において賃金と価格が騰貴しはじめたときだ。したがって，事態は自動的に調整されるはずだ。ただし，その前提は，最高責任者がこのことを理解していることだ。」

言うなれば市場の信号作用と国防軍指導部への信頼にもとづいて，シャハトはおそらくその期間や総額について事前に限定を課すことなしに再軍備金融に応じた[23]。あるいは，年々の手形信用にかんする交渉において国防軍の要求に歯止めをかけることができると考えていたのかもしれない。だが，政権の後ろ盾を得た再軍備が議会やライヒ財務省の統制をまぬがれて進められるとき，これをライヒスバンクが抑制できると考えるのは，ほとんど空想にひとしいことだった。シャハトがこのことを思い知らされるのは，2-2-3で述べるように1935年初頭以降のことである。なお，ライヒスバンク役員会は，メフォ手形制度の原案がまとまったあと，この手形は商業手形とみなされるので銀行法の規定には抵触しないという法律顧問の意

---

21)「被告シュヴェリーン・フォン・クロージクの宣誓証言よりの抜粋」[TWC: 12: 593f.]。なお，シャハトは，1933年3月20日のライヒ閣議より，閣僚協議会も含めて出席していた。

22)「証人シュヴェリーン・フォン・クロージクの証言（1947年4月15日）」[IfZ: Sp 1/12] による。

23) Schwerin von Krosigk [1974: 229] による。他方，国防軍統合司令部のドレーヴスの報告書（前掲注記19）では，シャハトは「8年間で350億RM」という限定を課したとされている。

見にもとづいてこれを承認した[24]）。

　この制度のもとでは，まず年度開始前にライヒスバンク総裁とライヒ財務大臣および国防軍統合司令部長官とのあいだで，当面の信用総額についてのみ交渉がおこなわれた。年度の途中で国防軍の側に追加的な信用需要が生じた場合には，あらためて同様の交渉がおこなわれた[25]）。

　かくて各軍に割り当てられた資金は，正規のライヒ歳計とは完全に切り離された各軍の「陰の会計」で管理された。これらの「陰の会計」の実態については，のちにあらためて説明する。前述のメフォ手形の早期償還は各年度の歳計予算には計上されず，年度内に得られる公債発行収入に応じて財務省はこれを各軍の歳計決算に記帳した。したがって国防各軍は，ある年度にどのような規模で手形の償還がおこなわれたかについてまったく無関心でいられた。これとは逆に財務省は，各軍の「陰の会計」の中身についてはまったく知らされず，総額の把握さえ不可能だった。国防軍に手形金融と同時に財政運営の自律を認めたことの制度上の結果は，ライヒ財務省の予算統制の完全な空洞化であり，ライヒ財政の実態の歳計予・決算からのいちじるしい乖離だった。

　国防各軍は，それぞれ独自の方針で「陰の会計」を開設し管理した。その雑多な仕組みをここで再現することは控えるが（大島［1996］第2章3参照），概して言えば，ライヒスバンクから手形信用の割当が認められるたびに会計を設け，あるいは，財源となる手形信用の種類（メフォか雇用創出か）別に会計を設けるといった具合で，したがって，同一費目が複数の会計に計上されることになった。ライヒ会計検査院のある報告によれば，各軍単位での支出の総括表はなく，したがって，国防軍統合司令部の予算担当官でさえ，国防軍支出全体について見通しを得ることは不可能な状況

　24）　シュニーヴィント（前掲注記18参照）によれば，彼の36年時点での質問にたいして，シャハトは「メフォ手形についての意見は分かれる」ことを認め，「ライヒスバンクの法律顧問はこれを銀行法の規定に照らして適法と判断した」と答えたといわれる［IfZ: Schacht Exhibit No. 34, S. 121］。また，フォッケの回顧録によれば，役員会においてこの制度に反対したのはフォッケのみであり，他の役員は，上記のようにこれが適法とされたことを根拠に賛成したとのことである（Vocke［1973: 101］）。

　25）　国防軍予算をめぐる予算折衝の実態については，1936年9月21日のライヒ会計検査院長ゼーミッシュの指示にもとづき院内の関係部局が作成した各種の報告［BA: R 2301/1857. 2］による。

だった[26]。その結果，ライヒ財務省やライヒスバンクの統制がおよび得ないのは勿論として，国防各軍から受注する企業の側でも確実な作業計画は立てようもなく，そのため受注価格も割高となった。

　要するに，国防軍によって「かの1933年4月4日の政府決定は目一杯拡張解釈されて，ライヒ財政令等の関係法規はいっさい無視されていた。」[27] 33～37年度のあいだにこのような管理のもとにあった手形金融支出の総額は約208億RMだが，これはこの間の国防軍支出の約64％，ライヒ政府支出総額の約23％に相当する。戦時下ならばともかく，平時にこの規模で，またこのような仕組みで財政支出がおこなわれた例は，近代的な国家行政のもとでは他にほとんど見られないだろう。あの政府決定によって「ライヒ国防相は戦時下におけるがごとくに行動する全権を得た」とライヒ会計検査院院長をして言わしめた所以である［BA: NL 171 Saemisch, Nr. 135］。

　支出管理の実態がこのようであったことを確認したうえで問うべきことは，この資金がどのような使途に，どのような形態で支出されたのかである。まず使途については，断片的な史料（大島［1991/1992：表12, 13］参照）から推測する以外に方法はないが，陸軍の場合には武器・弾薬・機材の調達とその製造施設の建設に，海軍の場合には艦船建造に，空軍の場合には航空機製造とそのための技術開発に，それぞれおおむね5～6割の資金が向けられたものと推定することができる。ヴェルサイユ条約によってほとんど警察力程度の軍備に制限され，第一次大戦までの軍需生産施設は国外に撤去され，軍需生産にあたる企業についてもきびしい制限が課されていたことから，1920年代末から秘密裡に再軍備が進められていたとはいえ，各軍の指導部が設定した軍備の目標を達成するには，企業の側での多額の設備投資がまず必要とされる状態にあった。

　そのような事情から，軍による軍需企業への支払には当該軍需品生産のための多額の投資補助金が含まれていた。各軍におけるその実態を，ある政府系金融機関は戦後に作成した報告書で次のように述べている。陸軍で

26）図表2-2のE-I欄にかかげたものは，国防軍統合司令部の予算担当官が作成し，今日に遺されている唯一の国防軍支出統計である。

27）前掲注記25に掲げた各種報告のうち，会計検査院第Ⅲ局長の報告による。

は，このために利付もしくは無利子の貸付，補助金の交付，政府資金によって建設された設備の企業への賃貸，出資による民間有限会社の設立などの方法が用いられた。海軍の場合には，企業に気前よく内金が支払われ，設備投資のための立替え金融の役割をはたした。空軍がとった方法には独自のものがあり，企業にはおおまかな前渡し金が提供されたが，それが納品にたいする対価なのか投資目的の補助金なのかは明確にされず，生産開始のための準備期間が経過したのちにその一部が投資補助金として処理された。製品価格もまたおおまかに設定され，価格検査のうえで過高と判断された代金は返済することとされた。三軍のいずれにおいても加速度償却がみとめられ，企業は物理的耐用年数の半分ないし三分の一の期間で設備の償却を実施した。このことも含めて自己金融が奨励され，契約は原則として利益加算方式によっていた[28]。

　1933/34年頃を境にドイツの工業企業が利益率を急速に高めていったことは，すでに Lurie [1947] が指摘していたことであり，最近のある研究は，これを種々の統計的実証をもって再確認したうえで，「その利益率の高さは企業規模よりも，どの程度軍需生産に関与していたかによっていた」ことを指摘している（Spoerer [1996: 159]）。これは，メフォ手形金融にもとづく軍需発注が企業の利潤形成にはたした役割の確認以外の何ものでもない。その結果は，軍需企業の民間銀行融資への依存の低下だった。上記報告における事前の投資補助金の給付や積立金等の豊富な形成によって，後述のように企業は銀行による融資にたよる必要がなかったからである。この成り行きは，企業貯蓄の政府公債投資への誘導措置（配当率の上限設定とこれを超える利潤の公債投資強制）によっていっそう強化された。

　この仕組みは，メフォ手形金融停止後も変わることはなかった。変わったのは，政府支出の財源が手形金融から長・短期の政府証券発行に置き換えられたことだけである。ただし38年以降は，政府資金による融資は政府会計になじまないという考慮から，各軍では政府出資によりそれぞれ特殊銀行を設立し，融資業務をこれに一括して処理させるという方針がとられ

---

28) ドイツ工業銀行の報告書「戦前・戦中における軍需産業の資金調達方法」（1946年7月17日）[NI-411, in: NA: Microfilm T 301/Roll 5]。なお，陸軍と空軍における軍需企業の実態については，大島 [1996] の第5章において詳論したので，参照されたい。

た。ドイツ工業銀行の子会社である陸軍軍備信用株式会社やドイツ航空銀行などが中心となり，他の民間銀行との協調融資という方式をとる場合が多かった。ここでのライヒスバンクの役割は主として，ドイツ工業銀行に設置されたライヒ信用委員会に参加し，これらの金融機関が振り出す手形信用について一定の条件のもとに再割引保証を与えることだった[29]。

要するに1933年以降，すくなくとも軍需企業にかんするかぎり，手形金融による国防軍支出がその産業資金供給の主軸となったのだ。これによって対企業金融からの後退を余儀なくされた民間銀行は，のちに見るようにメフォ手形金融への不満をあらわにするようになった。だが，民間銀行の地位低下が見られたのは，対企業金融においてのみではなかった。これまた後述するように，かつてはシンディケートを形成してもっぱら担った政府公債の引受業務についても，35年以降の公債発行においては，保険会社や貯蓄金庫とならぶひとつの機関に位置づけられることになる。民間銀行は，総じて国内業務においての地位低下を余儀なくされ，その後開戦と同時に，被占領国や従属国での銀行業務に活路を求めることになる。これもまたメフォ手形金融のひとつの結果だった。

2-2-3　手形金融とライヒ財政政策

シャハトがメフォ手形金融にもとづく国防軍支出の実態，とりわけその規模の止めどない膨張に危機感を抱くようになるのは，1935年春以降のことである。とはいえ，この制度の採用に際して，第一次大戦期とその直後のライヒ国庫手形の直接引受にひとしい方式での手形金融に応じたことにともなうリスクに彼が気づいていなかったと考えることはむずかしい。1933～34年の間のライヒ政府の雇用創出政策と財政政策，さらに貨幣・信用政策上の規制措置についての彼の言動は，このリスクについての自覚に基礎づけられたものと見るべきだろう。そこで次に，ヒトラー政権初期においてライヒスバンクがライヒの財政政策にどのように関与したかを見てみよう。

---

29)　ライヒ財務省の残務処理機関が作成した報告書「ヒトラー政権期における経済諸集団の資金調達」(1948年8月4日) [BA: R 2 Anh/37]。

まず，ライヒ政府支出の手形金融について。政治の表舞台では1933年5月末，ライヒ財務省次官でナチ党員のラインハルトの名を冠した公共事業中心の第一次計画について10億RMの手形信用供与が認められ，喧伝されていた。しかし，その蔭で極秘裡にだが，これに先だつ4月から5月初めの時期に，陸軍と海軍にたいして今後10年間について合計14億RMの資金提供が，メフォ手形金融の先取りとして認められていた（大島［1996: 53f.］）。雇用創出計画にかんしては，その後8月初め，ライヒ経済省参事官ラウテンバッハが地方財政再建・減税・大規模公共事業を含む不況克服のための「秋季プログラム」［BA: R 3101/9931］を起案した。しかし，この案はヒトラーの手許にまで届けられながら，おそらく財源問題でライヒスバンクの同意を得られず，閣議の議題にのぼるにはいたらなかった。因みに，ラウテンバッハは1931年以来，積極的な信用拡張による不況脱出を唱え続けており，のちにレプケによって「ドイツのケインズ」と呼ばれた人物である（Lautenbach［1952］）。その翌9月に第二次ラインハルト計画が政府の承認を得たが，その財源について手形信用はいっさい認められず，税財源による事業と租税減免措置が主体となった。結局のところ，手形金融が持続的かつ潤沢に認められたのは雇用創出政策ではなく，また，のちに見るようにアウトバーン建設でもなく，再軍備政策だった。要するに，ヒトラー政権にとっては，その最初の時期からして「雇用創出か再軍備か」という二者択一問題――戦後の研究者を悩ませた問題――は存在しなかったのだ。

次にライヒの予算政策について。シュヴェリーン・フォン・クロージクは，財務大臣に就任した1932年6月以来，不況脱出の火付け役としての積極財政に肯定的な態度をとっており，すくなくとも34年の初頭までは，景気回復のための政策手段として失業保険料の引き下げ，ナチスのもとで導入され事実上強制されていた各種の献金や会費等の「公的」負担の減額などによる個人消費の拡大を考えていた[30]。これにたいしてライヒスバンクは，ライヒ政府にたいして一般財源の範囲のなかで「節約的な財政政策」

---

30) 1933年12月，ライヒ財務大臣は「失業保険料切り下げの可能性について近い時期に検討すべき」こと，「その引き下げによって経済にたいする刺激を期待できる」旨を強調していた［*ARH, 1933/34*: Dok. Nr. 262］。

を遂行することを求めていた[31]。その際，政府支出の抑制にとどまらず，租税や社会保険料についても，ライヒスバンクは恐慌下での緊縮財政の一環として引きあげられたその水準を財源の確保のために維持することを求めた。ライヒ財務省は当初の方針を修正してこの要求をいれ，ライヒ労働省による失業保険料率の引き下げ要求を拒否し[32]，各種社会保険の余裕金によるライヒ政府支出の肩代わりを図り，また，あからさまな増税のかわりに税務行政の見直しや強化により税収の増加をはかるなどしていた。

第三に，貨幣・信用政策上の規制措置について。民間信用機関にたいするライヒスバンクの規制権限は，1934年12月の信用制度法によって確立された。これを準備した銀行制度調査委員会の審議では，まず一部のナチ党員による銀行国有化要求がしりぞけられ，民間銀行業界の不安が取り除かれた[33]。民間銀行がその代価として受け入れざるを得なかったのは，ライヒスバンク総裁を長官とする信用制度監督庁による民間信用機関の検査・監督制度だった（Kopper [1995: 51ff.]）。のちに見るように，手形債務の早期償還のための公債発行において，一方では貯蓄金庫等が流動性公債の消化機関として，他方ではベルリン大銀行等が公募債発行の引受機関として中心的な役割を果たしたのは，このようにして確立されたライヒスバンクの民間信用機関にたいする監督権に負うところがおおきかった。

ライヒ政府の政策にたいするシャハトのこのような一連の対応を方向づけていた彼の経済政策観は，どのようなものだったのだろうか。総裁就任後間もない1933年4月7日のライヒスバンク評議員会において，彼は緊急の雇用創出事業で景気が回復するという主張を斥けたうえで，次のように述べている [*Schulthess' Europäischer Geschichtskalender, 1933*: 92ff.]。

---

31) シュヴェリーン・フォン・クロージクは，戦後の証言において，当時の政策を回顧してこのように総括している。1949年3月18日付宣誓証言 [IfZ: Lutz Graf Schwerin von Krosigk: Zeugenschriften/A-20, Bd. 8]。

32) 1935年2月，ライヒ労働省が失業率の低下による財政状況の改善を背景に保険料の切り下げを企てたのにたいして，ライヒ財務大臣は強硬に反対し，従来の料率を維持して，その余裕金を雇用創出事業の財源としてライヒ政府に提供することを求め，これを実現した [*ARH, 1934/35*: Dok. Nr. 101]。

33) ナチ党との関係については，「利子奴隷制の廃止」を唱え銀行国有化を主張する党員たちにたいして，ヒトラーやゲーリングなどの党主流が距離をとっており，Kopper [1995：67ff.] が指摘するように，そのかぎりにおいてシャハトの方針が許容されていた。

「新規の雇用機会をうみだす真の経済の始動は，第一に輸入のための外貨の節約となる農業生産の促進と，第二に工業にたいする発注とによって可能となる。後者は生産施設を再度従来にまして稼働させ，これによって生産コストを低下させ工業の販路を拡大するのだ。……かかる可能性への前提は，慎重で節約的なライヒの財政政策であり，また，継続的な利子率の切り下げを可能とする貨幣市場についての注意深い操作である。」

また，第一次ラインハルト計画の閣議での審議に際して，シャハトはこの計画の資金調達には応じたものの，同時に政府にたいして「賃金と価格の現行水準の維持」と「貨幣市場および資本市場についての統制権を小規模の委員会に認めること」を要求していた[34]。ここに表明されているのは紛うことなく，均衡財政の維持を系論とした供給重視の景気回復策の主張であり，有効需要の追加的創出による不況脱出の政策論ではない。このようなシャハトの政策観と，上述のヒトラー政権の雇用創出計画決定の推移から見て，ヒトラー政権の初期における不況脱出の経済戦略をケインズ主義に見出すことは，2-2-1の冒頭で指摘したように誤りといわざるを得ない。シャハトに言わせれば，ラインハルト計画は「(景気の回復に) 十分な助けを提供するものではない」。他方で彼は，前述のように再軍備には第一次ラインハルト計画を上回る規模の信用提供を約束していた。これらのことからすれば，彼は政治的な理由から再軍備を支持しただけではなく，軍需発注が引き金となって工業生産全般が活性化し景気の回復がもたらされることを期待していたと思われる[35]。

---

34) 1933年5月31日の政府首脳会議については，*ARH, 1933/34*: Dok. Nr. 149 参照。前掲注記19にあげたドレーヴスの報告によれば，シャハトは再軍備のための手形金融を約束するに際しても，ライヒ政府にたいしてこれとまったく同じことを求めたといわれる。ライヒスバンク統計局の38年11月3日付の報告書「1933年以来のドイツの通貨政策」[BA: R 2501/6521] も，これと同趣旨のことを述べている。

35) Abelshauser [1998] は，ナチスの経済専門家たちが単なる思いつきではない雇用創出政策を考案していたとし，シャハトは「雇用創出のための資金を用意するうえで必要な経済政策上の見通しを持っていた」と述べて，彼を高く評価しているが，本文で見たようにこれは事実に反する。加えて彼は，メフォ手形金融による再軍備支出をさして「軍事的ケインズ主義」と呼ぶのだが，これは空論と言うべきである。ケインズ主義というとき，そこ

2-2 手形金融とライヒ財政

　1933年以降の赤字財政をどう評価するかについては，最近の実証分析によって，1933-36年におけるドイツの財政赤字は，完全雇用財政赤字よりも低い水準にあったことがあきらかにされており，さらにライヒ決算書等のデータを基礎に近年のマーストリヒト基準に適合的な方法で財政収支の再計算をおこなった結果からすると，当時の財政赤字の対GDP比率は3.11％だったといわれる。この値が最も高かった34～35年の場合でもそれは4.5％であり，近年の各国での実績に比較して格段に高い値ではない(Ritschl [2003])。これらのことからしても，33年以降のドイツの赤字財政の効果をケインズ主義的に解釈することには否定的たらざるを得ない。

　ともあれシャハトがここで求めた財政・経済政策は，現にその後の過程であいついで実現されることになった。まず，賃金水準の現状維持については，この頃すでに労働組合は暴力的に解散させられ，ナチスが支配する労働者組織に再編成されつつあり，賃金規制は1933年5月より実施された。価格水準の維持については，ほぼ2年後の36年10月より価格統制政策が実行されることになる。上記の「小規模の委員会」を具体化したのが前節で触れた「資本市場委員会」（本書61ページ参照）であり，これによって民間起債はきびしい規制のもとにおかれた。その後34年後半から35年初頭にかけての各種債券の低利借換措置などはすべて，シャハトのイニシアティブによるものだった。

　これらのことからすれば，1933～34年について見るかぎり，シャハトはその対政府信用政策をささえる財政・経済の秩序を築きあげることにとりあえず成功したと言ってよい。そして，これを前提とする中央銀行信用の創出には，ライヒ政府が緊縮財政をもって対応することを求めた。だが，これを支えるはずのライヒ財務省の財政統制には国防軍財政という巨大な空白があり，それはまもなくライヒスバンクの信用統制にも影響をおよぼすこととなる。

　シャハトとライヒスバンク幹部がメフォ手形金融についての危惧を強め

では政府支出についての財政当局による裁量可能性が前提されているはずで，前述のような実態の国防軍支出についてそれを想定することはできないからである。なお，この時期の経済・財政政策をケインズ主義の実践として理解することへの批判としては，Ritschl [2002] [2003], Buchheim [2003], Oshima [2006] を参照されたい。

るようになるのは，1935年春のことである。その契機となったのはライヒの歳入欠損の増大だった[36]。同年3月，ライヒ財務大臣は新年度予算の編成方針において，1928年度以来34年度までのその累積額が43億RMに達したこと，35年度にはこれが50〜60億RMへと膨張する見通しであることをあきらかにし，「収入の増加を図るにとどまらず，一般政府経費の節約により再軍備資金の調達という問題を解決する」必要を強く訴えた [*ARH, 1934/35*: Dok. Nr. 129]。

ライヒスバンクはこれを受けて，シャハトの個人名による「ドイツ再軍備の資金調達」と題する覚書を1935年5月3日付でヒトラーに送った。この覚書においてシャハトはまず，4月末までのメフォ手形金融の現状を説明したのち，ライヒ政府の一般財政状況に言及し，さきの財務大臣による要請を支持して，ライヒの歳入欠損を補塡するための政府の短期債務が手形金融と市場で競合して，ライヒスバンクの信用政策に支障が生ずることへの懸念を表明した。そのうえで，ライヒ財政においては政府と党の諸機関が「公然たる国家のなかの諸国家」として，ライヒ財務省による統制を無視してその支出を拡張しつつあることを強く非難し，結論として次のように強調した。「ライヒスバンクによるこれまでの軍備資金調達は所与の政治状況のもとでは避けがたいものであり，政治的結果はそれが正しかったことを証明している。だがいまや，いかなる事情があろうとも，軍備資金の調達については他の方途がひらかれなければならない。」[*ARH, 1934/35*: Dok. Nr. 154]

ヒトラーは当面この覚書を無視した。そして5月21日，シャハトを戦争経済全権委員に任命した。しかしそれは，シャハトの権力を強化することにはつながらず，むしろ彼がライヒの省庁や党機関のあいだでの熾烈な権限争いに巻き込まれるという結果をもたらした。

ライヒ財務省について見るならば，前述の覚書が指摘しているように，ナチ党のライヒ省庁への影響力が増大した結果，ライヒ省庁にたいする財

---

36) 当時の制度上の規定によれば，ライヒ歳計における歳入欠損とは，歳出が政府公債収入を含む歳入を上回る額を意味した。具体的には，年度末における割引国庫証券・国庫手形等の政府の短期債務の額と，ライヒ特別資産の在り高の対前年度末増減額の合計額がそれにあたる。

務省の予算統制は国防省（陸・海軍）・航空省（空軍）にとどまらずいっそうひろい範囲で効かなくなっていた[37]。シャハトがおそれたのは，ライヒ財務省の予算政策がこのようにして放漫化することにより，手形債務の確定利付債務への転換に必要な財源をうしなうことだった。

　同年11月，ライヒスバンク統計局は翌36年3月までのメフォ手形信用需要を20億RMと見込んだうえで，「これ以上のメフォ手形金融への信用割当は通貨政策上危険であり，この規模での公債発行による収入の見通しもない以上，ライヒ財務省が36年4月以降に予定している増税措置を繰りあげてただちに実施し，広範な権限を持つ『節約独裁』を遅滞なく確立すべきである」と主張した［BA: R 2501/6627］。その後ライヒ財務省とライヒスバンクのほぼ半年にわたる協議のすえ[38]，ようやく36年6月，法人税率の20％から30％への引きあげを内容とする増税案がまとまったが，政府におけるその回議の過程ではいくつかの省の大臣が異議を唱え，法律としてこれが施行されたのは8月末のことである［BA: R 43 II/792］。他方シャハトは同年8月，ライヒ財務省をつうじて政府に対し，アウトバーン事業のための手形信用供与を打ち切ることを一方的に通告した[39]。これは次節で見るように，その頃ライヒスバンクの統計局がメフォ手形金融の成り行きについて懸念する文書をあいついでまとめており，行内のそのような空

---

37) ライヒ歳計の「部」（主としてライヒ省庁）別に見た支出額においてもっとも顕著な増加をとげつつあったのは，国防軍支出や雇用創出関係支出を管理していた省庁を別とすれば，「第Ⅰ部：総統・ライヒ首相」（ライヒ道路総監をふくむ）と「第Ⅴ部：ライヒ内務省」（警察・ナチ武装組織をふくむ）だった（大島［1991/92：表1］参照）。これらの組織の予算要求は，根拠の提示も詳細な説明もなしにライヒ財務省に提出され，承認を強要された。なお，当時シャハトと政治的に親密な関係にあった国防軍国防経済参謀部のトーマスは，ナチの労働戦線による建設事業，アウトバーンや住宅建設を，資金面で再軍備を阻害するものと批判していた（BA: RW 19/991, Bl. 171-87 の実質9頁の文書。1936年8月頃に執筆されたものと推定される。大島［1996：130］参照）。

38) 1935年11月にライヒ財務省が最初に提起したのは，財産税の増税とすべての自然人・法人を対象とする累進的超過所得税だった。ライヒスバンクは，増税の必要は認めながら，これによって高額所得者の政府公債購入意欲が殺がれることを懸念して異議をとなえ，その結果，法人税の税率引き上げ案がまとまった。BA: R 2501/6627 所収の各種史料による。

39) ライヒ財務大臣よりドイツ道路総監あての1936年8月29日付文書［*ARH, 1936*: Dok. Nr. 137］。シャハトがアウトバーンへの手形信用の供与に同意したのは33年10月のことであり，35年度末までに7.8億RMが提供された。なお，手形信用打ち切り後の財源対策としては，関係各省の協議を経て，36年度以降，関税・鉱油税・売上税収入のアウトバーン財源への繰入率を引きあげることが決定された。

気を意識してのことだったと思われる。

ライヒ経済省とライヒスバンクの関係もまた変わりはじめた。ことに1936年10月，今後10年以内に戦争遂行を可能とする経済体制の樹立を目標とした四ヶ年計画が布告され，ゲーリングを長とする四ヶ年計画庁が省庁横断的な行政権限をもってライヒ経済省への影響をつよめるにおよんで，経済政策とくに資本市場政策におけるライヒスバンクとライヒ経済省との対立が明確となり[40]，やがて38年末には，公債発行政策をめぐってひとつの頂点に達することになる。

だが，シャハトをして危機感をいっそう強めさせたのは，国防軍支出の動向だった。1936年3月には国防軍再建法が制定され，一般兵役義務が導入されて，ドイツの軍備は公然化された。そしてこれを前提に，ヒトラーは再軍備目標の引きあげを指示した。このことがまた周辺諸国の軍備強化をうながし，これを理由にドイツが軍備目標をさらに引きあげるという循環がここに始まった。これにさきだって35年10月，国防軍統合司令部は，「財源上の制約を顧慮することなく，次年度はすべての物的な軍備拡充の可能性を利用し尽くすこと」を各軍に認めていた（大島［1996：124］）。国防軍は，前述のように各軍の予算管理においても，またこのようにその指導部の意思決定においても，シャハトの予想を超え期待を裏切った。これが，再軍備を「国家の存立にかかわる問題」と考えて手形金融を認めたライヒスバンク指導部の「理性的な状況判断」にたいする国防軍の答えだった。

かくてメフォ手形金融支出額は1936〜37年度にはいっそうの増加を記録し，ライヒスバンクのポートフォリオに重圧を課すこととなった。その発展をライヒスバンクの資産構成についてたしかめ，これにライヒスバンクがどのような政策手段をもって対応したかを見ること，これが次の課題で

---

40) ここでは，議長であるシャハトの発言や提案を，ライヒスバンクの同意を経たものであるとみなすライヒ経済省と，シャハトの意見等とライヒスバンクの意見とは別個でありうるとするライヒスバンクとの対立が見られるようになっていた。前節で言及した統計局の，シャハト「個人」の行動がかならずしもライヒスバンクの組織的な利益をあらわすものではないという指摘が現実のものとなっているのを見ることができる。シュニーヴィント（ライヒ経済省）「資本市場監視のための委員会について」（1935年8月16日）［BA: R 3101/16094］を参照した。

ある。

2-3　ライヒスバンクの信用政策

2-3-1　ライヒスバンク資産構成の変化

　1931年の信用恐慌を境として，ライヒスバンクの資産構成には構造的とも言うべき変化が生じた。この変化の基軸をなしていたのは，ライヒ政府にたいする信用供与がほとんどゼロに近い水準から1943年末には全資産の93％を占めるまでに持続的な増加を遂げたことである。

　立ち入ってその構成変化を見てみよう（図表2-3参照）。まず顕著な減少を遂げたのが「金・外国為替」である。「通常の信用業務による手形」の保有は，1933年末の19.1％から38年末の3％へとこれもまた減少を記録し，恐慌手形もまた32年以降減少の一途をたどり，35年から後はごく僅かな比率を占めるにとどまった。これらの項目とは異なって際だった増加を記録したのが，政府特殊手形の保有である（33年末の9％から38年末の68.4％へ。ただし，恐慌手形と政府特殊手形は当時，同行の年次営業報告書や週報では別建てにされず，「内国手形保有」に含まれていた）。他方，「準備適格有価証券」の占める比率は，この項目が登場して以降0.5％前後の低い水準にとどまっていた。そして，39年末から飛躍的な増加を記録しているのが「国庫手形および割引国庫証券」であり，43年末にはライヒスバンクの全資産の92％を占めるにいたった。33年末より「準備適格有価証券」が登場するのは33年10月の銀行法改正によるものであり，38/39年を境とする政府特殊手形保有の減少への転換は38年3月末でメフォ手形金融が停止されたことの結果であり，また，39年以降の国庫手形等の急増は1939年のライヒスバンク法制定の所産である。

　ただし，この資産構成の推移を見るうえで注意しなければならないのは，ライヒスバンクが割り引いた手形のうち一部が，「保管 Asservat」と呼ばれる操作によって，同行が公表していた「資産」における「内国手形保有」からは外されていたことである。この操作は，1931年7月より33年10月まで恐慌手形について，34年11月以降はメフォ手形についておこなわれ

図表2-3 ライヒスバンクの資産構成

年末	金・外国為替	手形 総額	内：内国手形 通常の信用業務による手形	恐慌手形	政府特殊手形	国庫手形および割引国庫証券
1927	2,147	3,129	2,929	—	—	—
1928	2,885	2,627	2,080	—	—	51
1929	2,687	2,608	1,957	—	—	241
1930	2,685	2,366	1,557	—	—	206
1931	1,156	4,144	1,775	1,980	—	98
1932	920	2,806	741	1,888	16	1
1933	396	3,177	980	1,184	460	49
1934	84	4,021	834	456	2,499	45
1935	88	4,498	536	95	3,601	53
1936	72	5,448	545	101	4,542	62
1937	76	6,013	384	159	5,134	119
1938	76	8,123	321	175	7,410	121
1939	78	8,912	162	178	8,373	2,480
1940	78	5,055	88	175	4,736	10,364
1941	77	2,028	52	98	1,847	19,628
1942	76	781	38	738		28,502
1943	77	984	39	939		40,358

注記）この表では，次の項目は省略されている：レンテン銀行券，鋳造が除かれている。
出典）Verwaltungsberichte der Deutschen Reichsbank, 1927-1943;

た[41]。前述のように内国手形保有は発券準備の一部をなしていたから，メフォ手形等の割引にもかかわらず，ライヒスバンクの「負債」に表示されるライヒ銀行券の規模は，この保留額だけ減額されていたことになる（図表2-4参照）。ライヒスバンクによって割り引かれた手形の一部の〈不胎化〉である。その結果，35～38各年末には，保管額は再割引メフォ手形の38～46％を占めていた。実際には，この分のメフォ手形を，ライヒスバンクに当座預金として置かれている確定利付公債の払込金，ライヒ財務大蔵省（ライヒ国庫，対外債務返済金，配当金・年金基金等）の資金をもってライヒ政府が，また，ライヒスバンクの子会社である金割引銀行・外債振替

---

41) ライヒスバンク統計局「雇用創出・軍備支出の資金調達問題」（1935年6月19日）およびその附属資料「内国手形保有の内訳について」［BA: R 2501/6514］。

(1927-1943年，単位：100万 RM)

有価証券 総額	内:準備適格有価証券	ロンバード貸付	その他の資産 総額	内:ライヒへの短期信用	資産総額	[参考]恐慌手形・メフォ手形の保管
93	—	78	499	—	5,994	—
92	—	176	530	—	6,451	—
93	—	251	563	—	6,535	—
102	—	256	497	41	6,253	—
161	—	245	981	91	6,869	646
398	—	176	934	67	5,414	558
581	259	183	559	47	5,120	—
763	445	146	659	1	5,885	246
664	349	84	695	59	6,240	1,764
524	221	74	643	—	6,946	2,415
392	106	60	750	43	7,521	3,904
855	557	45	1,505	209	10,841	4,841
1,197	804	30	2,033	985	15,194	3,391
389	32	38	1,726	580	17,990	6,129
391	108	32	2,085	895	24,466	8,315
297	87	26	1,306	—	31,346	…
65	1	27	1,809	630	43,849	…

貨幣，ライヒスバンク以外の銀行の銀行券。また「内国手形」については，「個人手形」

Deutsche Bundesbank [1976: 36, 43].

金庫・清算金庫がその余裕金をもって買い取るという手続きがとられていた（Deutsche Bundesbank [1976: 43]）。なお，後述のように (2-4-2)，ライヒ国庫が危機に直面して現金が必要となったときには，国庫が保有するメフォ手形がライヒスバンクに売り戻された。この役割にちなんで，当時この制度は銀行券発行の「緩衝装置」とよばれていた。

当時のライヒスバンクの通貨政策をシュメルダースは「実験的貨幣数量説」にもとづくものと呼んだことがあるが（Schmölders [1990: 115]），この保管措置は，まさにそのような観点から試行錯誤として実行されたものと思われる。この問題についての統計局の説明は次のとおりである。「軍備資金の調達は，発券準備となる手形の規模が販路のある財貨の規模を上回る場合，これを不胎化すること，すなわち，それが購買力となることを阻止することによってのみ，その成功が保証される。」[42]

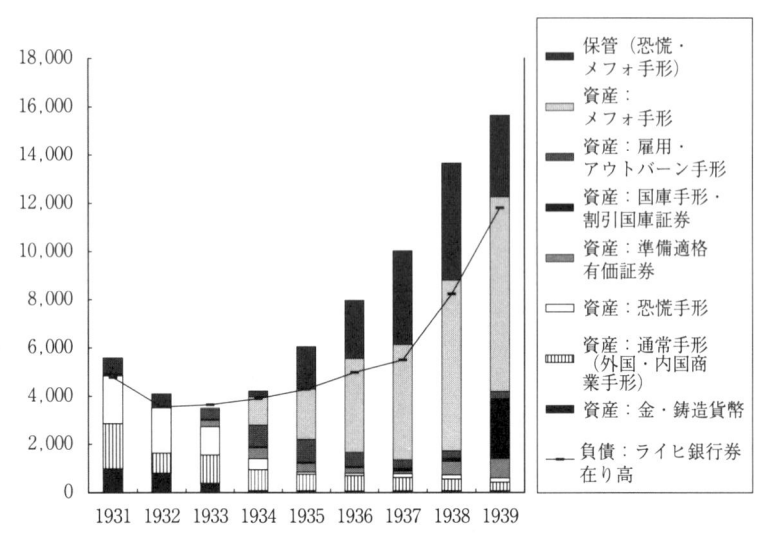

図表2-4 ライヒスバンクの資産・負債における発券準備，ライヒ銀行券在り高，保管の推移（各年末，100万 RM）

出典）Deutsche Reichsbank, Verwaltungberichte 1931-39; Deutsche Bundesbank [1976: 43].

　これらのことを踏まえてライヒスバンクの資産構成の推移を追ってみるとき，われわれの注意を惹くのは，ライヒスバンクが前述のように公開市場操作の権限を手にしたにもかかわらず，それが活用された形跡をここに見出すことができないことである。公開市場操作がおこなわれたのは，1934年に公社債の大規模な借換がおこなわれた際の側面的な支援と，39年の「新財政プラン」により発行された租税証券の買い支え（いずれも後述）とにおいてのみだった。第三帝国においては中央銀行の公開市場操作が本格的に実行されたことはなかったとするのが，その後の研究の定説である（Erbe [1958]）。商業手形に取って代わったのは，ライヒスバンクが「緊急避難」の手段と考えていた雇用創出手形とメフォ手形だった。政府特殊手形は，この時期になかば常設の再金融手段と言ってもよい地位を占めることになったのだ。要するに，34年以降，事態はシャハトやライヒス

　42）ライヒスバンク統計局「1933年以来のドイツの通貨政策」(1938年11月3日) [BA: R 2501/6521]。

図表2-5 ライヒスバンクによる特殊手形の承認と
割引実績の推移（1933〜1936年）

(単位：100万RM)

各月7日または末日現在	承認額	既割引額 (a)	既割引額内訳					
			雇用手形[1]		メフォ手形[2]		その他の特殊手形[3]	
			金額	(a)=100	金額	(a)=100	金額	(a)=100
1933年2月	4,580	1,473	25	1.7	—	—	1,448	98.3
1933年12月	‥	1,644	400	24.3	60	3.6	1,184	72.0
1934年3月	‥	1,823	647	35.5	166	9.1	1,019	55.9
1934年6月	‥	2,208	946	42.8	407	18.4	855	38.7
1934年9月	6,432	2,575	1,150	44.7	824	32.0	601	23.3
1934年12月	6,788	3,201	1,333	41.6	1,412	44.1	456	14.2
1935年3月	7,004	3,794	1,353	35.7	2,145	56.5	296	7.8
1935年6月	8,066	4,283	1,397	32.6	2,717	63.4	169	3.9
1935年9月	7,430	4,386	1,062	24.2	3,216	73.3	108	2.5
1935年12月	8,023	5,460	1,513	27.7	3,852	70.5	95	1.7
1936年3月	8,267	5,603	666	11.9	4,860	86.7	77	1.4
1936年6月	8,375	5,794	4)	4)	5,728	98.9	66	1.1
1936年9月	8,071	5,547	4)	4)	5,459	98.4	88	1.6
1936年12月	8,942	7,058	652	9.2	6,305	89.3	101	1.4

注記）1）ライヒ政府，ライヒアウトバーン，ライヒ鉄道，ライヒ郵便の雇用創出措置のための手形。2）「保管」を含む。3）恐慌手形。4）「メフォ手形」に含まれている。
出典）BA: R2501/6514, NL9 Luther/358所収の史料；*Deutsche Bundesbank* [1976: 43]; RbK-Chronik, 1934-1936 [BA: R2501/7325, 7329, 7332]。

バンク統計局が考えていたのとはまったく異なる展開を遂げた。問題は，彼らがこれにどのように対応したかにある。

1934年4月，景気が回復しつつあるにもかかわらず商業手形の流通が不振であることを憂慮したライヒスバンクは，まずライヒ経済省に，関係団体にたいして「商品流通において帳簿信用に代えて商業手形を用いるよう」呼びかけてはどうかと提案したが [Rbk-Chronik, April/1934, in: BA: R 2501/7325]，事態はこれで変わるようなものではなかった。

1935年に入ると，統計局はまず3月4日，34年における手形流通の増加はすべてが雇用創出手形によって占められ，その結果，ドイツにおける手形流通の構成には根本的な変化が生じたと述べ，「メフォおよびアウトバーン手形が市場を経由せずに直接ライヒスバンクに入るため，近い将来，ライヒスバンクにたいする信用需要のいっそうの増加を見込まざるを得ない状況にある」とする報告書を作成した [BA: R 2501/6513]。事実，ライ

ヒスバンクの特殊手形割引についての承認と実績推移は，そのような展開を示しつつあった（図表2-5参照）。4月には，前述の35年5月3日のシャハトの覚書のために，統計局はもっときびしい論調の草稿を書いていた［BA: R 2501/6639］。8月31日には再度この主張を繰り返し，「これ以上のメフォ手形信用供与の増額は通貨政策上遺憾とせざるをえず，今後は資金調達の配慮は軍需企業に任せて，ライヒスバンクはふたたびその本来の予備軍としての地位に就くことにより，特別信用によるライヒスバンクの動員を制限することを考えるべきだ」とした［BA: R 2501/6637］。ライヒスバンクは〈最後の貸し手〉の地位に止まっているべきだったのだとの苦い思いを込めた認識の表明である。そして翌36年5月20日，「通貨を脅かすことなしになしうる中間金融の限界に，もはや到達したと思われる」と述べた［BA: R 2501/6517］。

問題は，ライヒスバンクが政策面でこの状況にどのように対応したのかにある。次項では，これをまず1934年以降の急激な金融緩和への対応について，2-3-3では，メフォ手形の早期償還のための公債発行について見てみることとする。

2-3-2 手形金融と貨幣市場の変容

1934年初頭以来，貨幣市場においては，ライヒスバンクが「異常」と呼んだほどの金融緩和が進んだ。その状況を各種金利の動向について見てみよう。まずコールマネーの利率は，33年の平均値が5.497％だったのが34年には4.371％へ，35年には3.434％へと下落した。1ヶ月物の金利は33年には6％を若干下回る水準にあったものが，34年には5.44％へ，35年にはほぼ3.6％へと低下した［Rbk-Chronik, 1934-35, in: BA: R 2501/7325, 7329］。この間，ライヒスバンクの公定歩合は32年以来4％，ロンバードレートは5％を維持して変わることはなかった。これがそれぞれ0.5％切下げられたのは，1940年3月，利付国庫証券発行の再開に際してだった（後述，119頁参照）。

このように急激に金融緩和が進んだことの一般的な背景としては，当然のことながらまず，1933年頃から雇用創出事業が本格化し，手形を振り出した企業がその割引を銀行に求め，その結果，金融機関においては手形保

2-3 ライヒスバンクの信用政策

有の増加と同時に預金が増加したことが考えられる。さらには，34年9月に「新計画」と呼ばれる為替管理制度[43]が導入されたことによって，輸入に向けられるはずだった資金が行き場を失ったこともあげられよう。企業や銀行は，このようにして余裕が生じた現金保有をまずは恐慌手形の償還にあてた。ライヒスバンクのポートフォリオにおける恐慌手形の減少はその結果だった。しかし，決定的な役割を果たしたのは，メフォ手形金融による資金の市場への流入だったと思われる。なぜならば，36年1月までのメフォ手形金融においては，手形そのものを市中に流通させずに現金のみが企業に支払われたから，企業がこれを預金した場合，これを受けた金融機関では，借方における預金の増加のみが発生し，雇用創出手形の場合のように貸方の側でのこれに見あう手形保有の増加は生じなかったからである。しかも，メフォ手形金融の規模はこの間急速に増大しつつあった。34年以来の流動性の過剰化は，この手形金融方式に起因するものだったと考えられる[44]。

　この事態は，ライヒスバンクをして困難な課題に直面させることになった。これを放置すれば，「金融機関が不効率な投資に走り，信用制度全体の収益性を低下させるおそれ」があった。この状況で預金準備率制度を発動してみても解決にならないことは明白だった。割引国庫証券を発行して過剰流動性を吸収しようとしても，その満期構成やロットの大きさなどにおいて市場の要求を満足させることはむずかしく，さらに，満期まで1年未満のものしかライヒスバンクでの割引ないし抵当貸付の対象とはなりえず，しかもその規模は銀行法によって厳密に制限されていた。要するに，

---

43) この「新計画」の柱は，対外貿易についての双務主義の導入，輸入の量的制限と同時に「国民経済にとって重要な物資の輸入への配慮」，部分的な通貨切下げを含む複雑な輸出促進措置，対外取引の地域別構成の変更だった。ここで言う「国民経済にとって重要な物資」とは軍需生産に不可欠の原材料にほかならない。この意味で「新計画」は1931年夏以来の為替管理政策とその性格をことにするものだった。Petzina [1965: 15] 参照。

44) 1934年末の政府特殊手形のライヒスバンク保有高は約27億 RM だった。他方，32年末から34年末のあいだにライヒスバンクによる恐慌手形保有高は約14億 RM 減少した。この差額約13億 RM が，概略ながら当時の過剰流動性の規模を推定させるひとつの指標である。なお，後述の単名手形発足時点の35年5月末現在の発行残高は2億 RM，その後増加して，12月末には7億 RM に達した。また，この間の発行総額は15.6億 RM だった [BA: R 2/13598-13600]。なお，このことについては，Gestrich [1941: 338] も参照した。

ライヒスバンクにはこの状況に対処しうる政策手段が欠けていたのだ［BA: R 2501/6784］。

そこでとられたのが，金割引銀行による単名手形の発行だった。ライヒスバンクは，まず自らの秘密準備金によって金割引銀行の増資をおこなったうえで，35年5月21日より金割引銀行をして単名手形を発行させて金融調節にあたった。この満期3ヶ月の手形は，ライヒスバンクにおかれている当座預金より資金を取り崩して購入することとされ，市場割引率によって割り引かれ，ライヒスバンクによる再割引が保証されていた。

この単名手形に託され，また事実それが果たした役割は，つぎのように整理することができる。まず金割引銀行は，政府資金撒布の結果形成された民間金融機関の過剰流動性を単名手形の発行によって吸いあげ，これをもってライヒスバンクが保有するメフォ手形を買い取ることにより，ライヒスバンクの手形保有の負担の軽減をはかった。また，単名手形から新規のライヒ利付国庫証券（後述）への資金の移転をうながす措置もとられた。具体的には，ライヒスバンクは単名手形の流通額が増加したのを見計らって利付国庫証券を発行したのだが，そのタイミングをライヒスバンクは，この国庫証券発行のシンディケート団において中核的存在をなす民間銀行と打ち合わせて決めた。他方では，金割引銀行の窓口で単名手形からライヒ国庫証券へ資金を転用する，いわゆる「公債トランスファー」制度が設けられていた。このような仕組みにささえられて貨幣市場では，金融緩和──→単名手形の発行──→単名手形からライヒ国庫証券への資金の移転──→金融逼迫という循環が定着し，これに応じて，民間金融機関の収支のうえでは手形勘定から公債勘定への資金の移転が記録された［Rbk-Chronik, 1937, in: BA: R 2501/7333］。

要するに，ライヒスバンクが単名手形に託したのは，多額の政府資金の撒布にともなって生ずる貨幣市場の変動を安定化させ，さらには，貨幣市場と資本市場の双方にわたって資金の需給を調整する役割だった。これは事実上の公開市場操作である（Gestrich［1941］；Erbe［1958］）。あるいはまた，単名手形は中間金融と長期金融の〈結節環〉の役割を果たしていたと言ってもよい。

この市場操作を受けて，1936～37年には貨幣市場は安定的に推移した。

2-3 ライヒスバンクの信用政策

メフォ手形があらたな装いのもとで市場に姿を現したのは，その36年2月末のことである。このタイミングを，ライヒスバンク当局は周到な計算のもとに選んだものと推察される。というのは，この時期には，総額18.6億RM の手形金融による雇用創出計画のうち，18億RM 弱がすでに実行され，この計画のための手形金融は最終局面に入っていたからである。新様式のメフォ手形は，雇用創出手形のいわば後継者として市場に登場したのだ。

ともあれライヒスバンクは，2月29日には，あらたなメフォ手形制度の詳細を同行の全支店とライヒ公債シンディケート団に参加している全金融機関に通知した[45]。ライヒスバンク役員会は，「メフォ手形の支払方法をこの状況（＝金融緩和──引用者）に適応させ，民間取引における一般的な慣行にあわせることが適当かつ可能である」と考える。これがこの措置の理由付けである。その際，ライヒスバンクはメフォ手形の利点，すなわち，振出後3ヶ月たてばいつでもライヒスバンクによる再割引を受けられる有利な金融商品であること，その割引業務には金割引銀行が当面特別の配慮をもってあたることを強調していた [BA: R 2501/7249]。その後6月には，政府は民間金融機関の業務処理におけるメフォ手形の取扱を規定する政令等を公布して，この手形の割引を促進する措置をとった[46]。

これらの措置にささえられて，メフォ手形は1936年4月より民間金融機関で割り引かれるようになった [Rbk-Chronik, 1936, in: BA: R 2501/7332]。全民間金融機関による手形保有に雇用創出手形が占める比率は35年末には26％（金額にして約10億RM）だったのが，雇用・メフォ両手形

---

45) ライヒスバンク役員会の1936年1月27日と2月29日付の「ライヒ支出の資金調達」にかんする文書（BA: R 2501/7249），および，改訂された制度の概要とその解説 [NA: Microfilm T 83/Roll 101] による。なお，これらの文書によって，改定の趣旨と新制度の概要がライヒスバンク支店のみならず関係金融機関にも通知された。

46) 1936年6月4日には，民間銀行業経済集団（ナチ政権のもとで組織された銀行業の全国規模の集団）が，その傘下企業にたいする回状 [Nr. 79, Privatbanken in der NS-Zeit, Fiche 039] において，月次営業報告ならびに貸借対照作成にさいして，信用制度法（第16条2項）に定める手形に今後「国防経済の資金調達に関連する特殊手形」を雇用創出手形と同等のものとしてふくめることを指示した。さらに同年6月30日付の信用制度法第3次施行・補完令 [RGBl I, 1936, 540ff.] に，これらの政府特殊手形の民間信用機関における割引にかんする規定（第4項）が盛り込まれた。この点については，Kopper [1995: 123, Anm. 411] も参照されたい。

が占める比率は36年4月より上昇を遂げ，37年初頭には53％（30億RM）に達した［BA: R 2/13485］。36・37年度には，メフォ手形はその初発手形の満期到来までほぼ全額が企業または銀行が保有するところとなり，その状態を維持するために金割引銀行が介入する必要はないほどだった。その理由は，利回りと流動性の高さから見てこれにまさって有利な投資対象がなかったことにある［Rbk-Chronik, 1936, in: BA: R 2501/7332］。

だが，市場がこのように喜んで受け入れたのは，メフォ手形が最初ではなかった。まず雇用創出手形がそうだった。計画発足のあとまもなく，雇用創出手形は「第一級の貨幣市場手段」として企業や銀行がその現金準備の過渡的な投資対象とするところとなり，企業や銀行に追加的な資金需要が生じないかぎりライヒスバンクに再割引を求めて持ち込まれることはなかった。そして，このことは当時，計画の立案と実施にたずさわった当局者の誰ひとりとして予想していなかったことだった（Deutsche Reichsbank［1940: 55］）。

そのひとつの理由は，雇用創出手形を構成する要件が，償還計画や支払保証等にいたるまで明確に法的に示されていたことにある。第二の，おそらくいっそう重要な理由として，商業手形の信用がその背後にある商品生産もしくは流通によって支えられていたのと類比可能な仕方で，雇用創出手形の信用がライヒおよび地方政府による社会資本の建設によって支えられていたことがあげられる。同じく特殊手形と呼ばれた恐慌手形にこのような関係がまったく欠けていたことは言うまでもない。それゆえにこそ恐慌手形ではなく雇用創出手形が，信用恐慌後不振に陥っていた商業手形のあとを埋めることができた（Gestrich［1941］）。中央銀行による割引業務の対象に政府特殊手形を加えたことにおいて，ルターのもとでのライヒスバンクは転轍手としての役割を果たしたのである。それ以来の雇用創出手形のほぼ3年にわたる流通という経験がなかったならば，メフォ手形は上述のような仕方で市場に受け入れられることはなかっただろう。

しかもメフォ手形は，1936・37両年度において総額139億RM，雇用創出手形の全額のほぼ7倍の規模で市場に注入された。雇用創出手形の投入でポイントを切り換えられた貨幣市場は，ふたたび活性化したにとどまらず，メフォ手形の受入をつうじて構造的と言ってもよい変化を遂げたのだ。

このことからしても，メフォ手形金融を，かつてライヒスバンク統計局が考えたように緊急避難の措置だと見ることはできない。だがこのことは，企業や銀行がその短期資金の運用において，国庫手形に準ずる高い流動性をそなえた事実上の政府短期証券への依存を高めたということでもある。それが何を意味するかを，のちにわれわれは38/39年の国庫危機の過程で目の当たりにすることとなる。

2-3-3 資本市場の統制

ライヒスバンクは，このようにしてメフォ手形の市中消化に成功した。だが，これはメフォ手形金融にかかわる問題の半面にすぎない。ライヒ銀行券の発行について節度を保とうとするならば，そのポートフォリオに累積してゆくメフォ手形そのものを減らさなければならない。そのために，メフォ手形の満期到来を待つことなく始められたのが，ライヒ政府によるいわゆる早期償還である。その財源は公債収入に求めざるを得なかったから，それはまた，ライヒの公債発行政策にかかわる問題でもあった。このようにして政府特殊手形の再割引をライヒスバンクによる信用供与の中核にすえたことの反面は，資本市場からの民間起債の徹底した閉め出し，政府公債発行による資本市場の事実上の独占だった。それは，ライヒスバンクのポートフォリオに累積する手形債務の政府による早期償還を可能とするために不可欠な措置だった。シャハトのライヒスバンクがそのために重視したのが，前述の資本市場委員会である。以下，これらの問題を見てみることとしよう。

このようなライヒの公債政策を可能とする前提は，1929年末以来ほとんど壊滅的な状況にあった資本市場を再建することだった。ヒトラー政権が登場してまもなく，恐慌期に借り入れ依存をつよめていた農業部門とゲマインデ等の債務負担の軽減がはかられた。ライヒスバンクは1933年11月より，前述の公開市場操作の権限をもちいて，主として租税証券を買い取って公社債市場における価格の上昇をうながし[47]，その効果があきらかとな

---

47) パーペン政権のもとで1932年11月に発行がはじまった租税証券（大島［1974］参照）は，当時の政治状況に災いされて市場での需要にとぼしく，民間銀行によるシンジケート団がこれを買い支えていたが，それも限界に達して，33年にはライヒスバンクは子会社

った34年末から35年初頭にかけて,各種公社債の低利借換(6％以上→4.5％)を実施した。これらの措置はシャハトの強力なイニシアティブのもとで進められて大成功を収めた。提供された条件での借り換えを拒否したのは,債権者数にして1％未満だったと言われる。これによってライヒ政府は,その利払い負担を年額にして約5億RM節約することができた。これにあわせて,貯蓄預金の利子率も3½％から3％へと引き下げられた(Sarow [1937])。

だが,これと同時にとられた法人企業における配当の上限設定,これを超える利潤の公債投資への強制等の措置の結果[48],利子率の低下を見た資本市場に参入することができたのはライヒ政府であり,民間企業ではなかった。ライヒスバンクがこれらの措置で目指したのは,民間企業の資金コスト低減による景気刺激ではなく,公債発行を容易にして政府の資金調達をはかることだった(Erbe [1958: 59f.])。のちのことだが,銀行業界向けの『バンク』誌(1939年6月14日付)が,ライヒスバンクの公開市場操作の実態をもってその景気政策における消極性の表れとし,「心底からの失望」を表明したのは,このような背景のもとでのことだった。

かくて再開されたライヒ政府の中・長期債発行は,次のような仕組みによっていた。ひとつは「雑音を出さない資金調達」とよばれた利付ライヒ公債(いわゆる流動性公債,当初,満期27年),もうひとつは公募による利付ライヒ国庫証券(当初,満期10年)の発行である(Dieben [1949])[49]。利率は,いずれも1939年末まで4½％だった。前者は,当時「資本貯蔵

ライヒ公債株式会社をしてその再金融にあたらせていた[Rbk-Chronik, 1933, in: BA: R 2501/7320]。ライヒスバンクの資産に33年11月より計上されるようになった「準備適格有価証券」は,11月15日の1.9億RMから35年1月7日には4.5億RM(「資産」総額の8％)へと増加したが,その主体は租税証券だった。その後,この金額は停滞ないし減少した。なお後掲注記74も参照されたい。

48) そのおもな立法措置は次のとおりである。「公債基金法(1934年12月4日)」[RGBl I, 1934: 1222f.],「信用機関利子低減法(35年1月24日)」[RGBl I, 1935: 45ff.],「公債利子低減法(35年2月27日)」[RGBl I, 1935: 286ff.]。一連の借換措置の経緯については各法案にかんする記録文書[ARH, 1934/35: Dok. Nr. 53, 85, 106],Wirtschaft und Statistik [1935: 222f.] の解説による。

49) 中・長期内国債の年度末残高に占める流動性公債と利付ライヒ国庫証券の比率は,37年度:23.3％と29.3％,38年度:24.0％と46.7％,44年度末:42.5％と55.6％だった(Wirtschaft und Statistik 所収のライヒ政府公債残高の月次報告による)。

庫」とよばれた貯蓄金庫や信用組合，民間保険会社，各種社会保険機関，任意保険機関，ライヒ郵便等に売却されたが，その後の市場での売買は禁止されていた。その資金の源泉は資産性の強い貯蓄に求められた。この流動性公債の発行は，組織的な，しかも預金者が直接には感知しない民間預金の公債消化への動員であり，市場の動向に左右されない方式である。これが定着したのは，ナチ政権の経済政策による家計の消費抑制を背景として，ライヒスバンクがさきの信用制度改革において貯蓄金庫を長期性預金機関として再建する政策をとったこと，さらには，貯蓄金庫の全国組織の指導部をナチスが占めて，いわば国策として流動性公債の消化を傘下の機関にうながしたことによるところがおおきい (Kopper [1995])。

これにたいして利付ライヒ国庫証券は，ベルリン大銀行等によって組織されたシンディケート団をつうじて，個人をふくむ民間部門にひろく公募方式によって売却された。その消化先として想定されていたのは，待機性の強い国民の貯蓄である。この種の公債は抽選償還制利付ライヒ国庫証券とされ，流動性公債とことなり取得後の再売却も可能だった。公募発行には，その応募状況の如何により，一方では政府短期証券の市中消化をさまたげないようにし，また他方では流動性公債の過剰発行が市場を圧迫する危険を回避するという，市場の動向についての信号作用が期待されていた (Dieben [1949: 687])[50]。単名手形によるライヒスバンクの金融調節がこの公募債の発行と密接に関連していたことは，前項で指摘したとおりである。その起債は，1936年1月と38年12月（後述）の2回の起債をのぞいて順調に推移した。

これらの二種類の公債発行について，ライヒスバンクとライヒ財務省のあいだでは次のような意見の相違や対立があった。流動性公債も利付国庫

---

50) この利付ライヒ国庫証券の発行方法は，概要次のとおりだった。発行額と公募期間および発行価格は，あらかじめ決められており，応募額が発行予定額に達した場合には，期間内でも繰り上げて募集を停止するか，あるいは，発行額を増やすかのいずれか，実際には多くの場合後者が選択された。シンディケート団参加金融機関に認められた手数料は，発行額の1％だった。なお，公募完了後6ヶ月間にわたり，その価格支持にあたることが，シンディケート団参加機関に義務づけられており，ライヒ財務省とライヒスバンクもまた，政府資金によって公債価格支持操作をおこなっていた [BA: R 2/3437]。本書の108-9頁および後掲注記60も参照されたい。

証券もその収入金はいずれも一般財源としてライヒの歳入になるのだが，そのうえで，流動性公債の収入金はライヒ歳計の現金需要の充足にあて，利付国庫証券の収入金は政府特殊手形の償還にあてることで，当初ライヒスバンクとライヒ財務省は合意していた。しかし現実には，ライヒスバンクは利付国庫証券の発行について，本来は流動性公債の消化機関である貯蓄金庫や生保機関にも門戸を開き，またこれらの機関も，再販売可能で流動性の高い利付国庫証券の保有を選好してこれに応じた。このことは，もともと流動性公債の消化に懸念を抱いていたライヒ財務省のライヒスバンクにたいする不満を増大させることになった［*ARH, 1936*: Dok. Nr. 6］。

次に，利付国庫証券の収入金による政府特殊手形の償還については，ライヒスバンクは自らが保有するメフォ手形の早期償還を，ライヒ財務省は予算に計上されている雇用創出手形の償還を優先させることをそれぞれ主張して対立し，最後には，ライヒスバンクが「本行に負わされている特別の課題にかんがみてその負担を軽減するためにメフォ手形の早期償還を優先させることは自明である」としてその主張を貫いた［BA: R 2/3402］。ライヒ財務省はその結果，雇用創出手形償還財源をライヒ歳計外，すなわちライヒ社会保険機関の余裕金に求めざるを得なかった。さきに見た予算政策におけるのと同様に公債政策においても，ライヒスバンクはその政策上の利害にライヒ財務省を従属させたのである。

これらの公債発行は，長期の運用が可能な民間資金はすべて公債消化にあてさせ，ライヒ公債以外の起債を資本市場から閉め出す徹底した措置にまもられていた。まず，ライヒ社会保険機関の財政についての政府による規制が強化され，1935年以降，その資金運用にかんする権限はライヒ財務省とライヒ労働省に集約され，その指示によってこれらの機関の余裕金がもっぱらライヒ公債の消化に充当された（大島［1996: 263f.］)。また，信用恐慌以来経営が困難だった貯蓄金庫その他の地方金融機関は，ゲマインデ等への信用供与をいっさい禁止されていたが，この措置は経営状況が改善されたのちも維持され，これが解除されたのは39年6月のことである［*ARH, 1934/35*: Dok. Nr. 10, 90］。さらに民間の起債は，「その投資計画が国防経済上の観点から延期不可能であり，他の資金調達の道がまったく閉ざされている」場合（36年秋以降，四ヶ年計画投資を指す）にのみ資本

2-3 ライヒスバンクの信用政策　　　　　　　　99

市場委員会により許可された (Lange [1941: 418])。その他の信用機関による債券発行の停滞は後に掲げる図表2-6のとおりである。

　さきに民間銀行による企業融資が後退したと述べたが，このことが当てはまるのは本来の軍需企業についてであり，これに供給すべき原材料や機械などの生産に従事する企業の場合には，その設備資金等は，たとえば合成繊維の生産については1934年以来大銀行の共同信用によって調達された。大銀行側には決して有利とは言えない条件でのこの共同信用は，ライヒスバンクの指導のもとで実現したが (Kopper [1995: 167ff.])，それが可能だったのは，前述の信用制度法によってライヒスバンクの銀行等にたいする監督権が強化されたからである。その後，さきに述べたように四ヶ年計画が発足して以降，合成燃料・合成ゴム等の生産増強のための投資資金調達は，資本市場委員会を経ての増資や債券発行とライヒの政府支出とに強く依存するようになった。

　だがこの間，資本市場委員会はその統制機能を次第に弱めつつあった。断片的な史料から察するかぎり，まず，委員会を構成するライヒスバンクとライヒ経済省との対立が激化した。ライヒ経済省は資本市場にかんする管轄権はみずからにあると主張し，他方，ライヒスバンクはこの市場にかんするすべての案件について拒否権を有すると主張した。委員会の議長シャハトが1934年8月以来ライヒスバンク総裁とライヒ経済大臣とを兼務していたことは，この対立を緩和ないし調整するうえでいかなる役割をはたすものでもなかった[51]。さらに，四ヶ年計画庁が関連企業の起債承認を求めて登場するにいたって，この委員会の機能はいっそう低下した。その際，ライヒ経済省の担当部局は四ヶ年計画庁の要求を支持し，シャハトが37年8月に事実上ライヒ経済大臣の任務を放棄したあと，ライヒスバンクとの対立をいっそう強めた。ライヒスバンクの側では，総裁シャハトが四ヶ年計画そのものに批判的だったことを反映して，申請企業の増資計画の政策的合理性にたいする疑念がつよかったようである[52]。いずれにせよ，資本

---

　51) 1937年1月30日付および2月12日付のライヒスバンク役員会のライヒ経済省宛文書 [BA: R 2/13720]，および，37年2月12日付のライヒ経済省のライヒスバンク役員会宛文書 [BA: R 3101/16094] 等による。
　52) たとえば，ライヒスバンクは，マンスフェルト鉱業株式会社の増資計画が投資家

市場委員会をライヒスバンク総裁が主宰する「国法上の機関」として認めるというシャハトのたび重なる要求は，ライヒ首相府やゲーリングによって無視され[53)]，38年にはその政治的権威の喪失は否定しがたいものとなる。

2-4 政府金融の〈正常化〉からライヒスバンク法制定へ

2-4-1 資金調達方式の転換

ライヒスバンク統計局の内部では，1936年夏以降，それまでのようにメフォ手形金融について危惧する意見は，現存の史料から見るかぎり表明されていない。それは，前述のようにメフォ手形の市中消化が順調に進んでいることによる安堵感によるのかもしれない。だがこの順調さは，われわれが本章で見てきたことからすれば，ライヒスバンク指導部の当初からの政策戦略が適切だったからというよりは，予期しなかった事態の展開に直面しての，その場その場での判断によって達成されたものだったと見た方が正しいだろう。他方，34/35年に実行した借換とその後の公債発行とによって，メフォ手形の早期償還も軌道には乗った。しかし，割引かれたメフォ手形によるライヒスバンクのポートフォリオへの重圧がこれによって解消されたかと言えば，そうではなかった。33年8月から38年3月までのメフォ手形金融総額の約65％が36・37年度に集中していたことから察せられるように，早期償還を上回る規模で手形金融が実施されていたからである。ライヒ公債による資本市場の独占，これを支えていたライヒスバンクの資

に過度に有利な条件を認めているとして，かかる起債が公社債市場一般に悪影響をもたらすこと，貨幣資産にたいする実物資産偏重を煽り，通貨不安を助長することを懸念していた。上記のライヒ経済省宛1937年1月30日付書簡［BA: R 2/13720］による。

53) 1937年12月19日付のライヒ首相府長官ラマースのゲーリング宛書簡［*ARH, 1937*: Dok. Nr. 199］，38年7月23日付シャハトのラマース宛書簡等［BA: R 43II/529c］による。その際ゲーリングやラマースの側に政治的意図が働いていたことはあきらかだが，ライヒ首相府にこれを拒否する理由がまったくなかったわけではない。33年5月末に第一次ラインハルト計画が承認された際，首相府がシャハトに対して，この委員会の設置を「失業削減法」の施行令において規定するかと問い合わせたのに対して，シャハトは「自分の発言はそのようなことを意味するものではない」と答えたといわれる［*ARH, 1933/34*: Dok. Nr. 149, Anm. 12］。

2-4 政府金融の〈正常化〉からライヒスバンク法制定へ

本市場委員会による市場規制にも，この時期にはすでに亀裂が生じていた。ライヒスバンクの外では，手形金融の続行に批判の声があがっていた。ドイツ銀行・ディスコントゲゼルシャフト役員モスラーは，当面の事態に危惧の念を表明し，自己金融の傾向がつよまった結果，工業企業はその豊富な内部留保を政府特殊手形によって運用しており，これによって本来ならば民間信用機関に開かれているはずの収益機会が奪われていると述べて，メフォ手形金融を強く批判していた（Mosler［1936/37: 137］）。

結局シャハトは1937年3月，総裁の任期が切れるにあたり，留任を求めるヒトラーにたいして，当面の任期を1年とし，その間にメフォ手形金融が停止された場合には任期のさらなる延長に応ずるとして，ようやく手形金融の停止を認めさせた。かくて38年3月末，メフォ手形金融は停止された。その間シャハトが37年8月，ヒトラーの承認を得ないままにライヒ経済大臣等の職務を放棄したのは，かかる事態の進行にたいする抗議の意思の表明だったと見ることはできるが，同時にそれは，彼のヒトラー政権にたいする影響力低下の表れでもあった。

ともあれこの決定を受けて，1937年から38年春にかけて，ライヒスバンクではメフォ手形金融停止後の事態に備えていくつかの措置がとられた。まず，メフォ手形は初発手形の満期到来の時点でライヒスバンクがこれを再割引し，延長手形を市場に流通させないという措置がとられた（Gestrich［1941: 337］)[54]。これによって生ずる市場での状況変化への対応は引き続き単名手形の操作によってはかられ，37年6月からは満期6ヶ月のブロック手形がベルリン大銀行を対象に発行されるようにもなった（Stucken［1964: 152］）。さらに38年4月からは，ブロック手形に代わってメフォ手形証書が導入された。それは，メフォ手形のライヒスバンクへの流入後に貨幣市場において生じうる民間短期資金の運用対象の不足にそなえる措置だった[55]。

---

54) この措置の詳細は，筆者には不明である。しかし，後述のように，1938年3月末までに振り出されたメフォ手形はすべて同年9月末までに再割引を求めてライヒスバンクに流入し，メフォ手形証書は別として，メフォ手形そのものは市場から姿を消した。それは，この措置にもとづくものだったと思われる。

55) Rbk-Chronik, 1937-38, in: BA: R 2501/7333, 7335; Herrmann［1939: 88］; Dieben［1949: 692］。なお，このメフォ手形証書とは，ライヒスバンクが保有するメフォ手形を大ま

ライヒスバンクとライヒ財務省，国防軍統合司令部にとって最大の問題は，メフォ手形金融に代わる資金調達方式を何に求めるのかにあった。1937年度の国防軍支出の6割はメフォ手形金融に依存していたし，38年度にはいっそうの支出増大が予想され，これをすべて一般財源でまかなうことは不可能だったからである。その結論として38年3月10日にこれら三者が合意したのは，当面の一般財源の不足をおぎなう1年かぎりの措置として，特別の政府短期証券（納入者国庫証券）を発行することだった［BA: R 2/3845］。この納入者国庫証券は，満期6ヶ月，市場での取引は可能だが，ライヒスバンクによる再割引は認められず，担保としてのみ適格だった。国防軍は，総支出＝年額110億RMを前提として，軍需企業への代金支払のうち40億RM（月額3.5億RM）までを現金に代えてこの証券の交付をもってする。この国庫証券は，満期日が到来したとき，ライヒ政府により一般財源をもって償還される。したがってこの措置は，ライヒ国庫にとっては現金需要の発生を半年だけ先送りするにすぎないものだった。

その実際はのちに見ることとして，これによってライヒスバンクは政府特殊手形の割引という課題から解放されるはずだった。その1933年以来の一連の過程は，次のように要約することができる。まず登場したのは満期3ヶ月の雇用創出手形である。言うまでもなくこれは振出と同時にライヒスバンクでの割引等について適格だった。次いで市場に投入されたのは，満期6ヶ月のメフォ手形である。これは，満期日まで3ヶ月未満となって初めてライヒスバンク適格となる証券である。そのあとを継いだのが納入者国庫証券だが，これはライヒスバンクでの割引については不適格，担保貸付についてのみ適格だった。

この一連の流れからあきらかなことは，証券の流動性が段階をおって低められてきたことである（Gestrich［1941: 333］）。これは，来るべき次の段階として割引国庫証券への移行を念頭においた戦術的な考慮によるものだったと見ることができる。因みに割引国庫証券は，当時の銀行法の規定

かな金額にまとめて，手形そのものはライヒスバンクが保有しながら，これを基礎とする手形証書をライヒスバンクと密接な取引関係にある銀行等（公募債発行のためのシンディケート団に参加している銀行等）に振り出す，一種の担保手形のことである。これには，一定の条件のもとで担保および再割引適格性が認められていた。

のもとでは，満期まで3ヶ月未満のものについてライヒスバンク適格であり，しかもライヒスバンクが保有しうる限度は4億RMと規定されていた。この割引国庫証券が様式において多様性に欠けているために金融調節の手段となりにくかったことは，さきに35年の過剰流動性問題との関連で見たとおりである。いまやライヒスバンクはその経験に学んで，ようやく形成されてきた政府短期証券の市場を整備し，割引国庫証券の様式の多様化をはかりつつ，これを政府の短期資金調達の恒常的手段とすることを考えたのだろう。納入者国庫証券は1年で退場する予定であり，その後について，中央銀行信用に依存することなく，一般財源としては税収と公債収入を，短期の資金調達手段としては割引国庫証券をもってするライヒ財政運営を，ライヒスバンクは構想していたと考えられる。この過程の節目ごとにどのような考慮が払われ判断がくだされたのかは不明だが，38年初頭までの経緯について見るかぎり，この構想はよく考え抜かれたものだったことは認めてよいだろう。

さきに掲げた図表2-3は，1939年以降ライヒスバンクの資産においてこの割引国庫証券と国庫手形が急速な増加を遂げたことを示している。それが，上記の38年初頭におけるライヒスバンクの構想を実現したかに見えながら，実はこの章の冒頭で述べた39年のライヒスバンク法による対政府信用枠の撤廃（「総統による決定」）によるものだったことは，あらためて指摘するまでもない。言うならば，38年初頭にライヒスバンクが考えていたことは，まったく異なった法的枠組みのもとで実現し，第二次大戦下における戦費調達の重要な装置となったのである。これまでの研究は，この転換をヒトラー政権による政治的介入の結果と見，シャハトはこれに抵抗して挫折したのだと考えてきた（吉野［1962］）。しかしその際，ライヒスバンクの指導部がこの転換にいたる過程において何を考え，この過程にどのようにかかわっていたのかは，検討されないできた。この研究上の空白を埋めるべくわれわれがとくに関心を寄せるのは，まずは38年9月に発生し，次いで年末から翌39年春にかけて持続したライヒの国庫危機の過程である。

2-4-2　国庫危機を醸成した諸要因

ドイツの1938年は，「危機の年」と言ってもよいほどの政治・経済・社会

の全面にわたる緊張に満ちた一年だった。その一連の過程の発端は，前年の11月にヒトラーがその戦争準備政策をいっそう強化する方針をあきらかにし，さらに38年2月には国防軍統合司令部の人事に介入し，その組織を改編して，国防軍にたいする自らの指揮権を完全に掌握したことにある。そして周知のように，3月にはオーストリアを併合し，さらに9月にはズデーテン地方をめぐる危機を経て，同地方への武力行使をともなわない侵出を実現した。その間の5月28日と30日，ヒトラーは，三軍にたいして軍備の拡張を最大限に加速することを求めると同時に，チェコスロヴァキアへの侵略の準備と西部における防壁建設を指示した [BA: RH 15/149]。このうち前者が軍需発注，さらには財政・経済に影響するようになるのは，この年の暮以降のことである。38年6〜7月を境とする軍需生産の急激な増加に直接かかわっていたのは，この指令の第二の点だった。

　このヒトラーの指令は，直接にはドイツの軍需経済を，ひいては，すでに完全雇用を達成していたドイツ経済全体をほとんど混沌といってもよい状態におとしいれた。陸・海・空三軍は相互の協調なしに軍備の目標を引きあげ，それに必要な原材料や労働力，外貨を奪いあったから，生産のあらゆる局面に隘路が生じ，外貨は枯渇した。その過程は別の機会（大島[1996] 第7章）に詳論したのでそれにゆずり，ここではライヒ財政とこれに直接かかわる領域での事態の展開に絞って見ておくこととする。

　それではまず，国防軍支出は実際どのように推移したのだろうか。さきの3月10日の三者合意で1938年度の国防軍支出として見込まれていた110億RMは，37年度の支出実績とほぼひとしい金額である。これにたいして国防軍は，38年度前半の6ヶ月のあいだにすでに前年度支出の63％に相当する約70億RMを支出している。これは年額に換算して約141億RMの支出に相当し，予定された110億RMを30％こえる金額だった。そのため納入者国庫証券の発行額も月額3.5億RMの予定を超えて，4〜9月の月平均発行額は4.8億RMだった。なお，年度全体については，国防軍支出は37年度の1.59倍にあたる172億RMに達した[56]（図表2-2参照）。当初の

---

56) このうち，55.5億RMが納入者国庫証券によってまかなわれた。これは，3月の合意における予定額を15億RM上回る金額である。なお，発行された納入者国庫証券については，年度末までにこのうち約28億RMが償還された。詳細は大島 [1991/92：表20b]

予想を60億RMも上回る規模である。このことは，この年度のライヒ財政の収支とその運営におおきな負担と緊張をもたらした。

次に財政収支の概要を見るならば，1938年度のライヒの歳出総額は287億RM，歳入面では，租税・関税収入が177億RM（37年度＝140億RM），公債収入は75億RM（37年度＝40億RM）だった。税収にほぼ匹敵するほどの規模に国防軍支出が膨張したことの結果が公債収入の急増だった。これを38年度における有価証券の新規発行全体と関連させてみると，図表2-6に明らかなとおり，ライヒ政府のそれは37年における8割強から9割弱へとシェアを増大させた。ただし，私企業による株式と債券の発行もこの間に5.9億RMから9.3億RMへと顕著な増加を遂げた。この民間企業の増資は四ヶ年計画関連事業のためのものであり[57]，前述の資本市場資金を

図表2-6　有価証券発行の推移

（単位：100万RM）

暦　　年	1933	1934	1935	1936	1937	1938
新規発行						
ライヒ政府	－	－	1,636	2,122	3,040	7,978
ラントおよびゲマインデ	66	74	－	6	70	－
公企業	11	1	1	542	40	26
私企業：株式	91	143	156	395	333	822
私企業：債券	2	4	3	47	258	107
合計	170	222	1,796	3,112	3,741	8,933
（内：ライヒ政府を除く金額）	(170)	(222)	(160)	(490)	(701)	(955)
借換発行	281	2,594	500	107	76	131
土地・地方信用機関による発行残高の増減						
抵当証券	－132	22	157	254	298	213
地方団体債券	－41	－26	－54	10	6	－73
特別発行	－260	－273	－291	－300	－356	－391
増減額の純計	－433	－277	－187	－36	－52	－252

注記）　1）「ライヒ公債」（1938年）のうち，3億6,600万RMは，オーストリア国立銀行の手形債務償還のため。2）「私企業：株式」には，株式会社形態をとる公企業をふくむ。3）「特別発行」とは，清算のための担保証券の発行，会社形態変更にともなう証券発行等。
出典）　"Die Emissionsmärkte 1938", in: *Bank-Archiv*, Jahrgang 1939, 15. März 1939: 153.

を参照されたい。
57）この8億RM余のうち，3.3億RMはヘルマン・ゲーリング工業の増資（内，2.7億RMは全額ライヒ政府による普通株式の取得），残りの4.9億RMは公有企業の増資（VIAG，AEG，合同アルミニウム工業，ザクセン工業）だった（"Die Emissionsmärkte 1938", in: *Bank-Archiv*, Jahrgang 1939, 15. März 1939: 153f.）。なお，1936/37年における四ヶ年計画の資金調達については，総額12.6億RMのうちほぼ50％を資本市場で調達することを予定していた（ドイツ原材料局作成の文書［BA: R 2/13720, Bl. 135f.］）。

めぐる政府と民間企業との競合は38年に入ってその激しさを増し加えていた。のちに見るライヒスバンクとライヒ経済省の対立は，この問題にかかわっている。なお，ライヒ公債について，その中・長期債の38年末における発行残高176億 RM を，公債発行が本格的に再開される直前の34年末の37億 RM，1年まえの37年末の103億 RM と比較するならば，公債発行が38年初以来いかに急激に進められたかを知ることができる。このような経緯のもとで，38年11〜12月の利付国庫証券の公募発行において目標不達成という事態が起こった。

この間，税収についても増収が図られた。ひとつは「隠れた増税」により，もう一つは法人税率の引き上げによって。前者は，当時のライヒ経済省の租税問題担当官の言葉を借りれば次のようだった。「税務当局は，従来は課税をまぬかれていた事柄を（税法の）解釈によって課税対象に取り込みながら，徴税の方法を洗練されたものとしてきており，この隠れた増税は相当な規模に達している」（1938年9月17日）［BA: R 7/4236］。法人税の場合には，前述の36年の増税に続けて，38年7月の改正法によって，38年以降3年間について10万 RM 以上の法人課税所得には一般税率40％（ただし，38暦年について25％），軽減税率20％（同じく12.5％）が課されることとなった。この間，一法人当たりの平均税負担率は約20％から34％へと上昇し，課税所得の階層別分布においては，100万 RM 以上の階層が33年度の47.1％から38年の65％へとそのシェアを拡大した。その結果，全税収に占める法人税収のシェアは33年度の3.1から38年度の13.6へと上昇した（大島［1996］第6章）。法人企業について明らかなこのような税負担率の上昇，利潤の社外流出の増大は，その短期資金の政府等の短期証券への投資について変化を生じさせた。このことは38年における貨幣市場の動きを不安定なものとした。

おおむねこのような結果をもって閉じられる1938年度のライヒ財政を，年度開始以来の政策形成に焦点をあわせて見てみるとき，そこに浮かび上がってくるのは，ライヒ財務省の予算統制のいっそうの形骸化とライヒスバンクによる資本市場統制の解体，そして9月末以降39年春にかけて持続する国庫危機である。

1938年3月末日をもってメフォ手形金融は停止され，これにともない国

防各軍の「陰の予算」も姿を消した。にもかかわらず，あの33年4月の政府決定において手形金融との関連で無効化されたライヒ財務大臣の予算統制権は，大戦終了にいたるまで復活されることはなかった。国防軍以外のライヒの行政省についても財務省の予算統制は弛緩し[58]，年度開始以前にその予算を確定することができなかった。それでもなお政府支出の削減を図るべく，ライヒ財務省は7月には全省庁にたいして予算の節約を求め，9月1日には軍事目的以外の建設支出を即時停止することを通告した［BA: R 2/9190］。その支出節約令は12月には国防軍にまでおよび，年度末までの現金ならびに納入者国庫証券による支出を一定限度に制限することが通達された［BA: Wi/IF 5. 203］。ただし，前述の決算値から見るかぎり，国防各軍が実質的な支出抑制に努めた形跡はない。

ここにあきらかな財務省統制の形骸化については，1938年2月15日をもってヒトラー政権のもとでのライヒ閣議がもはや開催されなくなり，財務省がライヒの予算政策について合議によって各省庁を拘束することができなくなったことを見落とすことはできない。その反面，顕著となったのがナチス指導部によるライヒ行政への介入だった。当時それを直截に言い表したのはゲーリングである。まず5月30日，陸軍の幹部との協議においてゲーリングは，一万の地下壕と対空監視塔を建設してモーゼルとラインの間の防衛線を強化することを指示した。そのための予算措置はとられていないとの予算担当官の質問にたいして彼は，「その問題は，われわれとしては今後もう心配する必要はない。それを解決するのは国政の指導部の仕事だ」と答えた［BA: RH 15/150］。さらに6月14日，ゲーリングは陸軍の幹部との協議において次のように述べた［BA: RH 15/150］。（括弧内，引用者）

「現在の状況では，金(カネ)のことはたいして問題ではない。困難なことがおこったら，各軍は元帥（ゲーリング）まで申し出られたい。元帥が

---

58) 1937年末，ライヒ財務大臣は，ライヒ各省において予算超過支出が頻繁に見られるようになったこと，さらにその超過支出について事前に必要な財務省の許可を得ていない場合が多いことを指摘し，これについて当該支出の担当官の責任をライヒ財政令の規定にもとづいて問うことを通告した［*ARH, 1937*, Dok. Nr. 196］。

108　第2章　1930年代ドイツにおける中央銀行の「独立」と「従属」

　　助ける，財務省には責任をとらせない。必要な措置はただちに講じられるだろう。経済の運命は国防軍には関係ない。これについては元帥が責任をとる。経済のいくつかの部門が崩壊しようともまったく問題ではない。そうなれば方法はある。ライヒ政府が介入してこれを助けるだろう。」

　シャハトを議長とする委員会による資本市場規制の解体にも，ゲーリングが関与していた。1938年8月，彼は，シャハトの後任としてライヒ経済大臣に就任していたフンクにたいして，「特別領域の課題について貴下にもっぱら法によって認められた権限の如何にかかわらず，ライヒ財務大臣ならびにライヒスバンクと協議のうえ，資本市場の監視と誘導のため必要な措置を実施する権限」を付与すると伝えた［BA: R 43II/529c］。ライヒスバンクはこれについてゲーリングに激しく抗議し，ライヒ首相府にたいして，この問題についてヒトラーの裁可を求めるよう要請したが，首相府は39年1月のシャハト解任までこれを無視してなんらの行動も起こさなかった[59]。このような状況のもとでは，シャハトやライヒスバンクの主張にもかかわらず，この委員会による資本市場の統制がすでに破綻していたことは明白だった。

　資本市場では，既発の利付国庫証券の価格が下落しはじめていた。これは主として，年初以来4月までに合計30億RMにのぼる利付国庫証券の起債，他方での四ヶ年計画関連の投資のための民間企業の資金需要の増大にもとづく手持ち国庫証券の売却に起因するものだった。ライヒ財務省は，国庫証券の新規発行に支障をきたさないために，ライヒスバンクの「有価証券保有」のもとに設けられた「介入口座」に公債収入の一部を繰入れ，その資金によって既発利付国庫証券の価格支持をおこなっていたが，その規模は8月末で4.7億RM，10月27日現在で6.7億RMに達した[60]。一般

　　59）　ライヒスバンク役員会よりゲーリング宛の1938年8月22日付文書とライヒ首相府によるこの文書への書き込み等による［BA: R 43II/529c］。
　　60）　ライヒスバンク統計局「1933年以来のドイツの通貨政策」（1938年11月3日）［BA: R 2501/6521］による。ライヒ決算書［BA: RD 47/3］によれば，年度全体の「ライヒの債務証書等の買い戻しのための支出」は7.3億RM（前年度1.3億RM），債務証書等の売却収入6.3億RM（同，1.2億RM），差引純支出額1億マルクを記録した。いずれの項目に

的には，ベルリンの証券取引所における取引相場の指数が33年以来一貫して上昇してきたのが，38年4月を過ぎた頃から低下傾向に転じ，4月の141から7月には132に下落した。全ドイツの証券取引についても5～6月を境に相場が低下し，この傾向はその後も持続した[61]。このような背景のもとでの利付国庫証券の相場の不安定化に，ライヒスバンクは神経をとがらせていた。

　類似の懸念は，すでに1938年3月10日の「将来における軍備資金調達にかんする基本方針」についてライヒ財務省内で表明されていた。第I局（日本ならば主計局にあたる）は，納入者国庫証券の10月以降の償還に必要な財源をいかに確保するのか，それは，本来の財政赤字補塡のための割引国庫証券の発行と競合しないのかと問い，あわせて，1月（発行規模14億RM）に続いて4月（16億RM）という矢継ぎ早の利付国庫証券の発行には無理があるのではないかと見て，これらの点についての見通しがあきらかにされないかぎり，第I局としてはこの「基本方針」の実行に責任を負うことはできないと言い切っていた（1938年3月1日付［BA: R 2/3845］）。この懸念はまもなく現実のものとなる。

　ライヒスバンクはと言えば，メフォ手形の割引の重荷から解放されたとはいえ，なおむずかしい課題に直面していた。メフォ手形が9月末をもってすべてライヒスバンクに還流したあと，民間機関にとって有利な短期資金の運用先が失われた貨幣市場の安定をどのようにして図るのか，そして，さきに見た構想にしたがって，通貨の増発に結びつくことのない政府短期証券の流通をいかにして実現するのかという課題である。

　これが，1938年夏にライヒスバンクとライヒ財務省が直面していた状況だった。ライヒ政府が国庫危機におちいるのは当然とも言える状況である。その国庫危機は次のようにして起こり，急速にその深刻さをました。

　まず8～9月にかけて，当面の国防軍関係の現金支出需要が8月には8億RM，9月末には12億RMに達すること，これによってライヒ国庫に資金不足が発生することが明確となった[62]。加えて，9月中旬には，国庫

ついても，対前年度比での顕著な増加があきらかである。
　61）ライヒスバンク統計局「本年7月16日以来証券市場に発生した相場の変動について」（1938年8月11日）［BA: R 2501/6549］。

資金の調達に不可欠の割引国庫証券の売れ行きが止まるという事態が起きた［Rbk-Chronik, 1938, in: BA: R 2501/7335］。結局，ライヒ国庫は9月末の給与等の支払に対処するために，銀行法の規定により4億RMを限度とするライヒスバンク引受の国庫手形の発行，ライヒ鉄道と同郵便にたいするライヒスバンクの短期信用の流用，ライヒ国庫資金勘定が保管していたメフォ手形のライヒスバンクの「手形保有」への再移管による現金の調達によって，国庫危機の克服をはからなければならなかった［BA: R 2/3270］。その結果，ライヒ銀行券は前月末に比較して約12億RM増発されて，80億RMに達した（図表2-7，115頁参照）。

その後の短い小康状態を経て12月，ライヒ国庫は再度いっそう深刻な危機におちいった。ライヒスバンクによれば[63]，年末に向けてライヒの財政は破局的な状況にあり，現金収支の赤字額は20億RMに達していた。「ライヒはまさに支払停止寸前の状態にあった。」この支払需要には，10月から始まる納入者国庫証券の償還支出も含まれていた[64]。ライヒ財務省とライヒスバンクはこれを充足すべく，10月の38年第三次利付国庫証券（18.5億RM）の公募に続けて，11月28日より15億RMの規模で第四次国庫証券の公募をおこなった。しかし，積極的な広報活動にもかかわらずこの目標は不達成に終わり，年内にライヒの支払財源に充当できたのはほぼ10億RMにとどまった[65]。そのため税収とあわせてなお現金準備が不足し，結

---

[62] ライヒ財務大臣よりヒトラー宛の1938年9月1日付書簡［BA: R 2/24266］。
[63] ライヒスバンク役員会よりライヒ経済省宛の1938年12月29日付書簡［BA: R 2/3847］。
[64] 10月＝3.3億RM，10〜12の各月＝約6億RM。その後39年10月まで毎月3ないし6億RMの規模で続けられた。詳細は大島［1991/92：表20］を参照されたい。
[65] この第四次公募の結果について一つだけ特徴をあげるならば，引受者を業種別に見た場合，軍需工業による引受額が第三次公募の3.1億RMから1.95億RMへと減少したことである。これは，この時期における軍需生産の急増にともなう企業の公債投資からの撤退によるものと見てよいだろう。この公募の不達成の原因については種々の説があり，同じ時期に法人税等の納期がかさなったためとも言われるが，いっそう重要なのは，上記の事実に見られる軍需急増によって企業の資金的余裕がなくなったことだろう。しかし同時に，金融取引業務（この場合にはとくに公債引受シンディケート）からのユダヤ人業者の排除，さらには，政治状況に規定された国民心理が作用していた可能性は否定できない。10月の第三次公募の予定をうわまわる応募は，直前の9月末のミュンヒェン会談でズデーテン地方の武力行使なしでの割譲に成功したヒトラー政権への国民の喝采を反映していたと見ることは可能であり（James［1995: 329］），第四次公募の不首尾は，その直前の「水晶の夜」とよばれ

局ライヒ財務省は，9月末におけるのと同様，銀行法の規定で認められた限度一杯までライヒスバンクによる短期信用と国庫手形の割引を受けた。また，ライヒ鉄道と同郵便にたいするライヒスバンクの短期信用の流用も受けた［BA: R 2501/6361］。ライヒ財務省の記録によれば，月末におけるライヒ国庫（主金庫）の現金保有高はゼロだった［BA: R 2/13080］。翌39年1月10日，シンディケート団を含む関係機関の協議の結果，ライヒ利付国庫証券の公募発行は当面停止することが決まった。これが再開されたのは40年3月である。

39年1〜5月のあいだも，ライヒ国庫は依然として危機に直面しつづけた。銀行法がライヒスバンクに認めていた対政府信用供与の枠がほとんど全額利用されただけでなく，ライヒスバンクとその子会社の各種銀行の余裕資金によるライヒ国庫の支払資金の補填がつづけられた［BA: R 2501/6361］。この操作にはライヒスバンク外の機関もくわわり，ドイツ中央振替銀行とライヒ郵便もまた，割引ライヒ国庫証券や流動性公債を買い取り，もしくは，その保有を延長するなどして，ライヒ国庫への資金の提供にあたった［Rbk-Chronik, Januar-Mai/1939, in: BA: R 2501/7337］。この状態からライヒ国庫が脱却することができたのは新ライヒスバンク法成立後のことである。

問題は，ライヒスバンクとライヒ財務省がこの状況をどのように捉え，どのような政策手段をもって国庫危機を乗りこえたのかにある。

2-4-3 国庫危機からの脱出

1938年11/12月の利付国庫証券発行の不首尾をめぐって，33年以来のライヒスバンクとライヒ経済省の対立は頂点に達した。そこでの両者の主張は，当時ライヒの財政金融が直面していた問題を見るのに格好の材料である。この目標不達成があきらかになった直後，ライヒ経済省は，先述のゲーリングによるフンクへの授権を盾にして，ライヒスバンクの公債政策をきび

たドイツ・オーストリア全土におけるユダヤ人商店の破壊事件，ユダヤ人にたいする損害賠償金支払命令などに起因する国民の不安の表れと見ることもできる（Holtfrerich [1998: 37]）。公募債発行の各次の実績については，ライヒスバンク統計局の報告［BA: R 43II/786］による。その概要は大島［1991/92：表12］を参照されたい。

しく批判する文書をライヒスバンクに送った。ライヒスバンクもまた，これにたいしてただちに激しい反論を返した[66]。その要点を見てみよう。

　ライヒ経済省によれば，この公募不達成の原因は，資本市場統制の権限をこれまでライヒ経済省に認めてこなかったことにあり，失敗の責任はすべて，資本市場を公債発行により独占してきたライヒスバンクにある。このような立場から同省は，政府資金の調達のためには，国債発行は当面延期して銀行信用によるべきだったと主張した。ライヒスバンク役員会はただちにこれに応じ，誤っているのはライヒ経済省の状況判断だと反論した。この頃ライヒスバンクは，メフォ手形償還問題でライヒ財務省と対立していたが[67]，ここではライヒ財政の現状にたいして理解を示し，ライヒ財務省といわば共同戦線を張ってライヒ経済省に対抗しようとした。その主張は次のとおりである。

　まず，第三次国庫証券の発行から日をおくことなく第四次のそれの起債を敢えてしたのは，公募不達成の虞を感じながらのやむを得ない決定だった。それほどにライヒの財政状況は逼迫しているのだ。この前提のもとで，ライヒ経済省の言う銀行による短期融資は有効な方途たりえたであろうか。ライヒスバンクによれば，この方法をとった場合，ライヒ財政の窮状を内外の世論に広く知らしめて国の権威をそこなう事態を招来し，国内では貨幣市場において一時的に資金不足状態を発生させ，軍需企業が保有する納入者国庫証券の銀行による受け入れが困難になるのは目に見えている。銀行が資金調達のために保有債券を売却する場合には，資本市場における相場の下落をまねくおそれがある。公募債の発行においては，目標達成に失

　66）以下において取りあげるのは，38年12月27日付のライヒ経済省よりライヒスバンク宛の文書，および，前掲のライヒスバンクのこれへの12月29日付の反論である［BA: R 2/3847］。

　67）メフォ手形の償還については，ライヒ財務省とライヒスバンクのあいだで見解が分かれた。メフォ手形の1939年3月までの要償還額は約32億RM，41〜43年度の要償還額は合計約88億RMだったが，ライヒスバンクの主張は，前者のうち当面16億RMを償還し，残余の手形の償還期限を40年度まで延長するというものだった。ライヒ財務省はこれにたいして，39年度およびそれ以後の各年度の償還および利払いの合計額を10億RMとすることを提案した。この案によれば，償還完了までに17年を要するはずだった。ライヒスバンクは38年12月末，償還額が過少であることを理由にこのライヒ財務省案を拒否して再考を求めたが，結局，翌39年4月はじめ，さきのライヒ財務省案を骨子とする償還方針が確定した［BA: R 2/3270］。

敗したとはいえ，かかる事態を回避することはできたのだ。この選択は，銀行業界との意見交換にもとづいている。民間銀行は，長・短期の債券の売却か信用の引き締めかをもってしなければ10億RMの対政府信用を準備することは不可能な状態にあった。

　ライヒスバンクにとって，資本市場資金の公債消化への集中は，政府資金の調達のためにゆずることのできない政策である。現在（38年末）話題となりつつある「新財政プラン」（後述）はその代替策となりうるものではない。資本市場は，将来とも政府資金調達のために確保しておかねばならない。資本市場にかんする規制を緩和することは，収益の見込みにおいて問題のある起債を容認することになり，債券相場の下落をまねき，ひいては公債価格の下落を生じさせる危険がある。これによって金融資産としての公債の価値は動揺し，結局ライヒ政府にとって公債発行による資金調達の道がとざされることとならざるを得ない。ライヒスバンクとライヒ財務省は，これを恐れるからこそ，前述のように公債の市場価格支持のため前年度をうわまわる規模の政府資金を投入しつづけてきたのだ。

　このライヒスバンクの書簡には，同行が国庫危機に，34年に統計局があり得ることとして言及した「国家の存立にかかわる事態」を見ていたと思わせるものがある。

　要するに，ライヒスバンクとライヒ財務省は，ライヒ政府公債については資本市場の，納入者国庫証券については貨幣市場の微妙でこわれやすい均衡に直面して，政策の選択肢をいちじるしくせばめられ，その状況のもとでせめて損失のすくない方策として公募制公債発行を選択したのである。以下で見るように，納入者国庫証券はすでに民間信用機関にとっては負担となっていた。利付国庫証券の価格支持操作の必要は前述のように依然として大きかった。それ故に利付国庫証券の発行は見あわされたのだが，それは当面の国庫の資金繰りをいっそう困難にすることでもあった。

　シャハトを含むライヒスバンク役員会がヒトラー政権宛にその財政政策をきびしく批判する書簡を送ったのは，1月7日のことだった[68]。シャハ

---

68) ［BA: R 43II/234］。この書簡でシャハトは，ヒトラー政権の財政政策を批判し，その放漫な支出政策は通貨価値の安定をおびやかすにいたったとして，①政府支出を「租税および長期債発行によって支障なく調達可能な財源の範囲内に」とどめること，②ライヒ財

トたちのこの行動と国庫危機とのあいだになんらかの関係があったのか否かについては，推測の域を出ないので，ここでは立ち入らない。当面の脈絡で重要なことは，同月19日にシャハトからフンクへの総裁交代が公表された際に，2-1-1で指摘したように，ヒトラーからフンク宛の公開書簡において新ライヒスバンク法制定が指示されたこと，そしてこの指示が，ライヒスバンク内部で国庫危機対策に追われていた官僚たちに，その打開策を新法の規定に盛り込むことを考えさせたことである[69]。われわれにとって問題の対政府信用供与にかんする規定がその結果だったかどうかを伝える記録文書はないが，ヒトラーの指示が行内にそのような動きを引きおこしたことは確かである。

　ここで目を貨幣市場に転じて，メフォ手形金融停止後における政府短期証券の流通について見ておこう（図表2-7参照）。

　さきに2-4-1で言及したメフォ手形金融停止後の政策構想によれば，メフォ手形金融が停止されたあと，これに代わるべき政府資金調達手段として，また信用手段として予定されていたのは納入者国庫証券だった。しかし，1938年度に入ってまもなく，予定を上回って発行されるこの国庫証券は，民間の企業や信用機関からは歓迎されない信用手段であることがあきらかとなる。民間機関が好んで短期資金の運用対象としたのは単名手形と，4月以降発行されるようになったメフォ手形証書だった。この選好の理由は，納入者国庫証券がライヒスバンク適格性を欠き，あとの二種類の短期証券にはそれが備わっていることにあった。市場でこのような選好がつよまった理由としては，四ヶ年計画や当面の軍備増強のための生産に対応す

務大臣の財政統制権の復活，③価格と賃金の実効ある統制，④借入および起債の決定のライヒスバンクへの一任を求めた。この書簡は，戦後の国際軍事裁判にいたるまで公表されることはなかった。その邦語訳は，Vocke [1956], Hansmeyer et al. [1976: 381ff.]（ただし一部省略）に収録されている。

　69) ライヒスバンク統計局の1939年1月31日付の文書「振替取引における最低必要残高の増額について」[BA: R 2501/6361] によれば，ライヒスバンクにおかれている民間銀行および貯蓄金庫の振替口座の最低必要残高を総額で1.5ないし3億RM引きあげて，これを国庫の期末における支払困難克服のための資金として，無利子で貸し付けるという案が検討されていた。そして，その具体化の方策の一つとして「銀行法改正への提案とすること」があげられている。6月に制定されたライヒスバンク法では，政府にたいする短期信用の限度が「総統の指示」によって決められるとされたことで，この案は取りいれられていない。

2-4 政府金融の〈正常化〉からライヒスバンク法制定へ

図表2-7 政府特殊手形とライヒ政府の短期債務の流通状況
(1938年3月〜39年9月，単位：100万RM)

月　末	1938年3月	6月	9月	12月	1939年3月	6月	9月
(a) メフォ手形							
未償還額	12,000	11,967	11,936	11,933	11,930	11,677	11,668
内：ライヒスバンクに未還流の手形額	3,263	1,570	—	—	—	—	—
ライヒスバンクによる既割引額	8,737	10,397	11,936	11,933	11,930	11,677	11,668
内：保管額	4,093	5,404	5,026	4,389	4,839	4,490	…
内：ライヒ財務省による保管額	1,045	1,390	201	11	…	…	…
(b) 雇用創出手形	351	221	24	—	—	—	—
(c) アウトバーン手形	450	450	450	316	316	316	…
政府特殊手形 [(a)〜(c)]	12,801	12,638	12,410	12,251	12,239	11,973	…
(d) ライヒに対する短期信用	96	23	58	100	27	100	219
(e) 国庫手形	395	398	196	400	400		3,475
内：ライヒスバンク保有額	89	39	2	121	43	}5,379	1,187
(f) 割引国庫証券	1,635	1,348	1,468	1,823	3,294		4,958
(g) 納入者国庫証券	—	1,552	2,848	2,500	2,702	2,153	650
ライヒ政府の短期債務 [(d)〜(g)]	2,126	3,320	4,571	4,822	6,423	7,632	9,952
(h) 金割引銀行の単名手形	761	…	1,097	1,153	1,507	1,322	630
(i) メフォ手形証書	—	1,863	1,805	2,033	1,807	1,257	
(j) ライヒ銀行券の流通在り高	5,622	6,440	8,024	8,223	8,311	8,731	10,995

出典）ライヒスバンク役員会の財務省宛報告「特殊手形の流通状況」(1939年11月31日) [BA: R 2/3846]；ライヒスバンク統計局「1939年初頭以来のライヒに対するライヒスバンクおよびその子会社の信用供与」[BA: R 2501/6361]；Rbk-Chronik, 1938-1939, [BA: R 2501/7335, 7337]; Deutsche Reichsbank, Verwaltungsberichte, 1938-1939; Deutsche Bundesbank [1976: 43]

る企業の資金需要の強化をあげることができるだろう。要するに，38年をつうじてあきらかとなったのは，今や流通を終えたメフォ手形に代わって民間の信用手段としてのその地位を受け継いだのは，納入者国庫証券ではなく単名手形とメフォ手形証書だったという事実である。

　ライヒスバンクによる再割引について適格でないという点では，割引国庫証券も同じだった。そしてこの証券は，納入者国庫証券と同様に単名手形等の流通に押されて，売れ行きがふるわなかった。このことは，さきに38年9月の国庫危機について見たように国庫の短期資金調達を困難にした。国防軍統合司令部経済軍備局を率いる財政経済問題に詳しいトーマスの38年10月時点での考えでは，この困難を除去しようというのであれば，選択肢は，単名手形とメフォ手形証書の流通を制限するか，あるいは，割引国

庫証券と納入者国庫証券をライヒスバンクでの再割引適格とするかのいずれかである。前者はライヒスバンクによる市場調整手段の喪失であり，後者はメフォ手形金融の再現，すなわち「社会と経済のすべての面で危険なインフレへの道」以外の何ものでもない［BA: WiVI/104］。しかし，かく言うトーマスは国防軍指導部のなかではもはや時代遅れの少数派に属し，その主力は，信用政策の社会経済への作用などは顧慮しないテクノクラート化した軍事官僚によって占められていた。

　翌39年1月以降，ライヒスバンクの政策は変わった。割引国庫証券について，市場の多様な需要を満たしうるように満期などの多様化が図られ，多少とも長い期間自由となる資金の単名手形やメフォ手形証書から割引国庫証券への移転が奨励された。また，満期を迎えた納入者国庫証券の償還金の割引国庫証券への投資も促進された。その結果，単名手形の流通高は39年1～3月の15～16億RM，また，メフォ手形証書のそれは2月22日の25.9億RMを最高として，9月末には図表2-7に見られるようにほぼ半額ないしそれ以下の水準に減少した。この一連の誘導策のなかでライヒスバンク統計局が決定打として自賛したのが，4～5月にかけて実施されたメフォ手形証書の利率の引き下げだった[70]。その結果，図表2-7にあきらかなように，割引国庫証券の流通高は39年3月末には単名手形やメフォ手形証書のそれを上回り，5月末には46.5億RMに達した。

　結局，メフォ手形がライヒスバンクに流入し終えたあと，なおしばらく金融調節手段として一定の役割を果たしていた単名手形とメフォ手形証書は，国庫危機の過程で財源補塡のためにその重要性を増してきた割引ライヒ国庫証券に，このようにして席をゆずった。39年4月にその方向へと市場を誘導すべくとられた上記の措置は，この時点で新ライヒスバンク法案の概要がある程度かたまっていたと考えてよければ[71]，新法施行を予定し

---

70)　メフォ手形証書の最高利率と割引国庫証券の利率とはともに3¾％だったが，4月17日，ライヒスバンクは，メフォ手形証書の利率を1/16％引き下げ，1件あたりの金額1,000万RM以上の証書に認められていた割増利率1/16％を廃止した。さらに5月2日と4日には，メフォ手形証書の利率が1/16％ずつ引き下げられた［Rbk-Chronik, 1939, in: BA: R 2501/7337］。

71)　3月30日のライヒスバンク中央委員会で総裁フンクは，銀行法改正の準備は進行中であり，新中央銀行法によるライヒスバンクの総会は，その発効後の「5月中に」おこな

2-4 政府金融の〈正常化〉からライヒスバンク法制定へ

た移行措置だったと見ることができる。国庫危機は，このようにして39年法における金額限定なしの対政府信用供与への道をそなえたと考えるべきだろう。だがそれは同時に，38年10月にトーマスがこの選択肢に付した留保を棄却することでもあった。

要するに，納入者国庫証券が信用手段としては市場に歓迎されなかったのは，1938年における政治・経済的要因に規定された貨幣市場の状況によると同時に，民間機関がここにいたる 5 年の経験をつうじて政府特殊手形という流動性の高い短期証券への依存を強めていたことによる。前述のように，1932年の雇用創出手形の導入を嚆矢として構造的な変化を遂げた貨幣市場が，ライヒスバンクをして1924年銀行法の枠組みにとどまることを困難にしたと言えよう。政府資金調達の正常化を図ろうとしたライヒスバンクに市場が反逆をおこしたのだ。1939年ライヒスバンク法を支える枠組みは，このようにして形成された。

最後に，ライヒ公債による資本市場独占にたいするライヒ経済省の批判は，その後どのような結果を生み出したのだろうか。

1939年 1 月20日，ライヒ経済大臣フンクの次期総裁兼任の発令に際して，ヒトラーはフンクに公開書簡を送り，そのなかで新中央銀行法制定の準備開始とあわせて，「民間の資金需要にたいして資本市場をこれまで以上に開放して利用に供する」ことを指示した。これは，ライヒ経済省の差し金によるものと思われる。新総裁フンクは 3 月30日のライヒスバンク中央委員会の席上，これを敷衍しつつ当面の方針を開陳して，①政府資金調達にともなう負担の将来年度への分散，②ライヒ財政における債務利子負担の軽減，③資本市場の民間への開放をあげた。そのうえで彼は「新財政プラン」を支持し，ライヒ公債の公募発行は今後おこなわない方針であると述べた[72]。 3 月27日には「公法上の信用機関による中・長期信用供与」にか

われるだろうと述べていた。しかし，なんらかの事情でこれは遅延し，ライヒスバンク法の案文が総統の署名を求めてライヒスバンクよりライヒ首相府に送付されたのは， 5 月31日のことである［BA: R 43II/232, Bl. 17ff.］。

72) *Schulthess' Europäischer Geschichtskalender, 1939*: 73ff. ただし，ここでの引用は，日本銀行調査局「独逸の財政経済に関するフンク総裁の演説要旨」（『欧米経済彙報号外第五号』昭和14年 6 月）による。この方針は，ライヒスバンクの39年 6 月16日付の *Verwaltungsbericht für 1938* においても再確認された。

んするライヒ経済省令によって，貯蓄金庫等の信用機関による信用供与について一定の規制緩和措置がとられた（Bank-Archiv, 15. Juli 1939: 319）。また，これまでライヒスバンクの管轄下にあった信用制度監督庁は，その後39年9月15日の信用制度法改正によってライヒ経済大臣のもとに移され，この点でもライヒ経済省は多年にわたる要求を実現した。

だが，ライヒ政府資金の調達にかんしては，ライヒ経済省の要求は結局実現しなかった。

フンクが支持した「新財政プラン」（1939年3月20日）[RGBl I, 1939: 561ff.]とは，納入者国庫証券に代わる政府資金調達の方策として，ライヒ財務省次官ラインハルトを中心に立案された租税証券政策のことである。それは，資本市場に負担を負わせることなしに政府資金を調達することを主眼として，39年5月より実施された。かつて32年末以降パーペン政権のもとで発行された租税証券は，特定の税種についての納税にたいして交付され，将来の納税に充当可能とされたが，この新租税証券は，将来における納税への充当というこの規定を継承しつつ，同時に，ライヒ政府等の公共機関による支払に際して発注代金の40%をこの証券をもってするという点で，納入者国庫証券の性格を引き継いだものだった[73]。この新租税証券の成否は，納入業者に政府から交付された証券が他の業者への支払手段として受け入れられるか，また，市場でどのような相場がこれについて形成されるかにかかっていたが，前者の点では，事務経費が高くつくことなどによって受取拒否が起こり，その結果，市場における相場はまもなく急落したため，ライヒスバンクは異例の規模でその買い支えを実施しなければならなかった[74]。結局，この租税証券の発行は11月1日をもって停止され

---

73) [BA: R 43II/789a]。この租税証券にはIとIIがあり，Iは発行後7ヶ月目より額面価額で，租税証券IIは37ヶ月目より額面価額の112%相当の金額で，これを納税に充当することが認められた。交付を受けたあとこれを転売することは可能だったが，租税証券Iのみがライヒスバンクでの担保適格性を認められた。また，この証券による納税については，償却可能資産にかんする評価における裁量の自由が認められるという特典が付された。なお，10月末までの租税証券の実態については，"Der Anlauf der Steuergutscheine", in: Bank-Archiv, den 2. Nov. 1939 を参照した。

74) その結果，ライヒスバンクの「準備適格有価証券」保有額は39年4月29日の6.7億RMから10月31日の14.4億RM（「資産」総額の10.6%）へと増加し，その後は一転して減少の一途をたどった。この金額は33年10月の銀行法改正以来の記録的な高さだが，同じ時点

た。なお，租税証券のこの間における発行総額は約48億RMである。

さきの1938年12月29日付ライヒ経済省宛書簡でライヒスバンク役員会は，この「プラン」を指して「市場の負担を軽減するにはいずれにせよ不十分なものである」と批判し，「来るべき年には，資本市場は全面的にライヒ政府の目的のために用いられなければならない」と述べていた。この方針は，フンクのもとでのライヒスバンクにも引き継がれた。その結果，39年11月にライヒ鉄道の利付ライヒ国庫証券（5億RM），次いで40年3月には利付ライヒ国庫証券第Ⅰ次分（7.5億RM）の公募発行が再開された。後者において利率ははじめて4％に引き下げられたが，旺盛な需要にあって，当初額面の99¼％だった価格はその後99¾％まで引き上げられた。この利付ライヒ国庫証券の公募発行は，その後も戦争末期まで，流動性公債の発行と並行してつづけられた。要するに，シャハトのもとでのライヒスバンクの状況判断と公債政策は，総裁フンクの言明にもかかわらず，また1年余の休止のあと，再現されたのである。

かくてライヒ政府の資金調達については，39年のライヒスバンク法によるライヒ国庫手形の同行による引受と，ここに再建された利付国庫証券の発行と，さらに従来から続けられてきた流動性公債の発行という三つのルートが整備された。これらを含む戦時下のドイツ・ライヒの財政収支の概観は，図表2-8に掲げたとおりである。注目されるのは，42年8月末に向けて，ライヒスバンクによるライヒ国庫手形の直接引受が収入不足額に占める比率が19.2％へと上昇したことである（40年8月末現在15.4％）。それはライヒスバンクやライヒ財務省には警鐘として受けとられはしたものの，その後も事態の進行はとどまることはなかった。別の統計によれば，ライヒ政府債務に占める短期債の比率は，1941年末に長・中期債のそれと44％で肩を並べ，その後，後者が低下するなかで1944年末の60％を超える水準へと上昇を続けた（大島［2000：30］参照）。これは言うまでもなく，戦後ただちに堰を切って奔流することになるインフレの進行である。

での「手形および小切手」（国庫手形をふくむ）が「資産」に占める比率は68.6％だった。Deutsche Reichsbank *Verwaltungsbericht für 1939* による。

図表2-8 戦時財政収支の概要（1939年8月26日～終戦）

(単位：10億 RM)

戦争年度	I	II	III	IV	V			
期　間	39年8月26日～40年8月末	40年9月～41年8月	41年9月～42年8月	42年9月～43年8月	43年9月～44年8月	44年9月～11月	44年12月～終戦	全期間
[収入]								
経常収入（A）	27.32	39.53	47.29	65.21	65.95	15.77	15.06	276.13
うち，租税収入	24.93	28.72	33.09	44.63	37.33	10.58		179.28
占領経費負担	0.00	8.33	12.28	18.21	21.09	2.75		62.66
[支出]								
国防軍支出	38.96	55.89	72.31	86.19	99.44	23.78	38.35	414.92
一般政府支出	20.00	25.58	30.05	39.66	49.95	14.47	21.09	200.80
支出合計（B）	58.96	81.47	102.36	125.85	149.39	38.25	59.44	615.72
[収支差額]（A−B）	−31.64	−41.94	−55.07	−60.64	−83.44	−22.48	−44.38	−339.59
[収入不足額の調達] 政府債務の増加						39年9月～44年11月		
ライヒ国庫手形の市場での売却	2.82	2.57	5.00	4.81	12.54	3.32		31.07
割引国庫証券の発行	10.86	11.68	16.31	23.00	33.56	2.18		97.59
利付国庫証券の発行	4.42	12.60	13.94	11.89	17.65	1.66		62.16
ライヒ公債の発行	6.63	7.41	9.11	10.91	11.78	1.48		47.31
その他	1.12	0.12	−0.17	0.84	−0.35	0.31		3.85
小　計	25.85	34.38	44.19	51.45	75.18	8.95		240.02
ライヒ信用金庫中央本部による貸付	1.20	2.21	3.09	1.90	0.50	0.08		8.98
ライヒスバンクによるライヒ国庫手形の直接割引	5.12	6.86	9.00	12.64	11.77	14.75		60.14
[総計]	32.17	43.45	56.28	65.99	87.44	23.78		309.91

説明）　収支差額と収入不足調達総額との齟齬は、収入・支出・収支差額と収入不足額の調達とが別の史料によっているためである。
出典）　BA: R 2/24241, 24242, 24250 所収の各種原史料による。

2-5　おわりに
—— 1939年法のもとでのライヒスバンク ——

1939年6月15日のライヒスバンク法の諸規定が誰によってどのように準備されたのかを示す史料は、筆者の知るかぎりない。ライヒスバンク統計局は39年4月、「新ライヒスバンク法の提案にかんする基本原則」と題する文書［BA: R 2501/6860］を作成し、改正を要すると統計局が考えた条項についての意見をまとめているが、ライヒスバンクの組織規定については

2-5 おわりに

「総統の要望」によるとし，政府にたいする短期信用供与にかんする条項については「すでに他の官署 Stelle によって規定されている」とのみ記載されているにとどまる。この文言からすれば，ライヒスバンク以外の政府機関の指示によるものだったと思われるが，確実なことは分からない。国庫手形の割引などにかんする規定の由来についても，上記の文書は何も触れていない。なお，Kopper [1995: 216f.] によれば，ライヒスバンクの役員以外の官吏について，38年夏にライヒ内務省とナチ党側の総統官房がその人事権への介入をはかり政令案を準備したのにたいして，ライヒスバンク側が強く反発し，結局ヒトラーの抑止にあって沙汰止みとなったという事件があった。ライヒスバンク法7条に「ライヒスバンク官吏の任命に際しては総統代理の意見を聴くべきこと」が規定されたのは，その延長線上のことだっただろう。一般的には，ライヒ経済大臣が総裁を兼務していたことから，ライヒ経済省が法案の作成に介入したことは確かだが，その詳細は筆者にはいっさい不明である。

この法律制定に先だって1月20日に総裁に就任したフンクは，シャハトに代わる新たなイニシアティブを中央銀行の政策運営において発揮しうる人物ではなかった。経済ジャーナリスト出身のフンクは，1933年以来ライヒ宣伝省の次官等をつとめ，38年2月にゲーリングの後ろ盾でライヒ経済大臣に就任していた。したがって彼には中央銀行家としての経験は皆無であり，シャハトは戦後の国際軍事裁判で「フンクは間違いなく愚か者であり，金融のことは何も分かっていない」と評したといわれる（James [1998: 74]）。実際，フンクは時間の大半をライヒ経済省で過ごし，ライヒスバンクでは1940年8月以降，中央銀行政策については副総裁プールが，外部との政治折衝を含む組織管理についてはもう一人の副総裁ランゲがすべてを取り仕切っていた。

James [1998] によれば，ライヒ経済省は1939年当時，ライヒスバンクを「国民社会主義的な経営体に求められる要請にごく僅かなりとも応えようとしていない組織」と非難していた。その行内の雰囲気には，総裁交代によってほとんど変化はなかったようである。だがその際ライヒスバンクの官吏たちは，少なくとも表現のうえでは衝撃的なあの「総統兼ライヒ首相への直接的下属」というライヒスバンクの位置づけをどのように受け止

めていたのだろうか。このことについて推察させる史料として，統計局のアインズィーデルのある研修講座での講演記録がある。この講演で彼は次のように述べた。すなわち，ライヒスバンクの総統への従属という新法の規定には，プラスとマイナスの両面がある。マイナス面について言えば，それはライヒスバンクがライヒ官省のいずれにも下属していないことによって，政権のトップに代弁者をもたないことだ。他方，プラス面は，この位置づけによって，ライヒスバンクがライヒの諸官省の利害対立に巻き込まれないで済むことだ。ライヒスバンクの任務である通貨政策の遂行は，その性格上どの官省の利害にも触れざるを得ないのであり，たとえばライヒスバンクがライヒ経済省またはライヒ財務省に下属している場合には，その省の利害に拘束されることになるだろう。「ライヒスバンクにその遂行が託されている通貨政策の決定権は，総統にのみ属する。」しかも，かねてより問題のライヒ経済省との権限争いは，いまやライヒスバンク総裁とライヒ経済大臣とが同一人物によって兼ねられていることで解消された。

　アインズィーデルのこの論法をもってすれば，ライヒスバンクは通貨政策について自ら負うべき責任を総統兼ライヒ首相に転嫁することが可能であり，そうでなくとも，その政策運営において他のライヒ官省からは独立しているのだと自分に言い聞かせることが可能となったはずである。さきに2-1-2において見た1934年当時に統計局が掲げたライヒスバンクのあるべき像としての「最高のライヒ官庁」は，いまや「総統独裁」が本格化するなかで，それにあわせてこのように描き直されたと見ることができよう。おそらくこのような自己理解のもとで，ライヒスバンクの官吏たちは，James［1998: 75］が述べているように，行内ではシャハトの時代と変わることなく正統派の経済自由主義を論じ，ナチスによる経済統制システムは長続きしないと評論しあっていたものと思われる。ライヒスバンクの官僚たちは，このようにして新法制定後の状況との妥協を図った。

　このことは，シャハトの役割や影響力がおおきかったことの一つの表れでもある。彼は，ライヒスバンク総裁として声威を誇っていただけでなく，第三帝国における経済秩序を基礎づけた人物でもあった。さきに指摘したように，彼が雇用創出計画やメフォ手形金融に関連して提起した賃金政策や価格政策についての要請はまもなく実現したし，ナチス期におけるドイ

2-5 おわりに

ツの貿易・為替政策の制度化も彼によるものだった。信用制度改革における彼の役割については言うまでもない。これによって彼は，経済界とくに銀行業界の指導者たちの信頼をつなぎとめることができた。これらの経済行政の担当者がのちにナチ党員によって占められるようになった場合でも，それはシャハトが設定した路線を踏襲してのことだった。そのシャハトの経済秩序観とは，市場メカニズムの作動への信頼に立脚した経済自由主義のそれであり，政策論としては民間企業による設備投資を主軸とした経済循環の活性化だった。

その彼が再軍備のための信用供与に応じたのは，このような経済観と同時に，「ドイツ国民の国防力再建」を重視する政治観にもとづいていた。それは彼個人の信条たるにとどまらず，ヴェルサイユ体制のもとでは，ライヒ政府によっても[75]，また広く国民によっても共有されていたと見るべきだろう。そのことなしには，シャハトがあれほどリスクに満ちた手形金融を再軍備について認めることはなかったはずである。

問題は，経験と能力を備えた中央銀行家にして第三帝国の経済秩序の基礎設定者でもあるシャハトの権威が，1938年に向けて何故失われていったのかにある。さらに，ライヒ財務大臣が，ヴァイマル共和制下で制定されたライヒ財政令のもとで，予算編成について内閣において事実上拒否権に近い強力な権限を保障されていながら（Neumark［1929: 66ff.］），33年以降その権限を喪失していったのは何故かという問題もある。

この両者にとって決定的だったのがあの1933年4月4日の政府決定だったこと，そして，これを盾にした国防軍の行政規範を無視した，経済資源の制約も度外視した軍備増強だったことは，本章において繰り返し指摘してきたとおりである。これに加えてもう一つ，上記両者の権限構造に重大

---

[75] 1927年8月，当時すでに実行されていたドイツ国防軍の秘密再軍備について海軍のある幹部将校の汚職が明るみに出たとき，ライヒ政権は対外的には秘密再軍備を否定はしたものの，議会の財政統制から遮蔽してこれを続行させるため，ライヒ会計検査院院長・ライヒ財務省次官・陸海軍の司令官を構成員とする「共同審査委員会」を設置し，これによって秘密再軍備の財政の統制にあたらせた。これによって，秘密再軍備のための財政支出は，すべて正規の予算科目のなかに擬装して計上された。注目すべきことは，議会による財政統制を骨抜きにするこの措置が議会の主要政党の幹部の同意のもとにおこなわれたことである。なお，この委員会は33年4月4日の政府決定により廃止された（大島［1996］第1章参照）。

な変化をもたらしたのが，省庁横断的な行政権限を認められたゲーリングを長とする四ヶ年計画庁の登場だった。これは，軍事費とならんでその後のライヒ政府支出の膨張におおきな役割も果たした（Ritschl [2003]）。だが，変化をもたらしたのはこれらの制度規定の変更のみではない。ナチ党員が支配するようになった省庁による制度規定の無視もまた財務省の予算統制を形骸化させていったし，そのような行為が当該省庁と財務省の対立を生んだ場合，ヒトラーがその調整機能をいっさい果たさず，むしろ助長したことも，財務省の権限の減衰に一役買っていた。このことは，ライヒスバンクとライヒ経済省，さらには，シャハトとゲーリングの関係についていっそう明確に見てとることができる。この問題を煎じ詰めようとするならば，われわれは，本書の課題をはるかに超えて，ヒトラー支配とは何だったのかという問に行き当たることになる。

　ライヒスバンクとライヒ財務省の政策選択は，さらに市場の動向によっても制約された。1938年春，ライヒスバンクが政府資金調達の最前線からの撤退に着手したその直後，ヒトラーは戦争準備の強化といっそうの加速を国防軍に指示し，その結果，国防軍支出は急激に膨張した。ライヒ財政が危機におちいったのは，その当然の帰結である。だが同時に，それはライヒスバンクによる政府資金調達の正常化の志向が民間信用機関や企業によって忌避された結果でもあった。このようにしてライヒスバンクは，すでに自律的な政策主体としては機能し得なくなっていたと言えるだろう。

　これらのことからすれば，本章の冒頭で見た統計局の言う「ライヒスバンク指導部の理性的な状況把握」がどれほどおおきな限界を負わされたものであったかに，あらためて思いをいたさざるを得ない。

　この国庫危機への対応にライヒスバンクが追われるさなかにシャハトたちが解任され，これが新ライヒスバンク法制定の直接の契機となったことからすると，あの法律に盛り込まれた諸規定は，政策決定過程におけるアクター，それもライヒスバンクとライヒ経済省や財務省にとどまらず，国防軍指導部，さらには政権指導部といったアクターの政治的選択と市場経済の状況，ひいては社会経済的諸要因との相互作用の所産だったと見なければなるまい。

　この間シャハトは次第に政権の中枢から疎外され，結局は総裁を解任さ

れて，政治的意思形成の圏外に去った。これによって一挙に現実化したのが新ライヒスバンク法の制定だが，そのうちとくにライヒスバンクにとって決定的に作用したのは，前述のライヒスバンク行内での雰囲気からすると，その「総統への下属」規定よりも，むしろ対政府信用にかんする限度撤廃の規定だったと思われる。というのは，銀行法の規定は，副総裁プールが指摘していたように「弾力的」であり，特殊手形による対政府信用供与を妨げるものでなかったとはいえ（Puhl [1941]），他方では，ライヒスバンクとライヒ政府（とくにライヒ財務省と経済省）とのあいだに緊張関係を創り出し，それぞれの政策利害を確保しようとする契機にはなっていたからである。ライヒスバンク法制定以降，同行とライヒ政府とのあいだのそのような相互作用は消滅した。これは「財政と金融の一体化」が政策主体相互の関係にもたらした帰結である。

さきに見たライヒスバンク内部における新法制定後の現状への妥協と，他方でのこの政策権限の喪失にともなうアクター相互のあいだの緊張関係の消滅は，周知のようにライヒスバンクを戦争経済遂行のための車輪に変えた（James [1998]）。ライヒスバンク統計局のアインズィーデルは，さきに引用した39年12月の講演ではなお，「われわれの今日の戦争財政は，ライヒ国庫手形のライヒスバンクによる割引とライヒ公債発行とに重点をおいていた先の大戦におけるそれとは根本的にことなっている」と確信に満ちて主張することができた。しかしその後まもなく，41年10月には，統計局はある報告書において，「今日の通貨の状況と過去の大戦中およびその直後の発展とのあいだには基本的な相違はなく，インフレスパイラルはすでに回り始めているという噂が人々の口の端にのぼりつつある」ことを確認することになる［BA: R 2501/7007］。それが単なる噂にとどまるものでなかったことは，さきに2-4の末尾で見たとおりである。このようにして「ライヒスマルクの終焉」は始まった。

略 語 一 覧

ARH	*Akten der Reichskanzlei, Regierung Hitler* →文献目録参照
BA	Bundesarchiv ドイツ連邦文書館
BA: RD	BA 所蔵のライヒ印刷史料

BA: NL 9 Luther　　BA 所蔵のルター文書
BA: NL 171 Sae-　　BA 所蔵のゼーミッシュ文書
misch
BA: R 2　　　　　　BA 所蔵のライヒ財務省文書
BA: R 2301　　　　 BA 所蔵のライヒ会計検査院文書
BA: R 2501　　　　 BA 所蔵のライヒスバンク国民経済統計局文書
BA: R 3101　　　　 BA 所蔵のライヒ経済省文書
BA: R 43II　　　　 BA 所蔵のライヒ首相官房文書（1933年以降）
BA: RH　　　　　　 BA 所蔵の陸軍総司令部文書
BA: RW, Wi/VI　　 BA 所蔵の国防軍統合司令部国防経済軍備局文書
IfZ　　　　　　　　Institut für Zeitgeschichte ドイツ現代史研究所
IMT　　　　　　　　International Military Tribunal 国際戦犯裁判資料
NA　　　　　　　　 National Archives at Alexandria アメリカ連邦文書館
RABl　　　　　　　Reichsarbeitsblatt ライヒ労政彙報
Rbk-Chronik　　　 Reichsbank-Chronik ライヒスバンク年誌（非公刊）
RGBl　　　　　　　Reichsgesetzblatt ライヒ法令彙報
TWC　　　　　　　　Trials of the War Criminals in Nuremberg ニュルンベルク戦犯裁判資料

文 献 目 録

大島通義　1974　「雇用創出政策の成立」『三田学会雑誌』67巻3号。
―――　1991/92　資料「第三帝国の財政統計・増補改訂版（1933～1944年度）」『三田学会雑誌』84巻2～4号。
―――　1996　『総力戦時代のドイツ再軍備――軍事財政の制度論的考察』同文館。
―――　2000　「第二次世界大戦下ドイツにおける戦費調達問題」『獨協経済』72号。
大島通義・井手英策　2002　「中央銀行政策と財政統制――1930年代初頭～戦時期のドイツと日本について――」（上・下）『三田学会雑誌』95巻1・2号。
吉野俊彦　1962　『日本銀行制度改革史』東京大学出版会。
Abelshauser, Werner 1998 „Kriegswirtschaft und Wirtschaftswunder. Deutschlands wirtschaftliche Mobilisierung für den Zweiten Weltkrieg und die Folgen für die Nachkriegszeit", in: *Vierteljahrshefte für Zeitgeschichte*, 47. Jahrgang, Heft 4, Oktober 1999.
Akten der Reichskanzlei, Die Regierung Hitler, Teil I: 1933/34, Band 1 und 2, bearb. v. Karl-Heinz Minuth, 1983, Harald Boldt Verlag Boppard am Rhein.
―――, *Die Regierung Hitler*, Band II: 1934/35, Teilband 1 und 2, bearb. v. Friedrich Hartmannsgruber, 1999, R. Oldenbourg Verlag München.
―――, *Die Regierung Hitler*, Band III: 1936, bearb. v. Friedrich Hartmanns-

gruber, 2002, R. Oldenbourg Verlag München.

―――, *Die Regierung Hitler*, Band IV: 1937, bearb. v. Friedrich Hartmannsgruber, 2005, R. Oldenbourg Verlag München.

Buchheim, Christoph 2003 „Die Erholung von der Wirtschaftskrise 1932/33 in Deutschland", in: *Jahrbuch für Wirtschaftsgeschichte*, Hert 1.

Bank-Archiv, Zeitschrift für Bank- und Börsenwesen, Berlin.

Deutsche Bundesbank 1976 *Deutsches Geld- und Bankwesen in Zahlen 1876-1975*, Fritz Knapp GmbH Frankfurt am Main.

Deutscher Reichsanzeiger und Preußischer Staatsanzeiger, jeder Jahrgang.

Deutsche Reichsbank 1940 *Von der königlichen Bank zur Deutschen Reichsbank, 175 Jahre deutsche Notenbankgeschichte*, Berlin.

Die Bank, Wochenhefte für Finanz- und Bankwesen/Chronik der Wirtschaft, Bank-Verlag Berlin.

Dieben, Wilhelm 1949 „Die innere Reichsschuld seit 1933", in: *Finanzarchiv*, Neue Folge Band 11.

Erbe, René 1958 *Die nationalsozialistische Wirtschaftspolitik im Lichte der modernen Theorie*, Polygraphischer Verlag A. G. Zürich.

Gestrich, Hans 1941 „Aufbau und Dynamik des deutschen Geldmarktes", in: Walther Bayrhoffer et al., *Deutsche Geldpolitik*, Schriften der Akademie für Deutsches Recht, Gruppe Wirtschaftswissenschaft, Nr. 4, Duncker & Humblot Berlin.

Geyer, Michael 1975 „Das Zweite Rüstungsprogramm (1930-1934)", in: *Militärgeschichtliche Mitteilungen*, 75-1.

Hansmeyer, Karl-Heinrich, Rolf Caesar 1976 „Kriegswirtschaft und Inflation (1936-1948)", in: Deutsche Bundesbank (hrsg. v.), *Währung und Wirtschaft in Deutschland 1876-1975*, Fritz Knapp GmbH Frankfurt am Main＝1984 呉他監訳・日本銀行金融史研究会訳『ドイツの通貨と経済――1876〜1975年』上・下巻，東洋経済新報社。

Herrmann, Kurt A. 1939 „Sonderwechsel im deutschen Kreditsystem", in: *Bank-Archiv*, Jahrgang 1939, 15. Februar, Nummer 4.

Holtfrerich, Carl-Ludwig 1998 „Die Banken aus makroökonomischer Sicht", in: Lothar Gall (hrsg. v.), *Unternehmen im Nationalsozialismus*, Verlag C. H. Beck München.

James, Harold 1995 „Die Deutsche Bank und die Diktatur", in: Lothar Gall et al., *Die Deutsche Bank 1870-1995*, Verlag C. H. Beck München.

―――― 1998 „Die Reichsbank 1876 bis 1945", in: Deutsche Bundesbank (hrsg. v.) *Fünfzig Jahre Deutsche Mark, Notenbank und Währung in Deutschland seit 1948*, Verlag C. H. Beck München.

Kopper, Christopher 1995 *Zwischen Marktwirtschaft und Dirigismus. Ban-*

kenpolitik im „Dritten Reich" 1933 – 1939, Bouvier Verlag Bonn.
Kroll, Gerhard 1958 Von der Weltwirtschaftskrise zur Staatskonjunktur, Berlin.
Lange, Kurt 1941 „Die Kapitalmarktpolitik in der gelenkten Wirtschaft", in: Walther Bayrhoffer et al., *Deutsche Geldpolitik*, Schriften der Akademie für Deutsches Recht, Gruppe Wirtschafts wissenschaft, Nr. 4, Duncker & Humblot/Berlin.
Lautenbach, Wilhelm 1952 *Zins, Kredit und Produktion*, Tübingen.
Lindenlaub, Dieter 2000 „Auf der Suche nach einem Instrumentarium zur Kontrolle der Geldschöpfung. Notenbank und Banken in Deutschland im ersten Drittel des 20. Jahrhunderts", in: *Bankhistorisches Archiv*, 26. Jahrgang, Heft 2.
Mosler, Eduard. 1936/37 „Gegenwartsfragen des deutschen Bankgewerbes", Vortrag, gehalten vor der Wirtschaftsgruppe privates Bankgewerbe, in: *Bank-Archiv*, 36 (1936/1937), S. 137ff.
Neumark, Fritz 1929 *Der Reichshaushaltsplan. Ein Beitrag zur Lehre vom öffentlichen Haushalt*, Jena, Verlag von Gustav Fischer.
Oshima, Michiyoshi 1980 „Die Bedeutung des Kabinettsbeschlusses vom 4. April 1933 für die autonome Haushaltsgebarung der Wehrmacht", in: *Finanzarchiv*, NF Band 38, Heft 2.
――― 2006 "Von der Rüstungsfinanzierung zum Reichsbankgesetz 1939", in: *Jahrbuch für Wirtschaftsgeschichte*, Heft 1.
Petzina, Dietmar 1965 *Der Nationalsozialistische Vierjahresplan von 1936, Entstehung, Verlauf, Wirklichkeit*, Diss. Mannheim.
Privatbanken in der NS-Zeit. Rundschreiben der Wirtschaftsgruppe Privates Bankgewerbe 1934 – 1945 [mikroform], hrsg. in Verbindung mit der Gesellschaft für Unternehmensgeschichte, K. G. Sauer München 2002.
Reichsgesetzblatt, I und II, jeder Jahrgang, Berlin.
Ritschl, Albrecht 2002 *Deutschlands Krise und Konjunktur 1924-1934, Jahrbuch für Wirtschaftsgeschichte*, Beiheft 2.
――― 2003 „Hat das Reich wirklich eine ordentliche Beschäftigungspolitik betrieben?", in: *Jahrbuch für Wirtschaftsgeschichte*, Heft 1, Akademie Verlag.
Sarow, Friedrich 1937 *Offenmarktpolitik zur Konjunkturregelung: Erfahrungen in England, den Vereinigten Staaten und in Deutschland*, Duncker & Humblot Berlin.
Schmölders, Günter 1990 „Berliner Konjunkturtheorie und -politik vor Keynes", in: B. Strümpel (hrsg. v.), *Beiträge zur Wirtschaftswissenschaft in Berlin. Geschichte und Gegenwart*, Colloquium Verlag, Berlin.
Schulthess' Europäischer Geschichtskalender, hrsg. v. Ulrich Thürauf, C. H. Beck' sche Verlagsbuchhandlung München.

2-5 おわりに

Schwerin von Krosigk, Lutz Graf 1974 *Staatsbankrott, Die Geschichte der Finanzpolitik des Deutschen Reiches von 1920 bis 1945, geschrieben vom letzten Reichsfinanzminister*, Göttingen et al. Musterschmidt.

Spoerer, Mark 1996 *Von Scheingewinn zum Rüstungsboom. Die Eigenkapitalrentabilität der deutschen Industrieaktiengesellschaften 1925-1941*, Franz Steiner Verlag Stuttgart.

Stucken, Rudolf 1964 *Deutsche Geldpolitik 1914 bis 1963*, 3. Auflage, J. C. B. Mohr (Paul Siebeck), Tübingen.

Trials of War Criminals before the Nuremberg Military Tribunals, 15 Bde., 1950-1953, Washington.

Verwaltungsbericht der Deutschen Reichsbank, jeder Jahrgang.

Vocke, Wilhelm 1956 *Gesundes Geld, Reden und Aufsätze zur Währungspolitik*, mit einer Einleitung von Volkmar Muthesius, Frankfurt am Main, F. Knapp.＝1958 吉野俊彦訳『健全通貨』至誠堂。

──── 1973 *Memoiren*, Stuttgart, Deutsche Verlags-Anstalt.

Werner, S. 1939 "Schlußbilanz der Arbeitsbeschaffungsmaßnahmen, in: *RABl* II.

Wirtschaft und Statistik, hrsg. v. Statistischen Reichamt, jeder Jahrgang, Berlin.

第3章

戦時財政における中央銀行の「独立」と「従属」
——日本の場合——

　1931年12月，高橋是清の蔵相就任とともに金本位制度は停止され，事実上の管理通貨制度へと通貨システムは転換する。同時に，日銀は新規国債の日銀引受発行を受け入れ，以後，戦時財政の崩壊にいたるまで日銀信用は財政運営を支え続けることとなる。本章では，1930年設置「日本銀行制度改善に関する大蔵省及日本銀行共同調査会」での議論を出発点としながら，1942年日本銀行法（以下，42年法）制定にいたる過程での大蔵省の予算統制と日本銀行の金融調節機能の関係を考察する。

3-1　従属か？　合理性か？　大蔵省統制と中央銀行政策をめぐる論点の変化

　最初にこれまでの研究史が戦時期の大蔵省統制や日銀の金融政策をどのようにあつかってきたのかを簡単に見ておこう。従来の研究史を大雑把に整理すれば，大蔵省および日銀の軍部への従属，金融政策の財政政策への動員を批判してきたということができる。昭和の財政史研究の到達点のひとつである『昭和財政史』では，大蔵省の財政運営は次のように説明されている。

　戦時期には物資不足のゆえに軍需資材との見合いをつけることなく予算編成を行うことは困難となり，「物の予算」である物資動員計画の策定にあたった企画院，さらにはそこに集う革新官僚の予算編成過程への介入が

3-1 従属か？ 合理性か？ 大蔵省統制と中央銀行政策をめぐる論点の変化　131

強められていった（大蔵省昭和財政史編集室編［1956：133ff.］）。その後，太平洋戦争への突入によって戦火は拡大する。1943年には「会計法戦時特例」が制定され歳出の弾力化が顕著となり，予算原則を完全に無視した財政運営が常態化していく（大蔵省昭和財政史編集室編［1959：236ff.］）。こうして，軍部・企画院を中心とした政治権力の台頭と経済の計画化のなかに大蔵省の予算統制は位置づけられ，占領期のハイパー・インフレーションへの反省を念頭に，財政規律の喪失過程として当時の財政史は描かれたのである（大蔵省昭和財政史編集室編［1955b：4f.］）。

一方，大蔵省と日銀の関係に目を転じてみると，昭和財政史は42年法の制定が「日本銀行が財政資金の供給者であることを無制限に義務づけた」（大蔵省昭和財政史編集室編［1957：246］）ものだと指摘している。同法の制定は財政政策が金融政策を自在に利用しうる旨明文化したもの，というわけである。この従属の象徴としての42年法に対して，吉野俊彦は以下のような整理を行っている。

同法の画期的な点としては，組織形態の変更（株式会社形態から法令に基づく法人への改組），人事権の政府への移行（正副総裁の内閣による任命，政府による役員の解雇），公定歩合の変更をはじめとする大蔵大臣の監督権限強化，無担保による対政府信用および日銀引受の同行業務化などがあげられる。これら諸規定に示されるように，42年法制定はまさに「国家権力の浸透」を決定づける出来事であった（吉野［1962：403］）。ところで，ここで言われる「国家権力」とは，「旧大日本帝国憲法に付属していた絶対王政的色彩，つまり国会の優位を認めず行政権を優越のものとする体制」と「ファッシズム」との連鎖によって形成されたものである（同［1962：399］）。すなわち，吉野は軍部を中心とした政治権力，大蔵省を中心とした行政権力，双方に日銀が従属するかたちで制定されたものとして42年法を位置づけたわけである。

以上の研究史が向けたまなざしの先には，戦争が人々に与えた苦しみ，とくに，財政の軍事化と日銀の対政府信用供与がもたらしたハイパー・インフレーションへの強い後悔，批判があった。われわれに今後もかかる歴史の記憶と向き合って行く義務があること，それは当然のことである。しかし，一方で，このような認識のもとに財政学や日銀制度史研究が戦時期

の政策運営に対して批判を繰り返したことは，財政に対する金融の従属という問題を，理論的な問題を超えた一種の規範，あえて言えば，歴史的な反省をともなう指針として定着させる役割を果たしたように思われる[1]。その結果，われわれは中央銀行と政府の関係が歴史的な文脈によってさまざまに変化しうる側面を看過し，中央銀行の政治的な独立を自明の理としてア・プリオリに受け入れることとなってはいないだろうか。第1章に詳述したように，中央銀行の独立性やルールによる政策運営は，近年，経済学におけるきわめて重要な論点となっているが，少なくともわが国にかんする限り，まずはそうした議論の根底にある歴史観を再検討する必要がある。

　本章の議論は以上の問題意識のもとに開始される。その際，近年，失敗の歴史としてだけではなく，戦時期の政策運営における合理的な選択の結果としても日銀の金融政策を再評価しようとする視点が提示されつつある事実はわれわれの関心からすると重要である。なぜなら，それらが法的従属を理由に捨象されてきた中央銀行の能動的な役割を問う視点であると同時に，第1章に論じられた，法的独立のもとでの主体性の喪失という視点を反対側から照射したものだからである。

　管見の限り，こうした議論の端緒は，日本銀行の正史である『日本銀行百年史』の「『日本銀行法』は中央銀行制度の整備という観点から評価しうる面も持っていた」（日本銀行［1984：490］）という指摘である[2]。正確に言えば，『日本銀行百年史』は基本的な歴史認識として先に見たインフ

　1）　これをマルクス主義財政学の視点からやや詳細に整理すれば次の通りである。まず，財政・金融当局の関係をこえて最終的な利益の帰着を「金融資本」に求め，資本の論理や運動法則の一環として戦時経済統制をとらえる見解（遠藤［1954］），金融寡頭制の補強装置として日本銀行を位置づける見解（島［1963］），インフレーションを通じた階級宥和を強調する見解（大内［1976］）などがあげられる。これらの見解は国家を階級支配の道具とみなす歴史観が前提とされており，財政金融当局に固有の利害関係は等閑視されていたという問題がある。一方，以上とは異なり，国家の主体性を認めた議論として，管理通貨制度を前提としたフィスカルポリシーが通貨政策の自律性を損ねた点を強調する見解（Schmölders［1970＝1981］），大蔵省への日銀の従属という制度配置が戦後の財政赤字の形成に大きく寄与したとする見解（真渕［1994］）がある。通貨制度の変化が財政政策と金融政策の関係に大きな影響を与えた点は筆者も同意している（たとえば，井手［2001］）。しかしながら，第1章にも述べたように，政策体系，ないしはその背後にある多様な政策主体間の関係を「自律－従属」というかたちで単純化する見方には懐疑的である。

　2）　この事実を最初に指摘したのは佐藤政則である。佐藤ほか［1991：197］を参照。

3-1 従属か? 合理性か? 大蔵省統制と中央銀行政策をめぐる論点の変化 133

レ批判史観がそっくり踏襲されており[3]，この記述自体をあまり過大に評価することはできない。だが，同書において軍部や大蔵省との関係を一旦切り離したうえで，経済的合理性という観点から当該期の金融政策，金融調節機能の評価に言及したことは，その後の研究史においてひとつの画期を記すこととなった。

1990年代以降，以上の問題意識は金融史研究を中心に掘り下げられていく。たとえば，新たな論点として，戦時期の金融統制を「常識的に受け入れられてきた政府統制対民間（市場）という構図でのみ捉えるべきではない」こと，「計画性の全面化の中でむしろその背後にあって金融市場の変貌や統制側，寡占・非寡占金融組織のそれぞれの対応という要素が相互規定的に作用している」ことが指摘された（山崎［1991：450］）。また，日本銀行が「管理通貨制度下での財政と金融の一体化の中で能動的なセントラル・バンキング機能を果たしうる要素」についても示唆されている（佐藤ほか［1991：204］）。すなわち，戦時期の市場統制がそれぞれの政策主体のせめぎ合いをともなうものであり，その過程にあって，各主体がそれぞれの政策課題のもとに市場調整的な対応を行っていった側面が積極的に評価されているのである。

このような指摘はきわめて示唆に富む。しかし，これらは問題提起にとどまるとの指摘があるし（伊藤［2001：157f.］），われわれの関心は，戦時期に実現した中央銀行の機能整備の中身，それ自体にあるわけでもない。第1章に示されたように，中央銀行政策と財政政策の関係をめぐっては，従属－自律という単純な二項対立では論じつくせない問題が存在する。この点を踏まえ，大蔵省，日銀，企画院，金融機関といった諸主体による意思決定過程を対象に，戦時期の財政と金融の関係を多角的に論じること，そのうえで，大蔵省統制や42年法にかんするこれまでの研究史に新たな知

---

3) 42年法は「ナチス・ドイツの経済思想を反映したもの」で，かつ「何よりもまずそれは戦時という特殊な時代相が生んだ産物」であり，さらには「制度改正をめぐる長い論議の歴史があるにもかかわらず，同法の内容が，こうした論議と断絶したものとなっている」と述べている（日本銀行［1984：489f.］）。このように，日本銀行百年史は一方で42年法を再評価しつつ，他方でその歴史的背景を批判するという構成を取っている。この点にかんして佐藤は日本銀行百年史が「中立性の喪失」と「効率性の高い金融組織」という評価の「狭間で揺れ動いている」と論じている（佐藤ほか［1991：197］）。

見を加えること，そして，それらを通じて第1章に示したわれわれの視点の有効性を確認することが当面の課題である。

このような問いに答えるため，以下では，戦時財政期，とくに42年法の制定にいたる時期を中心に中央銀行政策と大蔵省の予算統制の関係を論じていく。だが，本格的な分析に立ち入る前に，続く3-2において，高橋財政期および戦時期の政策運営を歴史の脈絡のなかに位置づけておくこととしよう。戦時財政の基盤をなした日銀引受の導入と運用に対する日銀の制度設計，財政運営への影響を確認し，資金統制や42年法の評価を行ううえでの基準を設けておくことがねらいである。

3-2　高橋財政期および戦時期における政策構造－概観

3-2-1　日銀の金融調節と大蔵省統制の限界──高橋財政期の財政金融政策をめぐって

1930年2月4日，さきに設置されていた金融制度調査準備委員会とは独立に，別途調査を進めるという合意のもと，非公式に「日本銀行制度改善に関する大蔵省及日本銀行共同調査会」（以下，共同調査会）[4]が設置された。実際には，翌年9月の満州事変の勃発によって，具体的な制度化作業には至らなかった。しかしながら，そこでの合意は，1）銀行券発行制度，2）組織，3）業務殊に中央銀行と一般市場の関係，政府の許可又は認可を要する事項，4）納付金制度，5）関係法令の整備と広範囲におよぶものであった。当時は，金本位制度が採用されていたが，正貨の対外流出と銀行券発行の減少，恐慌の深化，税収の停滞を背景に，大蔵省の財政運営に対する社会的な信頼が大きく揺らいでいた時期である。そのような状況のもとで大蔵省は日銀とかなり頻繁に意見交換を行いながら，次に述べるような弾力的な通貨発行と緩やかな政府への信用供与を合意することとなる。

共同調査会において取り交わされた日銀の業務にかんする大蔵省と日銀

4）「共同調査会」における議論の詳細，日銀引受の経済的・政治的合理性，それらの現代的意義にかんしては井手［2001］を参照。以下煩雑にわたるため引用は差し控えるが，一次資料の引用も同論文に基づいている。

の合意事項は以下の通りである。
1) 無担保による対政府信用規定および業務としての日銀引受の明文化
2) 無制限の日銀国債保有
3) 政府証券売却の解禁
4) 国債等のオペに際して必要だった大蔵大臣の許可廃止
5) 保証発行限度額の拡大（1億2000万円→5億円）と限外発行税の引下げ

金融恐慌から昭和恐慌期は高金利と資金余剰が結びついた「変態的金融緩慢」期である。つまり，金の流出を阻止するためには高金利を維持せざるを得ず，かつ，不況のもとで金融機関の日銀信用への依存が低下していたため，日銀は金融市場に関与する術を失いかけていたのである。その際，もし債券オペを制度化できれば流動性の吸収が行えること，相対による取引が行われていたため，売買条件の設定を通じて金融機関への影響力行使が可能になることが予想された。また，万一日銀引受による財政資金撒布が過剰に行われたとしても，それを債券オペによって回収することも可能である。こうして，日銀は同行引受を業務として容認し，金融緩和を可能とする環境整備に取り組みつつ，一方で，金融機関への影響力拡大と金融調節機能の手段の確保という観点から売りオペの裁量性強化を主張したわけである[5]。

繰り返し述べておけば，以上の合意は非公式レベルの会合で行われたものである。しかし，1931年12月に高橋是清が登場して以降，これらの合意は次々と実現されていく。たとえば，1932年6月改正では，保証発行限度額の拡大（1億2000万円→10億円），限外発行税率の引下げ（5％→3％），納付金制度の制定が行われた。また，10月には前年より実施されていた大蔵省証券の公募発行を停止し，全額日銀引受発行へと変更され，さらに，11月長期国債の日銀引受発行，12月引受国債の市中売却がそれぞれ開始されている。ほとんどが共同調査会での審議事項，合意事項であったことは一目瞭然であり，そこでの合意を前提としてはじめて，日銀はコンフリク

---

[5] それゆえ，「高橋蔵相の強力な要請に押し切られ，『一時の便法』としてこれを容認したもの」（日本銀行［1984：54］）という通説的な理解も再検討が必要となる。

トを感ずることなく大胆な政策転換をなしえたのである。

　さて，以上の制度設計を踏まえれば，日銀引受を採用した高橋財政期（1931.12～1936.2）の財政金融政策のあり方，より具体的には財政規模，物価水準などが日銀の売りオペの動向に規定されることとなる。高橋財政期のマクロ的な資金循環を示しておけば次の通りである。1）日銀引受によって財政資金が調達され，財政支出が行われる，2）有効需要が不足する状況のもとでは民間の資金需要は停滞している，3）大量に撒布された財政資金は余剰資金として金融機関に還流し，預金の増大をもたらす，4）金融機関に滞留する資金を日銀が国債売却によって吸収する，5）日銀の保有国債は円滑に減少していく。言い換えれば，国債売却が停滞する時期には，その背後で民間資金需要の活発化，つまり景気の回復が起きている。それ以降の日銀引受の実施がインフレを発生させる危険性を考慮すれば，国債売却の停滞によって緊縮財政への転換のシグナルが灯されていたこととなる。このように，共同調査会における制度設計の妥当性を評価するためには，売りオペによる金融調節の動向と大蔵省の予算統制の関係が問われなくてはならない。そこで，財政支出も含めたマクロ的な資金調節の過程を概観しておこう。

　図表3-1は，高橋財政期を中心に，政府資金撒布，国債・政府証券償還高から売りオペによる資金回収額を差し引いて民間資金の増減を示したものである。まず，一目でわかることは，1933年の資金撒布額（「計」と表記）がずば抜けて高い点である。その原因は米穀証券の市中償還が急増した点に求められるが，政府関係一般支払金もこの5年間の中で最大となっている。しかし，同年における資金撒布の増大は，国債売却とこれを上まわる米券，蔵券の市中売却による資金回収を通じて相殺されており，差引民間資金増加額で見てみると1932年の3億9510万円に対して，33年はわずか5170万円の増加に止められていることがわかる。当時，米穀需給調節特別会計の長期固定化した預金部借入金を証券化し，これを日銀が引き取り，損失補てんを行ったことから，同行保有の米穀証券が急増した。こうした政府証券の日銀引受が追加的な信用供給につながることに日銀は懸念を表明し，金融調節上の観点からこれを売却して資金撒布増に対応したのである（日本銀行調査局［1956：639f.］）。

3-2 高橋財政期および戦時期における政策構造―概観　　137

図表3-1　民間資金撒布額

	政府関係一般資金支払	利付国債市中償還高	米券蔵券市中償還高	計	日銀利付国債市中売却高	日銀米券蔵券市中売却高	差引民間資金増加・減少
1932年							
上半期	49,800	87,900	451,900	258,900	―	243,000	50,200
		(−95,600)	(−235,100)		(−10,900)	(−23,300)	
下半期	450,200	89,900	233,800	653,000	16,300	291,700	344,900
		(−91,100)	(−29,800)				
年中計	500,000	177,800	685,700	911,900	16,300	534,700	395,100
		(−186,700)	(−264,900)		(−10,900)	(−23,300)	
1933年							
上半期	345,500	―	840,000	1,185,500	462,200	880,500	−157,400
下半期	345,500	―	480,600	826,100	326,400	290,800	208,700
年中計	691,000	―	1,320,600	2,011,600	788,600	1,171,300	51,700
1934年							
上半期	292,300	87,500	471,000	850,800	602,600	374,600	−126,400
下半期	197,100	10,000	353,000	560,100	297,800	146,500	115,800
年中計	489,400	97,500	824,000	1,410,900	900,400	521,100	−10,600
1935年							
上半期	314,400	―	335,800	650,200	351,700	366,700	−68,200
下半期	156,600	189,400	419,800	765,800	303,100	304,700	158,000
年中計	471,000	189,400	755,600	1,416,000	654,800	671,400	89,800
1936年							
上半期	150,100	844,400	394,000	693,900	505,000	411,400	−205,300
		(−694,600)			(−17,200)		
下半期	301,600	1,217,000	400,600	774,100	180,700	340,400	253,000
		(−1,145,100)					
年中計	451,700	2,061,400	794,600	1,468,000	685,700	751,800	47,700
		(−1,839,700)			(−17,200)		

出所）財政金融資料要録
1．1932年における市中償還高のマイナスは市中公募・引受を示す。
2．1936年における市中償還高のマイナスは民間乗換分を示す。
3．市中売却高のマイナスは市中買入高を示す。
4．1933年のみ原資料に誤差があるため調整した。
5．単位千円。

次に，国債の市中売却で見たピークは1934年である。資金撒布額がその後の基調となる水準に抑制される一方，国債売却は上半期を中心に最高額となり，差引民間資金は1060万円の減少となっていることがわかる。ただし，同年下半期の国債売却は対前年同期比で減少しており，翌1935年上半期の推移と併せて考慮すると若干の留保が必要となる。1934年下半期は，コール市場金利の上昇に示されるように，民間資金需要の活発化が進み，同時に，翌年上半期以降の国債消化が停滞し始める時期にあたる（井手

[1998：145ff.］)。図表3-1を見ると1935年上半期における国債売却は前年同期比約2億5000万円減となっており，同じく，下半期には資金撒布額が前年同期比で急増しているにもかかわらず，国債消化は微増に止まっている。その結果，差引民間資金増も8980万円を示し，売りオペの本格化する1933年度以降で最高の金額を記録することとなるのである。また，1933年度においては資金吸収に貢献した米券の売却であるが，政府手持米売却による米券の償還，米穀債務の長期国債への切替えといった日銀の要求もむなしく，国債消化資金との競合を理由に売却が手控えられていく（日本銀行調査局［1956：640f.］)。

以上の推移を当初の日銀の制度設計との関連から評価すれば次のようになる。まず，資金量の調整という観点から見れば順調に売りオペが実施されていたと言える。それは物価の穏やかつ妥当な上昇によっても支持されるだろう[6]。同時にこの過程で売りオペは各金融機関との相対取引によって行われており，個別審査，事情聴取を経たうえで慎重を期して実施されていた（日本銀行［1984：44])。つまり，市場調節手段の確保，金融機関への影響力行使という課題もクリアできていたと言える。

一方，以上の政策を批判する世論の中には，売りオペによる資金吸収と政府による財政資金撒布策とは矛盾するのではないかという主張が存在していた[7]。しかしながら，日銀は，公定歩合の変更は通貨調節の手段としては多大の効果を望みがたいこと，むしろ，マーケット・オペレーションの方がはるかに有効であることを指摘し，自らの金融調節の正当性を確信していた。また，弊害がはなはだしくならない間に将来とるべき態度をハッキリしておく必要があることに言及し，政策転換の機会を慎重にうかがってもいた[8]。事実，1934年下半期から35年にかけて流動性の過剰化が懸

---

6) 東京小売物価指数を見てみると，1933年に対前年度比で6.4％を記録した後，34年2.1％，35年2.0％と穏やかな物価上昇に収まっていることが分かる。現代における調整インフレ論の妥当性もこうした歴史的事実に求められるように思われる。

7) たとえば，「(財政資金の撒布によって……引用者）財界不況の回復を刺激するにいたる可きが期待されたに拘らず，日本銀行の公債売却が是等の情勢を緩和乃至阻止した」との見解などがこの例である（金融研究会［1936：58])。

8) 以上，日本銀行保管資料「昭和8年1月 日銀のマーケット・オペレーションに就て」『自昭和8年1月至昭和10年8月 国債消化力に関する資料』。

念されるにつれ，日銀と大蔵省は活発な意見交換を行い[9]，対政府信用供与の抑制を実現に移すこととなる。それが，1936年度予算編成における国債発行の削減，いわゆる国債漸減政策への転換である。

以上の経緯を勘案すると，この時点では金融機関への影響力の拡大と適切な流動性調節という共同調査会での日銀の制度設計はまさに理想的なかたちで達成されていたと言える。それでは，当該期の日銀の政策体系には何の問題もなかったということになるのだろうか。残念ながら，この時期の金融調節の成功は日銀信用に依拠した財政膨張を積極的に評価するための十分な根拠となり得るものではなかった。というのは，さきに触れた国債漸減政策は，日銀引受の存在ゆえに，実質的な緊縮政策，財政の健全化策たりえなかったからである。

ここで，1936年度予算の内容を概観しておこう。本来，財政赤字の解消を真剣に論ずるのであれば，徹底した歳出削減なり，増税の実施なりが争点となることは明らかである。しかしながら，陸海軍は軍事費の増大を強行に要求し，同時に高橋是清の増税回避論によって幾度となく作成された大蔵省の増税試案は封じ込められることとなった[10]。その結果，予算編成の過程では軍事費の多額計上と継続費による負担の先送り，一般会計負担利払い費の特別会計へのつけ替え，返済義務をともなう特別会計からの一般会計一時繰入などの緊急避難的な措置が取られることとなる（井手［1998］）。このような措置は単年度の予算を均衡させるうえでは絶大な効果を発揮した。それは，国債の発行の対前年度減を達成し，前年度22億1541万円から22億7813万円へと予算が微増にとどまったことに端的に示されている。また，一般会計に占める陸海軍費もほぼ横ばいに収めたのであ

---

9) 昭和9年下期以降，深井副総裁は国債消化力の限度について危機感を抱き，理財局長との意見交換を行っている。とはいえ，深井自身は明確な結論を得るまでには至らなかったようである。日本銀行保管資料「昭和9年8月 深井副総裁青木理財局長に提出」および「昭和10年5月 国債消化力参考資料」『自昭和8年1月至昭和10年8月 国債消化力に関する資料』。

10) 実際には，1935年に3000万円規模の臨時利得税が創設されている。しかし，政治過程において当初の財政収支の健全化という論点は早々と却下され，きわめて抽象的な負担の均衡へと創設の趣旨をすり替えることで法案は成立することとなる。その後，1936年度予算編成過程では，増税による収支の均衡は予算編成方針策定の段階で否定されることとなる。井手［2006］を参照せよ。

るが，その一方で，後年度負担，すなわち，陸海軍両省の新規継続費は6億円を超えることとなる[11]。

　以上の予算過程は，今日の常識から振り返ってみれば，軍部への大盤振る舞いが行われたと見るべきであろう。それにもかかわらず，予算編成後，高橋是清は陸軍の怨嗟の的となり2.26事件の凶弾に倒れることとなる。このように高橋の命と引きかえに実現された1936年度予算を評価するに際して，ここで言われる財政の健全化とはいったい何を意味していたのであろうか。

　高橋財政では日銀引受を通じた大規模な財政支出の拡大が行われ，その結果，古典的な意味での均衡予算原則は放棄されることとなった。しかし，収支均衡のみが財政の健全性の基準と言えるかといえば，それは非常に微妙な問題である。まず，軍部という特定の圧力団体の力によって，予算の本来の目的であるミクロ的な費目間の価値づけを無視するかたちで軍事費の突出が容認された。このことは，財政民主主義の観点からは統制の形骸化というほかなく，この意味での財政の健全性は犠牲にされたと言うべきであろう。しかしながら，行政費の圧縮，後年度負担の累積によって，予算総額をともかくは抑制し，マクロ経済上の観点から許容できる範囲に赤字を維持できるのであれば，それは財政の健全性が確保されたと考えることができるだろう[12]。高橋ないし大蔵省の追求した財政の健全性とはまさしくこの意味での健全化であった。このような観点をもってすれば，管理通貨制度への移行，日銀引受の採用と財政政策における日銀信用への依存は，単なる収支均衡を越えて，財政運営上の原理原則――健全性の概念――を根底から覆すこととなったといえる。

　11）　1936年度以降の継続費支出額を見てみると，陸軍省所管額は既定額1億4087万円から6億3079万円へ，海軍省所管額は3億6821万円から4億8488万円へとそれぞれ増額され，わずか1年で継続費支出規定額の倍以上に総額が増大することとなった。ちなみに，1935年度における継続費の追加額は陸軍省所管499万円，海軍省所管8071万円であったから，その膨張ぶりは一目瞭然である。また，36年度の歳入予算中，租税は9億2480万円であった。同年度予算では当該年度税収の7割に達する後年度負担が軍事費のみで形成されたことになる（『昭和10年度予算参考書』，『昭和11年度予算参考書』）。

　12）　これは，今日の財政の持続可能性をめぐる議論を想起すればたやすく理解できるであろう。たとえば，公債の利子率が経済成長を下回ることを条件としたDomar条件に明らかなように，持続可能な財政と公債発行は決して矛盾するものではない。

すでに確認したように、日銀の制度設計は、同行が金本位制下で直面していた課題の克服という状況のもとでは妥当なものであったし、その後の政策実施過程では適切な金融調節が行われ、財政政策の転換を求める契機とすらなった。しかし、そのような合理的な制度設計にもかかわらず、財政の健全性は質的な転換を遂げ、同時に、不断の財政膨張圧力にさらされる結果を招いたのである。第4章にも言及されるように、財政社会学の始祖と評されるゴルトシャイトは、予算は国家の「あらゆる粉飾的イデオロギーを脱ぎ捨てた骨格」であると述べた。だとすれば、軍事費の突出を容認した予算編成は、わが国がすでに軍事国家としての方向性を確立していたことを物語っている。このような理解のもとでは、2.26事件の銃弾は原因というよりも、財政や経済の軍事化のきっかけに過ぎないことになる。

さらに、日銀引受が政策装置として広く受け入れられ、インフレのコントロールが適切に行われたという脈絡において、軍部にとって軍事費の増額を差し控える理由はどこにも見当たらない。事実日銀の金融調節が厳密に実行され、一時的には政策転換のメルクマールとして機能しようとも、それがうまく行けば行くほど、そのような政策装置を与件として政治的圧力は勢いを増して行ったのである。これらの過程は、共同調査会で判断された日銀なりの経済合理性が他の主体の主張する合理性によってゆがめられる過程だった。しかし、それは、単なる妨害ではなく、金融調節という課題への見事な対応の結果、日銀の予想を超えて政策環境が変化し、新たに形成された場において、当然のごとく他の主体が自身の政策課題を追求した結果に他ならなかったのである。

以上、本節では、共同調査会での合意事項を念頭に、高橋財政期の日銀の金融政策と大蔵省の予算統制の概観を行ってきた。次に検討されるのは、当初のもくろみを実現しつつも後戻りのできない政策構造が作り出されてからの両者の政策課題である。具体的には、戦時期の金融調節の実態と臨時資金調整法をはじめとする資金統制下の日銀の役割を追いかけながら、同時に同行に優越する政策主体と見なされてきた大蔵省自身の政治的課題を考察することとしよう。

3-2-2 戦時期における日本銀行・大蔵省の政策課題

まず，本項では，戦時期の政策体系やそこでの問題の所在を明らかにするために，前節同様，財政支出や金融調節の動向を簡単に確認しておく。

図表3-2は，図表3-1に続き，日中戦争の勃発する1937年以降の資金の撒布要因と還収要因を比較したものである。全体としてみると，差引民間資金の増加は，第二次世界大戦の勃発する1939年[13]，太平洋戦争の本格化する1943年[14]に不連続的な増大を示していることが読みとれる。そのうち資金撒布要因を見てみると，それ以前とは異なり，政府短期証券（実態としては，ほとんどが米券）の償還が増減を繰り返しているのに対し，政府関係一般資金支払の占めるウェイトが圧倒的に高まっていることが分かる。このような資金供給増を吸収したのは，それと並行して増大した日銀所有国債の売却超過である。まず，1938年に前年をはるかに上まわる規模での国債売却超過が実現されたのち（2億6460万円→22億7210万円），1941年には，政府関係一般資金支払の激増に連動して，国債売却もさらに強化されていることがわかる（22億7210万円→47億4430万円）。実際には，ヨーロッパで第二次世界大戦が勃発する1939年を境に差引民間資金は増大するものの，資金供給額の増加幅と比較する限り，1942年以前の段階では，売りオペを通じた資金調節は一定の成果を収めていたと見ることができるであろう。

---

13) 1939年9月第二次世界大戦が勃発，思惑的な資金需要の高まりから銀行券の増発や日本銀行の民間貸出の増大が顕著となった（日本銀行［1984：278］）。同時に，同年には企業の外部資金依存が鮮明になり，産業資金供給も急増する（日本興業銀行臨時資料室［1957：391ff.］）。また，同年の差引民間資金の増大とは直接関係しないが，その後の推移との関連から付言しておくと，同年4月に会社利益配当及資金融通令が制定され，興業銀行を通じた政府の強制貸付（命令融資）が制度化された。また，同月の臨時資金調整法の改正によって，同法に依拠した興業債の発行限度が5億円から10億円に増大されている（昭和財政史編集室［1957：117ff.］）。これを契機に興業銀行は戦時金融機関としての色彩を強め，対民間貸付を増大させていくこととなるが，その貸付資金として日銀信用は積極的に動員されていった（日本興業銀行臨時資料室［1957：497f.］）。

14) 1943年以降，興業銀行の日本銀行借入残高が増大し（42年下期4億5100万円，43年下期6億8450万円，44年下期10億8660万円：日本興業銀行臨時資料室［1957：626ff.］），日銀による対民間貸出増加額も急増の一途をたどることとなる（42年9億2300万円，43年18億1500万円，44年53億円：日本銀行［1984：252ff.］）。

3-2 高橋財政期および戦時期における政策構造－概観

図表3-2　民間資金撒布額

	資金撒布要因			資金還収要因			差引民間資金
	政府関係一般資金支払	米券蔵券市中償還高	計	日銀所有国債売却超過額	日銀所有米・蔵券売却超過額	日銀預金貸出増減額	増加・減少
1937年							
上半期	16,100	460,200	476,300	88,600	411,800	188,900	－290,000
下半期	1,165,500	215,500	1,282,500	176,000	207,500	－9,300	695,300
年中計	1,181,600	675,700	1,758,800	264,600	619,300	179,600	405,300
1938年							
上半期	1,163,400	786,000	1,949,400	1,072,800	953,600	136,700	－213,700
下半期	1,772,100	1,030,400	2,802,500	1,199,300	892,500	－9,100	719,800
年中計	2,935,500	1,816,400	4,751,900	2,272,100	1,846,100	127,600	506,100
1939年							
上半期	1,105,100	1,354,300	2,459,400	1,318,800	1,307,800	－4,900	－162,300
下半期	1,810,100	1,063,400	2,873,500	1,164,000	905,100	－537,800	1,342,200
年中計	2,915,200	2,417,700	5,332,900	2,482,800	2,212,900	－542,700	1,179,900
1940年							
上半期	1,220,700	982,500	2,203,200	1,447,700	655,600	125,100	－25,200
下半期	2,131,100	350,700	2,481,800	1,333,700	－222,200	203,600	1,166,700
年中計	3,351,800	1,333,200	4,685,000	2,781,400	433,400	328,700	1,141,500
1941年							
上半期	1,892,500	1,285,600	3,178,100	2,361,800	971,600	180,500	－335,800
下半期	2,705,100	1,928,500	4,633,600	2,382,500	877,000	－308,500	1,682,600
年中計	4,597,600	3,214,100	7,811,700	4,744,300	1,848,600	－128,000	1,346,800
1942年							
上半期	2,919,900	2,137,400	5,057,300	4,080,000	598,200	553,300	－174,200
下半期	3,500,800	1,208,000	4,708,800	4,096,500	321,200	－1,472,800	1,763,900
年中計	6,420,700	3,345,400	9,766,100	8,176,500	919,400	－919,500	1,589,700
1943年							
上半期	3,509,400	891,300	4,400,700	4,661,200	－171,500	－1,315,000	1,226,000
下半期	5,757,300	1,495,800	7,253,100	6,081,200	－946,300	－1,119,700	3,237,900
年中計	9,266,700	2,387,100	11,653,800	10,742,400	－1,117,800	－2,434,700	4,463,900

出所）　金融資料要録
1．差引民間資金＝計－国債・蔵券・米券売却額－日銀預金貸出増減
2．1937年分では利付け国債の市中償還および金売却が含まれるため、一部合計額が一致しない。
3．日銀預金貸出増減は、日銀の当座預金増に貸出（割手、第二別口など）減を加えたもの。
4．単位千円。

　このように，日銀引受による財政支出の増大，日銀の売りオペによる資金吸収という共同調査会以来の枠組みは，その規模を圧倒的に増大させはしたものの，戦時財政期においても維持されていたと言うことができる。しかしながら，高橋財政期において売りオペこそが日銀の業務においてもっとも重要な政策課題であったことと較べると，戦時期においては，その

重要性は引き続き第一に高いものではあったが，相対的には後退したと考えてよい。それは，以下に述べるような日銀の政策課題の多様化と対応している。すなわち，第1に，国際収支制約によって対外的な通貨価値の安定が重要視されたこと，第2に，金融機関による国債投資の趨勢が計画的資金統制の成否に委ねられたこと，第3に，軍需産業ならびに民間金融機関に対する資金供給の必要性が高まったことである。

まず，対外的な通貨価値の安定について見ておこう[15]。２.26事件を誕生の契機としていることからも明らかなように，廣田内閣のもとでは軍事支出の増大が見込まれていた。これに対応して軍需見込みの輸入が急増し，1936年末には貿易収支の悪化が強く懸念されることとなった。政府は，翌1937年1月輸入為替の許可制によってこれに応じようとしたが，かえって見越し輸入や思惑輸入の急増を招き，同年度には歴史的な水準の輸入超過を記録する。このような国際収支危機の過程にあって，1937年6月に成立した近衛内閣では，「吉野・賀屋三原則」が策定され[16]，対内的な通貨価値の安定（物価の安定）のみならず対外的な通貨価値の安定（為替相場の安定）までもが政策課題に取り入れられて行く。その後，日中戦争が開始され，戦争遂行のための輸入資材確保が最重要課題となる。輸出入リンク制度の導入，為替取引規制の強化，外国為替基金の設置，日銀への外為集中制度などの施策が相次いで実施され，為替統制における日銀の役割は決定的に強化されていくのである（日本銀行調査局［1970：170ff.］）。

次に，資金統制と日銀の関係である。戦時経済のもとでは，金融機関にとって，国策との整合性，収益性の観点，両面から見て軍需産業への資金供給が重要な課題となる。それゆえ，金融機関は産業金融への傾斜を強めていったが，それは円滑な国債消化を阻害し，財政インフレの危険性を高めることとなる[17]。このような両立困難な課題に対して，まず，1937年9

---

15) これらの国際金融の諸問題にかんしては，大蔵省昭和財政史編集室［1963］，日本銀行調査局［1970］，島崎［1989］を参照せよ。

16) 「三原則」は，「生産力の拡充・物資需給の調整・国際収支の均衡」から構成される。戦時経済の至上命題である生産増強を実現するために，民需の抑制，軍需への重点的資源配分を行い，国際収支の均衡維持と戦時経済の推進とをもくろんだものである。

17) 事実，日中戦争の勃発は生産力拡充への対応から銀行貸出の急増，金融市場の引き締まりをもたらし，日銀は売戻条件付国債買入を積極化させるとともに無条件国債買入の

3-2 高橋財政期および戦時期における政策構造—概観

月に臨時資金調整法が制定される。同法は，日銀を中心に金融機関による設備資金貸付を統制し，軍需産業への傾斜的な資金配分，国債消化資金の確保を可能とするために制定された統制立法である[18]。しかし，1939年頃になると，同法の制約を受けない運転資金を名目とした貸付が急増し，金融機関の国債投資は著しく阻害されることとなる[19]。そこで，同年12月に臨時資金調整法の改正，翌1940年10月に銀行等資金運用令の制定がそれぞれ実施され，金融統制の体系は格段に整備されることとなるのである。このように，資金統制を通じた資金配分に対する日銀の関与も次第に強められていった。

最後に，金融機関，軍需産業への資金供給における日銀の地位である。ここで，再度図表3-2を見てみよう。1940年の例外があるものの1938年下期以降，日本銀行貸出による資金撒布（統計上はマイナスで表記）が国債売却による資金吸収を相殺するという傾向が次第に強まっていることが分かる。この傾向は，1942年下半期に決定的なものとなり，翌年以降，差引民間資金の増加が顕著になっている[20]。これらの経緯を日本銀行券の発行・還収要因との関連から整理した図表3-3によって確認してみよう。同図表を一瞥して分かることは，1942年以降の日銀券発行還収構造が根底から転換している点である。日銀券の出超を規定する要因が対政府収支から対民間収支へと変化し，1943年以降の日銀券の破局的な出超は，対民間収支の出超によってほぼ説明可能であることがわかる。

制度化も実施している（日本銀行 [1984：269]）。

18) 臨時資金調整法の細目については次節を参照せよ。同法は，資金の直接的統制を企図した画期的な戦時立法であるが，複数の内容から構成されており，事業金融にかんする項目はそのうちの一つに過ぎない点は注意が必要である。

19) 岡崎は日本銀行百年史に依拠しながら1937年6月末には設備資金24億円，運転資金50億円であった貸出残高が，39年12月末にはそれぞれ30億円，90億円へと後者へと重点を移すかたちで増大した点を指摘している（岡崎 [1995：117ff.]）。

20) これと関連して述べておくと，1942年を境に政府短期証券の売却超過が大幅に減少している点は注意を要する。これは，米穀統制の進展にともなって日銀保有の米券（特に借換米券）が急増する一方で，国債売却による過剰流動性吸収が借換米券の市中売却に優先されざるを得なかった結果であり，国債売却による資金吸収はまさに臨界点に達しつつあったのである。図表3-2に明らかなように，1943年度になると米券はむしろ資金撒布要因として機能しているし，それ以前に，1938年度以降，年度末発行残高に占める日銀の保有高も1944年を除き，漸次，増大するところとなった（日本銀行調査局 [1956：641]）。

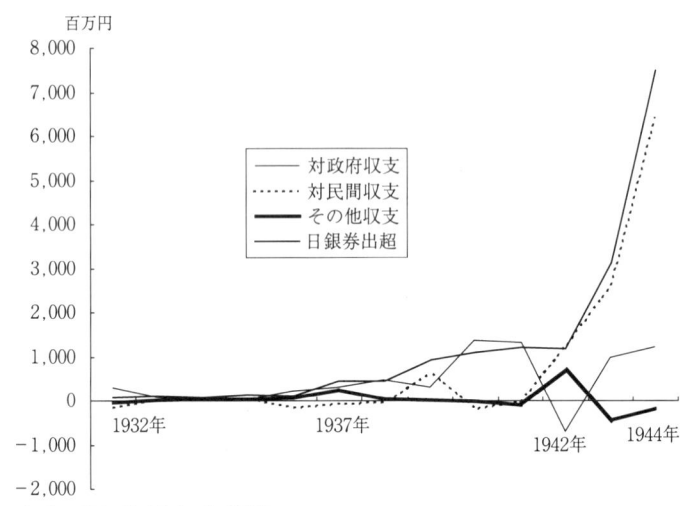

146　第3章　戦時財政における中央銀行の「独立」と「従属」

図表3-3　日銀券発行還収要因

（百万円）

凡例：
- 対政府収支
- 対民間収支
- その他収支
- 日銀券出超

出所）明治以降本邦主要経済統計
1．対政府収支＝資産側（政府貸付＋日本銀行保有国債）－負債側（政府預金）
2．対民間収支＝資産側（総貸出－政府貸付＋代理店勘定）－負債側（総預金-政府預金）

　この点をさらに詳細に見ていけば，『日本銀行百年史　資料編』所収の日本銀行貸借対照表によると，負債項目における発行銀行券は，1937～42年に23億507万円から71億4869万円に増大している。これに対応する資産項目を確認すると，民間貸出が6億2771万円から18億2741万円に増大する一方，有価証券中長期国債は10億7711万円から53億1841万円へと急増している。つまり，この時期の銀行券発行増の大部分は，国債引受＝対政府信用供与の増大で説明できたのである。これに対して，1942～45年における発行銀行券が71億4869万円から205億2580万円へと著増するなかで，今度は民間貸出が18億2741万円から144億7520万円へと急増，長期国債は53億1841万円から84億2439万円へと漸増するに止まっている。銀行券の発行増は，明らかに対民間信用供与によって説明されることが分かるだろう[21]。このように，太平洋戦争期の日銀信用にかんしては，日銀引受──→政府に

---

[21]　なお，1942年までは12月時点の数値であるが，1945年は統計上の都合により3月時点での数値である。また，昭和20年において発行銀行券を資産が上回っているのは，資産項目における政府預金の急増によって説明される。

3-2 高橋財政期および戦時期における政策構造−概観　　147

よる財政資金供給という迂回したルートだけではなく，日銀貸出──→民間への信用供与という直接的なルートが重要な意味を持つようになった。かかる対民間信用供与の急増は日銀に従来とは全く異なる政策のあり方をもたらすこととなる。

　以上，戦時経済の進展にともない，日銀の役割と機能は共同調査会時の想定をはるかに超えて強化されていったということができる。そして，その背景には，国際収支制約のもとで軍需産業への融資を積極的に行いつつ，同時に国債の円滑な消化も進めなくてはならないという困難きわまる課題が存在していた。このような戦時経済に固有の要請は，日銀の政策体系だけではなく大蔵省の予算統制にも大きな変化を促すこととなる。

　高橋財政以降の予算統制を簡潔に要約すれば，1）軍部の圧力のもとに軍事費の突出を容認した，2）日銀による信用供与の限度を模索すべく，マクロ経済との対比から許容される財政赤字の水準が判断されていた，と言うことができる。その後，国際収支制約下での通貨価値の安定，生産力の拡充，国債消化のいっそうの推進など，マクロ経済政策の重要性は飛躍的に高まっていく。これに対応して，戦時期には予算統制におけるマクロ変数の重要性も飛躍的に高まっていくこととなる[22]。それは，一方では企画院を中心とした革新官僚による物資の計画配分，他方では日銀による資金統制，金融政策との連携を要求するものであり，物資や資金の需給関係を考慮しつつ予算編成を行う必要性が生じて行ったのである。以下，これらの変化が大蔵省統制に与えた影響を検討しておこう。

　まず，物資の需給と予算編成の関係について。この点を論ずるにあたって，企画院および革新官僚の説明を行っておく必要がある[23]。企画院とは

---

22)　むろん，費目間の優先順位にかんしても，財政民主主義の形骸化が明確にあらわれることとなる。馬場財政下の1936年5月「重要国策の先議」にかんする閣議申し合せが行われ，閣議において費目の重要度を事前に審議することが決定された。しかし，この決定は概算要求のすべてを閣議で審議するという誤解を与えるとの趣旨から，大蔵次官と内閣書記官長の連名で各省次官宛通牒が発せられ，1）閣議における先議は概算要求前における準備作業に過ぎないこと，2）主要経費の具体的な検討は後日概算閣議において正式に決定すること，が説明されることとなる。こうした措置は同年限りのものであるが，重要国策を先議する方針はその後も継続される。

23)　企画院ないし革新官僚については，古川 [1992]，伊藤修 [1995]，御厨 [1996] を参照。以下の記述もこれらの文献によるところが大きい。

総動員体制整備を目的とした内閣直属の政策立案機関である。資源局と企画庁を統合して1937年に設置され，発足後は，国家総動員法，電力国家管理法，物資動員計画，国家資金計画などの策定を行ったことで知られている。このような企画院の具体的な活動を検討するうえで無視することができないのが革新官僚の存在である。革新官僚とは軍務局中枢との深い関係を有した官僚集団であり，企画院はまさに彼らの結集した場であった。後に取り上げる大蔵省の迫水久常や商工省の美濃部洋次もこのグループに属している。革新官僚は若い頃に大なり小なりマルクス主義の影響を受けた世代から構成されており，一貫して戦時経済の計画的な運用を志し，とくに，1940年以降は政治，経済，社会の抜本的な変革を目指した新体制運動の推進力となったことで知られている。

さて，本題に戻ると，戦時期の大蔵省統制にかんしては，これら革新官僚の圧力のもとで予算統制が行われた点に特徴を見出すことができる[24]。まず，近衛内閣のもとで実施された1938年度予算編成では，「物の予算」を提出することが各省に要求されることとなった。これ以降，各省は，従来の予算項目のほかに重要物資にかんする「物資需要調書」を作成して主計局に提出することが義務づけられた。くわえて，予算編成方針にかんしては，大蔵省議において最終的な決定を下すのではなく，企画庁（後の企画院）に調書を一旦送付した後，大蔵次官と企画庁次長が折衝を行うことも決定される。さらに，1939年度予算編成では，各省要求予算に含まれる物資の需給を企画院の作成する物資需給計画と対応させるため，同院への予算概算書の提出を義務づけている。戦時期には生産力拡充計画や物資動員計画[25]に象徴されるような資材の計画的生産，配分が急速に進展した。これら「物の予算」と「金の予算」の連動性が高められた結果，企画院による予算編成への関与が進み，大蔵省はそれへの対応を求められることと

---

24) ただし，物の予算の必要性を力説し，企画院の創設に尽力したのは大蔵省の賀屋興宣であり，この構想過程に立ち会ったのが革新官僚迫水である（有竹［1969：289ff.］）。かかる設立の経緯の一方で，戦時経済の進展とともに企画院（とりわけ，審議室）は独自の運動の論理を持ち始め，大蔵省との対抗を強めることとなるのである。

25) 物資動員計画とは物資別に原材料の単位計算をやって作成された生産力拡充計画を基礎にその配分計画を立てたものである。戦時経済の要点は物資の確保であり，物資の生産，配分の計画が不適切であれば，予算が実行力を持ち得ないとの発想が根底にある。

3-2 高橋財政期および戦時期における政策構造−概観

なるのである。

次に，資金統制と予算編成の関係について。財政面から見た資金統制の嚆矢は，1939年7月「昭和十四年度資金統制計画綱領」の閣議決定に求められる。以後，公債の計画発行・消化が進行し，インフレ抑制のために，財政支出の徹底した圧縮，金融機関の監督強化，臨時資金調整法を通じた資金統制など，財政と金融の一体的な運用が強く要請されていく（中村・原［1970：437ff.］）[26]。ちなみに，「一体的」という用語の含意を示せば，財政資金の確保を前提とした金融政策の運用という意味である。つまり，国家レベルでの資金統制によって財政の規模や産業資金の額を確定し，国民貯蓄をこれらに充当していくのであるが，その円滑な実施のために金融政策を積極的に活用するということである。

これらの一体化の側面を大蔵省の組織改編を通して見ておくと，理財局金融課，銀行局調査課の新設，金融関係部局の職員数および権限の拡大・強化などの行政機構改革がこれに該当しよう（大蔵省財政金融研究所財政史室［1998：319ff.］）。しかしながら，大蔵省の金融行政が拡張の方向に向かえば，同省の政策領域と資金統制を通じた権限強化の過程にあった日銀のそれとは重なり合うこととなる。通説的な理解に従えば，大蔵省による日銀の監督権限の強化によってこの問題は解決が図られたということになるが，現実はそう単純ではなかった。

太平洋戦争への突入後，周知のように，財政支出は空前の規模で拡大していった。しかし，それには資金統制計画の拡大版である国家資金計画（3-3-2を参照）による厳重な「枠」が設定されていた。ところが，戦局の進展は予想を超えた軍需を引き起こし，資金計画と現実の財政支出に乖離を生じさせる。形式的に言えば，財政支出は資金計画によって外から圧縮

---

[26] この間，一般会計における行政費の節約や支出の繰り延べは徹底していた。たとえば，1940年作成「昭和16年度財政計画資料調査要綱」によれば，同年度標準予算より国債費や年金・恩給費，警察費連帯支弁金といった義務的経費，当然増経費を控除した額について，最低5分，最高5割に達する予算圧縮計画の作成および提出が各省に要求されている（「昭和16年度財政計画資料調査要綱」『昭和財政史資料Z809-6-206』）。ちなみに，この計画資料は，「特に高度の『機密取扱』と為し之を政府部外に発表せざるは勿論政府部内に於ても能ふ限り小範囲に於て処理すること」とされていた。こうした指示は，総額としての予算圧縮が要請される折，節約財源が軍事費へと安易に充当されることを恐れたものであると推察される（「新財政政策の樹立に関する件」『昭和財政史資料Z809-6-206』）。

されているので，実際の軍需を財政のみで充足することは困難である。これを埋め合わせたのが，臨時軍事費特別会計を中心に資金計画を超えて実施された資金撒布であるが，一方で，この財政資金以上に活用されたのが，すでに指摘した資金計画に含まれない日銀の対民間信用供与である[27]。すなわち，国家資金計画による予算への制約は，日銀による民間金融機関への積極的な融資活動をひきおこし，そのことは同行が融資を実施するうえでの政策手段の強化，金融機関へのより一層の影響力行使といったフィードバック効果をもたらすのである。

以上のように，戦時下においては，日銀，大蔵省がそれぞれに固有の課題への対応を迫られていたわけであるが，個別に独自のメカニズムを持ちつつも，さまざまな争点をめぐって相互に影響しあいながら課題への接近が図られたと考えることができる。本項の内容を要約すれば，日銀であれば，1）資金統制における権限の強化，2）対民間信用供与の活発化と42年法の関連が問われるし，大蔵省であれば，1）予算編成と物資動員計画との関連，2）革新官僚との対抗関係，3）マクロ的な資金統制や日銀との関係が問題となるだろう。これらの多様な論点を問題としたとき，金融政策の財政政策への従属という見方でこれをすべて説明することは困難である。むしろ，革新官僚との緊張関係に置かれた大蔵省が日銀と協調した可能性，金融機関との関係における日銀の積極的な政策運営の契機，これらを戦時期の政策運営の全体像に位置づけることが必要となろう。

これらの視点は，前章の内容と比較すると内容がよりいっそう明確になる。ファシズム国家として一括される日独双方の政策枠組みが対蹠的なものであることを明示し，次節以下の論点を特定化しておくこととしよう。

ドイツの予算統制にかんしては，1933年4月の政府決定によって国防軍財政に対する大蔵省の予算統制は消滅した。第2章で指摘された「国防軍

---

27) ちなみに，占領期にも資金需給計画が策定されているが，この計画では金融部門における資金需給を推計するため資金不足が明示的に表れることとなる。一方，国家資金計画は国民経済全般の資金配分計画であることから計画上，資金不足は生じない（大蔵省昭和財政史編集室［1957：217f.］）。このため，資金計画に日銀信用の項目は出てこないわけである。なお，計画外支出である日銀信用の地位にかんしては，1944年度の資金配分計画の実績において財政資金が40億円の超過であったのに対し，産業資金は190億円の超過になっていることからその重要性を理解できる（同［1957：231］）。

財政の自律化」である。このような決定が戦時期にはるかに先行してなされたことは驚くべき事実であり，その後，国防軍は財源や償還の問題をまったく気にすることなく大規模な再軍備を実行して行く。一方，わが国の場合，企画院との対抗や資金統制による枠づけ等の制約要因が増えたことは事実であるが，議会統制が早くから形骸化した一方で，大蔵省統制は曲がりなりにも機能し続けていた点で大きく異なっている。そして，軍部や企画院からの政治圧力にさらされながらも，大蔵省は戦争の終盤まで予算統制の「自律性」に執着することとなる。この点，ドイツとは異なり大蔵省統制のより詳細な分析が求められる理由である。

一方，中央銀行の役割についても同様に相違点を見出すことができる。ドイツの場合，再軍備を秘密裏に実行せねばならない事情から，1933年のメフォ設立以来，手形の割引という間接的な方式をとりながら事実上の対政府信用供与が行われていた。その後，1936年にメフォ手形の存在が公になり，メフォ手形に代表される政府特殊手形から国庫手形への移行を経て，ライヒスバンクは業務を対政府信用に特化させていくこととなる。しかしながら，以上の過程において経済の計画的運営がほとんど考慮されることのなかった点はわが国と著しい相違をなしている。これに対して，日本では日銀引受による政府への直接的な資金供給，売りオペによる資金調節は共同調査会以降の既定路線となっていた。その後，日銀は民間金融機関に対する資金統制の中枢機関としての地位を強化するとともに，42年法制定以後，軍事関連の資金需要を充足するための対民間信用供与が政策の重点を占めることとなる[28]。このように，ドイツとの対比から見ても資金統制や対民間信用供与における同行の位置づけが明らかにされる必要があることが分かる。

以上の指摘に明らかなように，わが国の戦時期における財政金融政策を論じるためには，日銀に優越する主体として描かれる大蔵省にかんして，戦時経済の進展が大蔵省統制に与えた影響，それが日銀の役割や同行の政

---

28) その意味では，吉野俊彦によって「ナチス的統制経済思想」としてライヒスバンク法と一括された42年法であるが，「中央銀行の職能が産業金融の調整にも存することを明瞭化した」とする吉野自身の指摘も，日本とドイツにおける中央銀行の信用構造の決定的な相違のもとに成立する特色であったことをまずは踏まえておかなければならないであろう。

策選択におよぼした影響を考察しなくてはならない。また，中央銀行政策においても，資金統制や金融機関との関係において観察される日銀の役割を見極めることがきわめて重要だと言える。これらの点を考察したうえで42年法を再度読み直したとき，さまざまな従属規定はどのように解釈が可能であろうか。これらの問題意識に即しつつ，以下，3-3では，日銀による金融統制の動向，これと大蔵省の直面していた政策課題との関係を検討し，3-4において日銀法の制定過程を考察する。

3-3　財政と金融の一体化が意味するもの

3-3-1　資金統制の展開と日本銀行の地位

最初に検討されるのは，日中戦争の勃発から42年法制定にいたる過程における資金統制の概要とそこでの日銀の地位である。

　国債の安定消化という財政の要請とインフレの抑制という日銀の課題を媒介するものとして，1937年9月「臨時資金調整法」が制定された[29]。同法は，金融機関，事業主，双方への資金統制を通じて非軍事産業への資金流入を阻止し，資金の効率的な配分によってインフレ抑制と生産力拡充を達成することを目的としたものである[30]。表現を換えれば，日銀が民間事業の資金配分に介入する端緒をひらくものであったと同時に，日中戦争の勃発にともない設置された臨時軍事費特別会計をファイナンスするため大量に発行された国債の消化資金を確保するという財政の要請にも応えるものであった[31]。また，先述のように，1939年になると「昭和十四年度資金

---

[29]　前節に指摘したように，戦時期における資金統制は1940年「銀行等資金運用令」による流動資金統制，金融機関の資金計画への関与も無視することはできない。しかし，銀行等資金運用令は，同令施行以前の運転資金等貸出報告を通じた調整に加えて，「会社利益配当及資金融通命令」の命令融資規定を拡充したものであり，基本的には臨時資金調整法の補完的役割をなすものであったことから，本節では臨時資金調整法を中心に検討する。『日本銀行沿革史　第三集　第十七巻』p.343。

[30]　臨時資金調整法にかんしては，優れた分析が多数存在している。大蔵省昭和財政史編集室編［1957］，日本銀行［1984］，佐藤ほか［1991］，岡崎［1995］を参照せよ。

[31]　結城日本銀行総裁は，「国債消化の問題に付いて」と断った上で，「臨時資金調整法により市場資金が過度に事業又は株式関係方面等に流出せぬ様引き続き調整」することの必

統制計画綱領」が発表され公債消化の計画化が加速するが，その実施手段としても同法は重要な位置を占めることとなった（大蔵省財政金融研究所財政史室［1998：216f.］）。

ただし，これは統制の本格化を即座に意味するものではなかった。たとえば，金融機関には営業上の自由裁量の余地が残されていたし，産業資金供給の名目で1937年には1億427万円の買いオペが実施されたことにも象徴されるように[32]，市場機能の活用は意識されており，国債消化を強制的に行う意図を有するものでもなかった[33]。それは，同法の施行当初は「現在迄受理せられたる許可申請は主として其事業計画着手済のものにして之に対しては概ね許可せられ居り，其他新規事業又は拡張等は其内容を充分審査研究の上之が許可，不許可を為しつつあるも本法実施の結果反って経済界に所謂摩擦を生じ事業遂行上不便を来すが如き事なき様注意し，処理し居る」[34]という状態であり，その本格的な発動が留保されていたことにも表れている[35]。

また，その後同法の運用は積極さを増して行くが，基本的な傾向に大きな変更はなかった。許認可にかんしては，原則的基準（事業資金調整標準と呼ばれる）を決定する「臨時資金調整委員会」，日本銀行総裁を会長とし，個別の案件に対して問題が生じた際申請に応じて原則的基準と照応しながら可否を決する「臨時資金審査委員会」が設置された。しかしながら，現実の資金調整過程では，金融機関および証券引受業者の貸付，社債発行に際して，政府が妥当と認める方法で自治的に調整を行う場合，それぞれ

要性を説いている。日本銀行保管資料『昭和13年10月　支店長会議関係書類』pp.9-10。

32)　日本銀行保管資料『事変勃発後に於る日本銀行の措置要領』『自昭和14年8月至昭和15年11月　大蔵省の依頼により提出した諸調査』。1938年以降，普通銀行に対する買いオペを通じた資金供給はネグリジブルな水準に抑制されていった（日本銀行［1984：269］）。

33)　日本銀行調査局は，国債消化の方策について「多少強力なる消化策を試むとも之れが為め生ずる摩擦を最小限度に止め得べし」という指摘を行っている。日本銀行保管資料『国債消化策（未定稿）』p.4。

34)　日本銀行保管資料『昭和12年10月　臨時資金調整法の実施と影響』。

35)　事実，第72帝国議会では熱心な審議が行われ，1）民心の萎縮産業の衰退等国民経済に悪影響を及ぼさざるやう最善の注意を為す，2）臨時資金調整委員会の組織及委員の人選に付特に注意し且民意を代表する者並民間の学識経験に富める者を三分の二以上委員として選定すべし，との付帯決議が採択されている。『日本銀行沿革史　第三集　第十七巻』p.7。

主務大臣の許可は不要とされていた。臨時資金調整法第3条に示されたいわゆる自治的調整である。そのため，こうした自治的調整機能を有効に活用するという趣旨から日銀支店を中心とした地方別「自治的調整団」が組織され，金融機関の大部分がこの調整方法を採用することとなった（大蔵省昭和財政史編集室編［1957：77f.］）。すなわち，この時点では，国による干渉，具体的には日銀を中心とした臨時資金審査委員会の資金配分への影響力は限られたものだったのである。

　以上のように，運用過程を見る限り，臨時資金調整法による統制は初期の段階において限定的なものに止められていた。しかしながら，日銀内部では統制経済がさらに進展する可能性が認識され，その統制過程において政策の主導権を積極的に確保する必要性が指摘されていた。臨時資金調整法の制定を目前に控えた1937年8月の支店長会議において，結城豊太郎総裁は次のように述べている。「戦時統制経済に参画することも必要だ。寧ろ或場合には本行がリードせねばならぬ事もあろう。国際収支とか，潤沢なる資金の融通とか生産力拡充の問題とか，物資需給の問題等には本行が商工業者と一緒になって考へ且リードして行くことが絶対に必要だ」[36]。こうした見解の根拠は日銀条例改正論議との関連において発せられた次の指摘に明らかである。いわく「現今の複雑なる事態に処しまして中央銀行の機能を一層有効に発揚せしめんが為めに，此際産業方面への資金融通の途を制度の上に開いて置くことが望ましい」[37]。

　以上に示された結城発言の趣旨はきわめて明瞭である。それは，第一に，戦時統制を契機として日銀の指導的地位を強化すべきであるとの決意表明であり[38]，第二に，中銀機能の強化のためには，産業金融という「禁じ手」を法文化することさえ辞さないという構えを見せたということである。後者の主張は，その後の42年日銀法制定過程に反映されることとなるが，それはひとまず次節の分析に譲る。ここでは，自治的調整に出発した臨時

---

36) 日本銀行保管資料『昭和12年8月　支店長会議関係書類』p.20。
37) 日本銀行保管資料『昭和12年3月　支店長会議関係書類』p.10。
38) 昭和13年4月の支店長会議では，地方の財界・金融界における日銀の地位低下に対する不満が噴出している。結城総裁が地方での交際費の増額を主張する一幕もあり，同行の権限拡大への強い志向が読み取れる。日本銀行保管資料『昭和13年4月　支店長会議関係書類』pp.209-211。

3-3 財政と金融の一体化が意味するもの

図表3-4 臨時資金調整法施行状況

	1937年	1938年	1939年	1940年	1941年	1942年	1943年	1944年	合計
総処理件数(A)	1,709	2,910	4,436	5,084	5,352	6,248	8,771	4,394	38,904
金額(A')	3,101,747	4,599,766	6,184,347	7,337,700	8,347,486	8,109,412	15,051,448	5,935,404	58,667,310
認可件数(B)	1,678	2,832	3,926	4,080	4,312	5,482	8,305	4,199	34,814
金額(B')	3,056,429	4,523,069	5,782,444	6,597,727	7,832,919	7,824,071	14,814,324	5,849,171	56,280,154
総処理件数中審査委員会付議事項(C)	783	1,032	2,392	3,080	3,687	4,997	6,712	3,186	25,869
金額(C')	2,443,820	3,696,927	5,574,923	6,342,641	4,266,437	5,191,626	10,657,268	3,559,143	41,732,785
認許可件数(D)	752	955	1,890	2,094	2,661	4,241	6,248	3,046	21,887
金額(D')	2,398,602	3,620,130	5,173,383	5,603,681	3,752,733	4,906,495	10,419,998	3,485,971	39,360,993
B/A	98.2%	97.3%	88.5%	80.3%	80.6%	87.7%	94.7%	95.6%	89.5%
B'/A'	98.5%	98.3%	93.5%	89.9%	93.8%	96.5%	98.4%	98.5%	95.9%
C/A	45.8%	35.5%	53.9%	60.6%	68.9%	80.0%	76.5%	72.5%	66.5%
C'/A'	78.8%	80.4%	90.1%	86.4%	51.1%	64.0%	70.8%	60.0%	71.1%
D/A	44.0%	32.8%	42.6%	41.2%	49.7%	67.9%	71.2%	69.3%	56.3%
D'/A'	77.3%	78.7%	83.7%	76.4%	45.0%	60.5%	69.2%	58.7%	67.1%
D/C	96.0%	92.5%	79.0%	68.0%	72.2%	84.9%	93.1%	95.6%	84.6%
D'/C'	98.1%	97.9%	92.8%	88.3%	88.0%	94.5%	97.8%	97.9%	94.3%

(出所) 日本銀行沿革史第四集第十八巻, pp. 7-11。
1. 単位は千円。
2. 総処理件数は臨時資金調整法第4条および第4条の2によるものである。

資金調整法の実施過程において日銀の政策体系がどのように変化したのかを見ておくこととしよう。

結論から言えば，以上の意図を裏づけるかのように自治的調整に対する日銀の政策関与，臨時資金調整法の運用強化が実施されている。図表3-4は，臨時資金調整法第4条および第4条の2に基づいた総処理件数，臨時資金審査委員会付議事項の件数，それぞれの金額を見たものである。全般的傾向としては総処理件数に対する臨時資金審査委員会付議事項の比率が大幅に増大している事実が見てとれる。これは，戦時経済の進展にともない，資金の配分されたところには資材が配分されるという建前がもはや維持できず，従来の事業資金調整標準に即した機械的な資金配分が実質的に意味をなさなくなったことに原因がある[39]。さらに言えば，金融機関による自治的調整は，この事業資金調整標準に従って実行されていたから，この標準に該当しない事例を付議する臨時資金審査委員会の活動が増大しているということは，自治的調整が後退したことを意味していた。

この点をさらに細かく見ていくと，1）総処理件数に占める審査委員会への付議事項件数の割合（C/A）が1939年以降1942年まで一貫して増大したのち，70％台を維持していること，2）付議事項に占める認許可件数の割合（D/C）も1941年以降一貫して増大傾向にあることが読み取れる。しかしながら，この付議事項を金額ベースでみると，3）1940-41年に明らかな落ち込みが看取され，1942年以降は漸増傾向をたどるものの，1937-39年水準への回復は達成できなかったこと（C'/D'），4）審査委員会付議事項は1941年まで許可が厳格化傾向にあったが，それ以降，高い比率を維持していること（D'/C'）が分かる[40]。すなわち，太平洋戦争の開始を契期として，1），2）は，臨時資金調整法における臨時資金審査委員会の地位が安定化しつつ許可基準が緩和していることを示しており，3），4）は，金額面で見た臨時審査委員会の地位低下，許可要件の緩和を示しているということになる。

こうした変化を自治的調整の弱体化に即して言えば，臨時資金審査委員

39）『日本銀行沿革史　第三集　第十七巻』pp.24-25。
40）同表では，1944年の計数が9月末時点のものであり，その点は限定的に考察せざるを得ない。

会への重要事項の付議範囲がしだいに拡大されていった点が注目される[41]。まず，調整機関からの日銀本支店に対する協議の範囲が1938年8月，翌年4月，12月と段階的に拡大された[42]。これと同じタイミングで日銀支店の協議処理範囲が縮小され，本店および審査委員会の意見を徴して可否を決定する範囲が拡大されていくこととなる[43]。このように，次第に審査委員会への付議事項範囲，自治調整団に対する日銀の指導はそれぞれ強化ないし集権化されていった。そして，1939年11月「資材手当ての見透しを付けたる上資金計画を決定し之を中心として審査を進むる方針」のもと「金融機関の自治調整に手を加ふる要あり」として，自治的調整団の廃止案，縮小案が検討されるに至るのである[44]。1941年10月「官庁は仕事の範囲の膨張其他の関係から中々手が廻らず，勢ひ本行に委ねらるべき部分が一層多くなるものと予想される」[45]と日銀島居理事は述べているが，臨時資金調整法における日銀の地位，役割は漸次重要なものとなっていったことが理解できるだろう。

このように臨時資金調整法を通じた金融統制における日銀の役割は結城総裁の意図を裏づけるかのように強化されていった。しかし，それは太平洋戦争の開始までのことであり，かつ日銀の金融機関に対する一方的な統制を意味するものではなかった点は強調に値する。

まず，結論から言えば，1939年11月に提起された自治的調整方式の変更は最終的に実現されなかった（日本銀行［1984：297］）。さきに見たとおり，結城総裁は日銀の権限強化を主張していたが，ここでいう権限の強化とは金融機関との協調的な関係を前提に置いたうえでの金融調節機能の強

---

41) 範囲拡大とは，臨時審査委員会に審査を申し入れなくてはならない最低金額が次第に引き下げられていったことを意味している。『日本銀行沿革史　第三集　第十七巻』pp.61-63。

42) 『日本銀行沿革史　第三集　第十七巻』p.63。

43) 昭和13年8月15日「支店長宛資金調整局長電信」『日本銀行沿革史　第三集　第十七巻』p.276。昭和14年4月27日「支店長宛資金調整局長通牒」，昭和14年12月15日「支店長宛資金調整局長通牒」同上 pp.278-280。

44) 「昭和14年11月17日　部局長支店長会議記録」同上 p.281。日本銀行［1984：296］も参照。

45) 資金調整事務打合会席上における島居理事の発言。『日本銀行沿革史　第三集　第十七巻』p.130。

化に向けられた。たとえば，1940年に全国金融協議会が設立されたが，その設立は政府の統制措置発動を察知した結城が，単なる連絡協調の任意団体として協議会を位置づけ，国家統制に対する金融界の防波堤を用意したものだと言われている（日本銀行［1984：324］）。このような金融機関の協調的組織化は，同行にとってもメリットが大きく，金融機関間の水平的な連絡が強化されただけではなく，日銀が金融機関の組織に立ち入って指導することが可能となった[46]。このことは日銀の資金統制において大きな効果を発揮することとなる。

また，1941年以降，臨時資金調整法は形骸化することとなった。同年には経済情勢の緊迫化を受け，物資動員計画の策定方針の変更に伴う資材配分の「重点主義」の強化が日銀内部において標ぼうされる[47]。ところが，同年度の物資動員計画の確定は大幅に遅れ，設備の新設，拡張のための認許可を原則として禁止するといった措置が臨時審査委員会において決定される[48]。その結果が金額ベースで見た許可額の急減である。さらに，この時期以降，戦局の進展にともなってきわめて重要な議案以外は持ち回り審議にて処理されるようになり[49]，とくに，臨時審査委員会に先立って行われる幹事会の決定権が強まったと言われている（大蔵省大臣官房調査企画課［1978：455］）[50]。その際，幹事会の構成は，日銀の資金調整局を中心としつつも大蔵省や商工省からの参加が増え，かつ，決議録を事前に作成してそれに出席者の捺印を求めるという，きわめて形式的な審査へと変わっていくのである[51]。

---

46) 日本銀行保管資料『昭和十五年中部局長支店長会議資料』p.136。
47) 松林資金調整局長は，「重点主義」について，「必要物資が全然輸入杜絶したので絶対必要なる物資は内地で仰ぐの外なく，之は生産拡充を一層強化し，此の方面に重点を増す」ことだと説明している。『日本銀行沿革史 第三集 第十七巻』p.131。後述のように，「重点主義」は，財政金融基本方策要綱においても予算編成上の重要ポイントとして言及される。
48) 昭和16年7月19日「支店長宛資金調整局長通牒」『日本銀行沿革史 第三集 第十七巻』p.282。
49) 『日本銀行沿革史 第三集 第十七巻』p.65。
50) 幹事会に参加していた迫水久常の言葉を借りると，大蔵大臣は臨時資金調整法にはタッチしていなかったため責任は日銀総裁にあり，一方で，実際の決定には幹事会を通じて大蔵省も関与できたという意味で「はなはだずるいやり方」であった（大蔵省大臣官房調査企画課［1978：455］）。

このように，臨時資金調整法を契機として日銀は金融機関との協調を意識しながら権限を強化していった一方，太平洋戦争への突入，戦火の拡大によって同法それ自体を通じた影響力行使は限定的なものとなって行く。だとすれば，さきに示された結城の政策思想はどのように位置づけられるべきであろうか。

結論としては1942年日銀法の制定によって彼の意に即した日銀の権限強化が実現されることとなるのであるが，42年法については3-4で取りあげるため，中央銀行機能の強化と関連する問題にかんして開戦後の展開をごく簡単に追跡すれば以下の通りである。

まずは，対外関係である。太平洋戦争の開始によって，占領地との決済システムの確立が急務となり，円を決済通貨とした総合決済体制の構築が声高に叫ばれるようになる。そして，その前提として，域内中央銀行としての日銀の機能強化が俎上にのせられた。この点は，第79議会における衆議院日銀法案委員会における政府答弁に明確に示されているが[52]，これと対応して，42年法の第24条において「主務大臣の認可を受け外国金融機関に対し出資を為し若は資金を融通し又は外国金融機関と為替決済に関する取引を為すことを得」と明文化されることとなる。従来，海外の中央銀行と異なり，日銀が為替取引に直接かかわることは稀であったが，日中戦争以後の為替管理，為替市場統制における日銀の地位向上と連動して，同行の国際金融上の位置づけが明確にされることとなったのである[53]。その後，日銀は，大東亜共栄圏の中央銀行としての立場から，各国通貨制度の安定を目的として決済資金その他のクレジットを次々と設定した。その大部分は，第24条の規定に基づく同行の円借款であり，金額は太平洋戦争以後に限定しても14億円に達することとなる（大蔵省昭和財政史編集室［1963：526］）。

---

51)　『日本銀行沿革史　第三集　第十七巻』p.65。

52)　原口為替局長の答弁。「将来は東京において円をもって東亜共栄圏内各地域間の決済をおこなひうるようにしたいと考へる。これは政治的な意味においてではなく，さうすることが各地域にとって最も実際的であり便利であると考へる。この場合日銀に各地域の中央銀行あるひは為替銀行の清算勘定を設け，共栄圏内各地域間および共栄圏と他のブロックとの為替尻を決済するやうにして行きたいと思ってゐる」。大蔵省昭和財政史編集室［1963：440］を参照。

53)　さらに，日銀の田中鉄三郎は「東亜決済銀行」の創設を提唱していたがこれは大蔵省の容れるところとならなかった。島崎［1989：410ff.］参照。

続いて，国内に目を向ければ，1942年4月「金融統制団体令」の制定によって日銀の市場統制力は頂点に達したといわれる。すなわち，同団体令にもとづいて全国の主要金融機関を包摂した金融統制会が設立されたが，統制会は，金融機関に対して，指導・統制のための通牒を次々に出し，業務の細部にわたって介入を強めたのである（日本銀行［1984：340］）。このように，金融統制の実際的事務とその運用は統制会へと全面的に移譲されたが（大蔵省財政金融研究所財政史室［1998：277］），その中核は日銀であり，統制会における業務はまさしく同行の活動の一環にほかならなかった，と日銀自身が述べている[54]。事実，団体令の制定過程では，大蔵省の試案[55]にたびたび登場した「大蔵大臣の指導監督」という文言が削除され，同時に，一元的な統制体制，総裁による統制会会長職の兼務を日銀が要求し，それが受け入れられている[56]。

以上の金融統制における権限強化の過程を日銀百年史は日銀の「行政機関化」と表現した（日本銀行［1984：355］）。その意味は，金融にかんする統制事務が同行に委ねられ，大蔵省の代理として統制の範囲を拡大したということである。しかしながら，日銀自身が政府の金融政策への順応を主張し，「元々金融の調節と統制とは不可分の関係にあり」，「金融統制によるに非ざれば金融調節の完璧を期し難き」とまで言い放ったとき[57]，「行政機関化」による権限の強化は，究極的な自己利益追求のかたちであったとも言えよう。戦時統制という特異な時代にあっても，金融市場調節と金融機関への影響力行使という日銀に固有の政策課題は追求され，かつインフレ抑制という目的に即してその実現がもくろまれた。そして，その意図のもとに制定されたのが42年法であるのは後に述べる通りである。

3-3-2　予算編成権移管問題と資金統制

前節では，戦時下の資金統制とそこでの日銀の役割を見てきた。次に，大

54）『日本銀行沿革史　第四集　第十八巻』p.623。
55）大蔵省資料「金融統制団体令制定に関する件」。
56）「財政金融改革要綱案中『金融制度の改革』に関する項の中修正を可とする件」「日本銀行の地位及職能の強化」『日本金融史資料　昭和編　第三十巻』。
57）「財政金融改革要綱案中『金融制度の改革』に関する項の中修正を可とする件」『日本金融史資料　昭和編　第三十巻』。

蔵省の予算統制の変化を確認し，その後，大蔵省統制と日銀の政策選択の関係を検討することとしよう。

すでに指摘したように，ここでの課題は 2 つある。第 1 は，革新官僚を中心とした企画院による政策関与と大蔵省のそれへの対応，第 2 は，資金統制の展開，日銀の政策機能強化と大蔵省統制の関係である。これらの課題を通じて検討されるのは，日銀に優越する主体として当然のごとく描かれてきた大蔵省が直面していた課題であり，それが，42 年法の制定にどのように結びついたのかという問題である。

以下ではこれらの 2 つの課題に接近するために，1941 年 7 月 11 日閣議決定「財政金融基本方策要綱（以下，『要綱』）」をめぐる政策論争を見ておく[58]。「要綱」は，計画経済の論理に即して企業システムの再編・強化をうたった「経済新体制確立要綱」と表裏をなすものである。背景には，軍部，革新官僚を中心とした経済新体制運動と呼ばれる一連の政治運動があり，「戦時諸要請に対し機動力と強靱なる秩序とを整備確立する」[59]ことにねらいがあった。簡単に言えば，「財政金融を中心に，国民経済力を再結集する」（1942 年 7 月 12 日付朝日新聞）ことが課題であり，内容は抽象的ではあったが，財政金融政策を計画化の論理のもとに再構成しようとするきわめてラディカルなくわだてであった。

ここで「要綱」の内容を概観しておこう。財政にかんする項目は，「財政政策の改革」として列挙されており，1）財政資金計画の策定，2）会計制度の改革，3）予算編成方法の改革，4）税制の改革，5）公債の発行及消化の計画化，6）地方財政の改革から構成されている。以上の番号との対応で，簡単に内容を拾っておくと，1）国家資金動員計画に基づいた財政計画の策定，2）財政運営と計画経済の関係強化のための会計制度

---

58) 「要綱」の内容にかんしては，銀行研究社編［1941］。なお，「要綱」の策定過程については伊藤［1983］［1984］［1995］山崎［1991］が参考になる。これらの先行研究によると，「要綱」が成案を得る過程の試案については，1940 年 9 月 30 日「財政金融政策要綱」，その準備草稿にあたる「財政金融政策要綱説明」「財政金融政策要綱参考資料」がもっとも初期のものである。その後，1941 年 3 月 25 日「財政金融政策改革要綱」でおおむねの線が確定し，5 月 8 日「財政金融改革要綱案」が作成された後，7 月 11 日に「財政金融基本方策要綱」が閣議決定される。

59) 「財政金融基本方策要綱決定に就て」，『美濃部洋次文書 G-17-25』。

改革，3）物資動員計画との連携と政府の方針に即した支出，4）国民各層が負担を分担するための新税創設と戦時利得への課税，5）資金計画にしたがった国債発行と資金統制による消化の確保，6）予算節約と委任事務に対応した費用負担といった具合である。一目見て分かるように，計画経済の進行に合わせて財政政策を根本から戦時体制化することに課題があった。

さて，まずは革新官僚との対抗を軸とした大蔵省統制の変化についてである。

以上の「要綱」は，財政運営の計画化への志向から見ても明らかなように，計画経済を総括していた企画院，とりわけ，革新官僚迫水久常の影響が強かったことが知られている[60]。迫水の基本的な考え方はこうである。彼によれば，内閣は法制，予算，情報，人事の4つを握ることが重要である。ところが，現状では，予算にかんする絶対権を大蔵省ないし大蔵大臣が握っている。そこで，内閣機能強化の観点からは予算の最高権限を内閣総理大臣の方へ移す必要があるとするのである（大蔵省大臣官房調査企画課［1978：407］）。

このような革新官僚の思想は「要綱」に色濃く反映されている。「要綱」成立過程での議論を見てみると，1）消費，資産，生産等の基準からなる会計群への予算分割，款項の分類の整理単純化，予備費の増大，経常部・臨時部の区分の廃止といった予算制度改革，2）歳出の重点主義，3）普通歳入の増大などが論じられており[61]，大蔵省統制の弱体化ないし解体が企てられていることが分かる。このように，大蔵省は組織史上空前の危機に直面していたが，実際には国民にその事実を知らされることはほとんどなく，また，これまでの研究史においてもその内容はほとんど言及されることがなかった[62]。そこで，以下，その経緯を詳しく見ておくこととしよ

---

60) 迫水が「要綱」作成における最重要人物の一人であった点は広く知られている（たとえば，伊藤［1995：72］）。彼は大蔵省の金融畑を歩んだ人であり，商工省管轄の証券，保険事務を大蔵省に移管させたことにも明らかなように，金融制度改革に功績を残した人であった。

61) 「財政金融政策要綱参考資料」pp.14-20。

62) 当時の見方を紹介しておけば，「企画院を中心として行政機構の再編成が研究せられる」一方で「その経過や成行については皆目分からない」というのが現状だったようであ

3-3 財政と金融の一体化が意味するもの

う[63]。

「要綱」作成に先立つ1940年8月,大蔵省は「現下財政に関する若干の問題」[64]と題した資料を作成している。そのなかで,「戦時化の財政機構として現在の大蔵省（主計局）の制度は適当であるか」という課題設定を自ら行い,従来の議論を1）主計局企画院合体案,2）総務省案,3）主計局を拡大強化し大蔵省外局とする案に整理している。この時点で予算編成権に対する革新官僚,企画院の関与が存在したこと,それに大蔵省が危機感を抱いていたことは間違いないだろう。こうした関与の具体例として,1941年5月23日「現下の我国行政機構の欠陥」[65]をみておこう。この資料では,国策樹立にかんして,最大の活動を行っているのは各省における局や課であり,それらが自省の利益追求に執着し,予算案は折衝や取引を内容とすることによって成立する状態だとの批判が加えられている。そのうえで,総合的な政策判断は内閣においても到底期待できないことを難じ,内閣の統一的な国策樹立の必要性とそのもとでの予算編成が問題提起されるのである。

その後,たて続けに官庁事務の戦時化,再編にかんする書類が作成され,内閣機能の一元化は積極的に論じられることとなる[66]。そのなかの一案である「予算局機構要綱（案）」[67]によると,予算編成の大綱決定,ならびに,

---

る『週刊東洋経済新報1941年10月18日』p.6．ちなみに,昭和財政史においても「主計局移管問題」が論じられているが,この間の詳細な経緯は明らかにされていない（大蔵省昭和財政史編集室編［1956：148ff.］）。

63) 以下の記述にかんしては主に東京大学附属図書館所蔵の美濃部洋次文書に依拠している。じつは,資料を見る限りそれらが企画院作成によるものと必ずしも断言できないものが多い。ただし,革新官僚による政策関与を扱ううえでは大きな問題とはならない。その理由は次の通りである。以前,同文書は国策研究会文書と呼ばれていた。国策研究会と美濃部は革新官僚と軍務局の中枢が結託した「月曜会」を介して深いつながりを有していた。すなわち,美濃部＝国策研究会文書を通じて,われわれは企画院に根を張った革新官僚の政策構想を知ることができるのである。月曜会を通じた革新官僚の人脈については古川［1992：113ff.］を参照せよ。

64) 「現下財政に関する若干の問題」『昭和財政史資料Z809-25-2』。
65) 「現下の我国行政機構の欠陥」『美濃部洋次文書H-1-3』。
66) 「要綱」が閣議決定された1941年7月11日には「行政事務の戦時化に関する方策」『美濃部洋次文書G-39-26』が作成され,それ以後,行政機構の改革は本格化することとなる。ただし,第三次近衛内閣の倒壊によってこれらは実現に移されていない。1941年の行政機構改革構想については古川［1992：238ff.］,とくに,246ページ以降を参照。
67) 「予算局機構要綱（案）」『美濃部洋次文書H-1-17』。

予算の総合統制にかんする事務をつかさどる「予算局」の新規設置が提案されている。予算局は2つの課からなり，1）予算編成方針の策定に関する事項，2）予算の総合編成に関する事項，3）重要政策に関する予算の統制に関する事項，4）予算制度及予算編成方策に関する調査研究にかんする事項，を取り扱う。その所管は内閣に属する総務院とされた[68]。こうした政策提案が行われた理由としては，1）統一的な国策を樹立するためには，各省の実施しようとする諸政策を審議，統制する必要があり，それはその具体化の手段である法制および予算について，審査権を有するのでなければ不可能であること，2）物資動員計画，労務動員計画，資金動員計画，その他の計画が厳密に結びつけられることが必要であり，予算こそが資金計画の内の最大重要部分を占めること，が指摘されている。要は，内閣に予算編成権を移管し，内閣機能，企画院の権限を強化することで，計画経済の円滑な遂行を期したものということができるであろう[69]。

以上のように，企画院による予算編成権の獲得運動はかなりの進展を見せて行った。それと同時に，大蔵省との対立も相当厳しいものとなって行ったようである。迫水は1941-42年にかけての植木主計局長との折衝について次のように振り返っている。「植木（庚子郎）さんと猛烈な衝突をした。植木君は私が『大蔵省出身の癖に，企画院の肩を持ってなんだ』と言う。彼は一高以来の友達で，私が一高に入りましたとき，げたをはいて歩いておった。植木君には今でも恐怖感を持っているのですが，怒って来たことがある」（大蔵省大臣官房調査企画課［1978：409］）。何となくユーモラスな記述ではあるが，当時の対立の深刻さをよく示している。

さて，このような対立ののち，最終的に，従来の大蔵省組織を維持するかたちで決着を見ることとなる。その理由は「要綱」策定後の資料と推察される「行政機構改革要綱に関する重要事項説明」に明らかである。これを簡単に要約すれば，予算編成の細部まで総務院が所掌する必要はなく，大蔵省における歳入・歳出の保持の関係，財政と金融との関係の調整を考

---

68)「内閣機構」『美濃部洋次文書H-1-27』。
69)「予算編成を総務院に所管せしむる理由」『美濃部洋次文書H-1-6-A』。同資料では財政金融の一体化の論理に立ち，予算編成権のみを総務院へ移管することの是非が検討されている。

3-3 財政と金融の一体化が意味するもの　　165

慮すると，総務院の所掌は予算編成方針の決定，予算に伴う重要政策の先議確定，各省に対する予算総額の配分，これらにかんする事務に止めるべきだとの合意が企画院においてなされたのが理由である[70]。ここから推察できるように，決着の理由は歳入と歳出の一体性という予算の特性[71]，財政と金融の一体的運用というマクロ経済政策の特性，それぞれを盾に大蔵省が強く抵抗したことによる。後者の点はのちに触れるとして，前者の点を一歩進めるならば，現実の予算編成が歳入と歳出の決定段階において経験的かつ技術的な要素が強いこと，それらの蓄積なしに物資動員計画と予算編成とを自身に有利になるように接合しようとした企画院のもくろみは現実的な妥当性を欠いていたことが問題とされたのである。この点を具体的に見ておこう。

　日蘭会商の決裂やドイツのソ連侵攻といった国際情勢の不安定化を受け，1941年7月9日，同年度物資動員計画の策定方針が外国依存物資の獲得断念を軸に変更される（中村・原［1970：65］）。その結果，物資需給の観点から非軍事支出の改定削減が取りざたされ，物資動員計画の改定に実行力を持たせるべく，1941年度予算の節約・削減が喫緊の課題となった。その際，大蔵省は物資動員計画による用途別の資材の配当と款項目による予算査定額とは全く別の形式のものであり，両者を適合させることはほとんど不可能だと指摘する。そのうえで，予算技術上より見て削減不能と見られる予算は少なくないが，とにかく「論理的」な結論のみを示すことで予算節約案を作成せざるを得なかった[72]。資料上の限界から，現実の節約額の推移にかんしてこれを詳細に明らかにすることはできない[73]。しかし，傍

　70）企画院「行政機構改革要綱に関する重要事項説明」『美濃部洋次文書H-1-39』。内閣機構の改革案を見ておくと，総務院の下部機構たる予算局が姿を消し，かわりに財務局が設置される構想へと変化している。「昭和16年10月5日　内閣機構第一案，第二案」『美濃部洋次文書H-1-30』。
　71）大蔵省側は税務行政と予算編成とは切離せないという見地から強硬に反対した（大蔵省財政史室［1995：1,021］）。賀屋も「予算は歳入と歳出をにらみ合わせてやらなければならないから，その歳入を持っている官庁でやらなければならない」点を指摘している。『賀屋興宣氏談話速記録』p.16。
　72）「昭和16年度予算節約案（参考資料）」『美濃部洋次文書 Aa-16-4』。
　73）参考までに述べておけば，1941年8月8日の第三次節約案では，一般会計1億3446万円，特別会計6億4333万円の合計7億7779万円が提示されている。「昭和18年度予算節約諸案比較表」『美濃部洋次文書Aa-16-5-B』。しかし，同年9月24日の閣議決定では

証として1941年度において提示された予算節約案のうち直後に解除されたものが相当額にのぼっていたという事実をここでは指摘できる[74]。

　こうした予算統制と物資動員計画の不一致の問題は，大蔵省にとってはある程度自明のことであったようである。1940年9月大蔵省資料[75]では，以下の点が指摘されている。1）各省庁が大蔵省に従来からの予算項目と同時に提出した「物資需要調書」が不十分なものであること，2）各省庁が企画院の物動編成過程に介入した結果，「物資需要調書」とは異なる物資の配当が企画院によって行われたこと，3）各省において物と金を管掌する部局が異なったこと，4）物資が直接予算を規制するのは物件費のみであり，非物件費支出が間接的に物資を必要とする側面を無視していたことである。これらの結果，物資動員計画の改訂に対して予算の節約で対処してきたが，実際には物資動員計画と予算のズレは不可避であると結論づけている。さらに，返す刀で，資金と資材にかんする決定機関が統一されるのが最善であり，財政にかんする限り大蔵省が両者ともに責任を持つことが望ましいこと，さらに，同省は官需については全面的にその決定権を要求し，軍需についても決定に参加することまで主張している。このような事実，主張を勘案すると，大蔵省の予算編成をめぐる経験の蓄積は，同省の政策権限を維持・拡張するうえで重要な役割を果たしたことが理解できるであろう[76]。

これを大きく上回る22億5200万円（一般会計：節減4億3100万円，留保4億300万円，特別会計：節減5億3100万円，留保8億8700万円，重複勘定を差引いた純額では13億2300万円）の節減・節約が決定された（大蔵省昭和財政史編集室編［1955：304f.］）。その一方で，（会計区分は判然としないが）1941年度の節約額は2010万円にすぎず，留保（繰延べ）額が3億3000万円に達し，節約額を繰延べ額よりも多くすることの緊要性が大蔵省内部でも認識されていた。「大蔵省委員財政部会具申　既定経費の整理節約に関する件」『昭和財政史資料Z809-25-6』。こうした著しい乖離が生じること自体，大蔵省統制と資金計画の不整合性を示している。

　74）「想定問答」『昭和財政史資料Z379-7』。
　75）「予算と物動との関係を一層緊密ならしむる方策に就て」『昭和財政資料Z809-6-206』。
　76）「財政運営の集中方式」，「重要国策の先議確定」というかたちで大蔵省統制の後退を指摘する見解があるが（昭和財政史編集室［1955：305f.］），予算編成権そのものを大蔵省が保持し，基本的には，企画院の介入を排した点がまず前提となる。また，このような評価は，馬場財政下の1936年5月29日，「重要国策の先議」にかんする閣議申し合せが行われ，その延長線上に位置づけられる措置だった点も勘案すべきである（大蔵省昭和財政編集室

3-3 財政と金融の一体化が意味するもの

　以上のように，革新官僚は軍部との連携のもとに大蔵省統制を解体し，究極的には意思決定の内閣への一元化を模索していった。確かにその過程では物資や資金の計画化が進行し，財政政策の自律性には一定の制約が加えられることとなった。しかし，大蔵省統制にかんする限り企画院の政策関与には大きな限界があったことを認めなくてはならない。このような限界は，大蔵省統制の技術的，経験的な要因にたぶんに依拠するものであったが，企画院という官僚組織の有していた限界でもあった。

　「物の予算」の創案者であり企画庁（企画院の前身）の設立にも関与した賀屋興宣は「各省から人を集めて，ある年数たちますと古巣に帰るが，それは本当にそこの出身者でないからである。つまり寄合世帯であるからであって，もとは大蔵省あるいは商工省のものである」[77]と急造の総合官庁としての企画院の限界を指摘している。このような限界は，彼らが中心となって作成した「要綱」の限界をも意味していた。のちに銀行局長，日銀総裁を務めた山際正道に言わせれば，「内閣全般で作った基本方策（「要綱」のこと－引用者）は，一番あとで大蔵省でいやに引っ張って放っておいた……他はすっかりできて，大蔵省だけできないので企画院からやいやいと言ってくる。われわれはしょうがない。各局の世話で理財局の担当する事項を全部持ち出し，それでできたもの」[78]ということになる。このように，大蔵省の幹部は企画院の存在およびその施策を痛烈に批判した。当時の次官広瀬豊作にいたっては，「いったい今の企画院の顔ぶれで予算の編成ができるか。あれはいわば烏合の衆ではないか」とまで言い切っている（大蔵省大臣官房調査企画課［1978：158］）。企画院の野心は，その後発組織としての限界とともに，大蔵省の憎悪にも似た強い抵抗の前に後退を余儀なくされたのである[79]。

編［1956：133ff.］）。
　77）『賀屋興宣氏談話速記録』p.18。
　78）『河田烈氏談話速記録』p.43。
　79）　古川は，企画院と大蔵省の対抗関係について，前者の後者に対する優越，とくに「物の予算」の重要性と各官庁が企画院に優秀なスタッフを送り込んだという事実を強調している（古川［1992：77］）。しかし，これまでの記述に明らかなように，企画院の政策関与に対する大蔵省の巻き返しが予算編成権の維持に帰結した点，企画院の組織としての性格を踏まえるとこのような評価には同意できない。この点本章は御厨［1996］の主張に近い。なお，後述の資金統制における企画院との対抗にかんする記述もあわせて参照されたい。

次に、第2の課題である資金統制、日銀の権限強化と大蔵省統制の関係を見ておこう。

「要綱」に示された「財政政策の改革」が物資動員計画だけではなく、国の資金計画[80]との関連を重視するものでもあった点はすでに述べた。このような資金統制による制約が決定的に財政に作用し始めるのは、1942-43年度の国家資金計画である。国家資金計画の全体像を説明するのはむつかしい。図表3-5にその全体像を示しておいたのでこれとあわせてその概要を説明しておこう。

本計画は、資金総合計画（資金動員計画、動員資金配分計画、動員資金調達計画）、資金個別計画（資金蓄積計画、公債計画、国内産業資金計画、対外投資計画）から構成される。同計画では、資金総合計画が国民所得を中心とした計数を根拠に決定され、これを総額とし、国民の消費資金総額を引いた額について資金配分計画が設定される。その資金配分先の一つとして、中央財政、地方財政[81]からなる「財政資金」が設けられる。こうして、財政は国家資金計画の構成要素のひとつとなる[82]。すなわち、国家資金計画のポイントは、国民経済との関連から財政支出の上限とそれに必要な資金の調達先を明確にし、そのうえで国債の強制消化を通じて財源の確保をもくろんだ点にあると言える。

ただ、こうした予算統制の計画化を論ずる際、資金統制が大蔵省の予算編成に与えた具体的な影響についてはいくつかの留保が必要である。

まず、大蔵省が収支均衡という古典的な健全財政主義を放棄し、マクロ経済の許容する範囲に財政規模を抑制するという課題を重視したという前提に立てば、国家資金計画による枠制限はきわめて目的合理的な手法だっ

---

80) 1942年度計画は大体において「国家資金計画」の体裁を整えている。ただし、名称は「資金統制計画」であり、財政資金の明確な位置づけがなされていない。「昭和17年度資金統制計画」『昭和財政史資料 Z809-25-8』。一方、1943年度計画になると、名称が国家資金計画となり、「財政金融基本方策要綱の決定せる国家資金動員計画の方式に則り昭和十八年度国家資力総額概定」する旨が策定要旨として明記され、財政資金の位置づけも明確になっている。「昭和18年度国家資金計画」『秋元文書 Z530-186』。

81) この国家資金計画と地方債計画の関連を述べたものとして、井手［2004］を参看されたい。

82) 「昭和18年度国家資金計画参考資料3　国家資金計画方式細目」『酒井（誠）文書 Z512-23』。

3-3 財政と金融の一体化が意味するもの 169

図表3-5 国家資金計画全体図

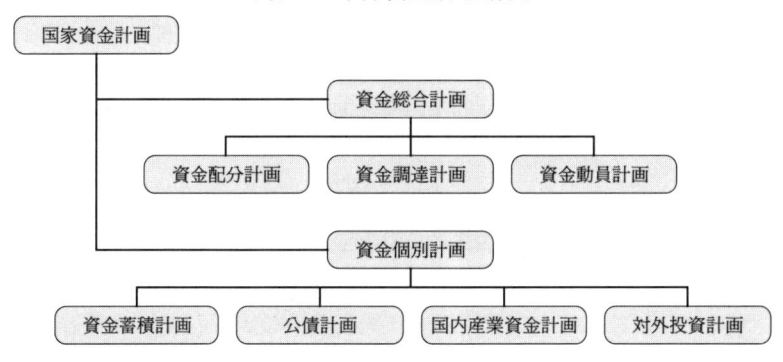

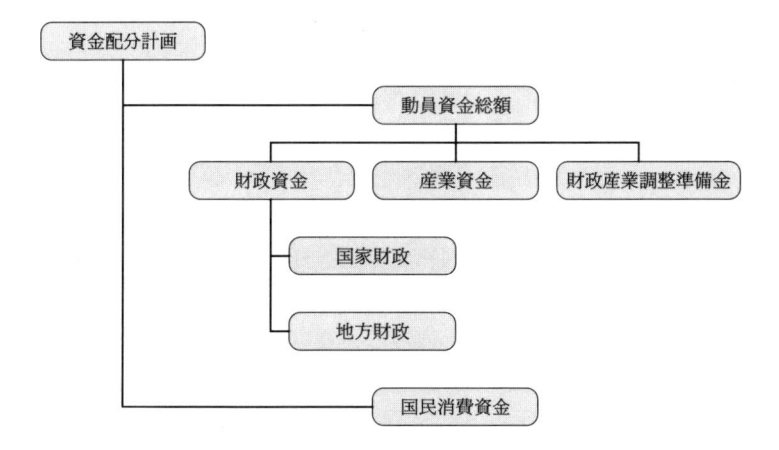

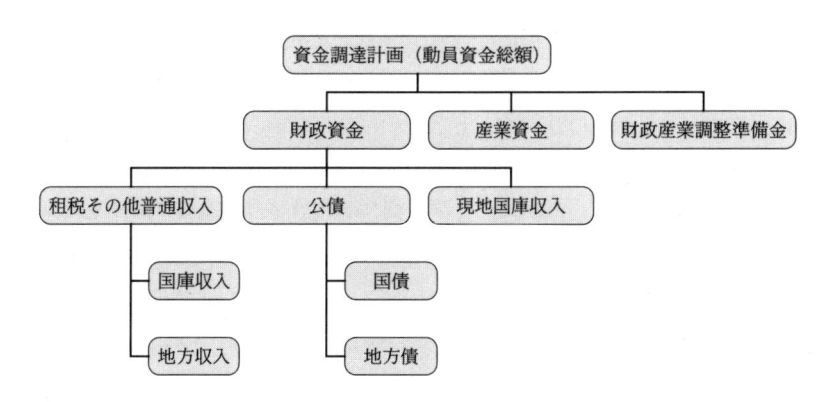

```
国家資金計画
├── 資金総合計画
│   ├── 資金配分計画
│   ├── 資金調達計画
│   └── 資金動員計画
└── 資金個別計画
    ├── 資金蓄積計画
    ├── 公債計画
    ├── 国内産業資金計画
    └── 対外投資計画
```

```
資金配分計画
└── 動員資金総額
    ├── 財政資金
    │   ├── 国家財政
    │   └── 地方財政
    ├── 産業資金
    ├── 財政産業調整準備金
    └── 国民消費資金
```

```
資金調達計画(動員資金総額)
├── 財政資金
│   ├── 租税その他普通収入
│   │   ├── 国庫収入
│   │   └── 地方収入
│   ├── 公債
│   │   ├── 国債
│   │   └── 地方債
│   └── 現地国庫収入
├── 産業資金
└── 財政産業調整準備金
```

た。つまり，予算統制が計画経済の論理のもとに再構成されたことで，マクロ経済の許容範囲に赤字を収めるという意味での財政の健全性を理論上ギリギリの線まで追求することが可能になったのである[83]。その意味では，この資金計画に基づいて財政政策が運営される限り大蔵省はインフレを制御可能だという建て前になっていた。

また，軍部の予算要求にさらされ続けていた状況のもとでは，財政規模の限界を示すという意味で結果的に財政膨張への歯止めとなることも期待できた。ここで「期待」と述べたのは，戦争がある種の経済合理性を超えて進展するのであれば，この計画を超えた資金の需要を引き起こすことがあり得るからである。事実，かかる国家資金計画によって与えられた健全性の限界は，計画外資金の増大，すなわち日銀の対民間信用供与の急増となって表れ，戦争末期・占領期のハイパー・インフレをもたらすこととなる。

次に，国家資金計画によって財政に配分された資金の内訳については，大蔵省の権限行使が可能であることは言うまでもない。財政資金のうち，中央財政は，1）陸海軍省所管一般会計支出，および，臨軍費特別会計における軍事費，2）一般会計，外地，鉄道，通信，政府出資各特別会計における行政費の純額，3）鉄道，通信特別会計資本勘定の一部，政府出資特別会計における政府出資金などの政府投資，以上の三項目から構成される。それゆえ，資金計画によっておおまかな費目別の総額は規定されることとなるが，個別の費目確定にかんしては，当然大蔵省の予算編成が重要な役割を担うこととなる。そして，そこでの予算編成権を大蔵省が死守した点はすでに述べたとおりである。

最後に，日銀の対民間信用供与とも関連するが，以上の資金の計画的配分の持つ限界を認めなければならない。実際の予算編成において，大蔵省は，物資動員計画とのリンクのもとに，しかしながら，計画とのズレをはっきりと意識しながら編成作業を進めていった。それどころか，予算要求の裏づけとなる資材，労務にかんする資料が各省より大蔵省に寄せられ，それをもとに予算の編成が行われており，企画院の「机上空論的な」物資

---

83) 専門性の高い委員会を複数設置し，軍部の予算要求に一定の歯止めを設けたこと，歳入の増加を租税に求めたことなど，「要綱」は，財政の健全性維持という含意がかなり明確であった（山崎［1991：454］）。

動員計画には必ずしも全面的に同調していなかったと言われる（大蔵省大臣官房調査企画課［1978：162］）。国家資金計画それ自体は資金面での計画であるが，物資動員計画の基礎が揺らげば資金計画は実行力を持ち得ない。その意味では，もし，国家資金計画が物資動員計画と厳密に連動すれば，予算と物資動員計画にズレがある以上，国家資金計画に規定される「財政資金」と実際の予算編成の間においても当然ズレが生じることとなる。

これらの点を念頭におけば，資金配分計画に示される「財政資金」は大蔵省に対してインフレを顕在化させないための財政規模を保証するものであり，一方で，実際の予算編成にかんしては，物資動員計画をにらみつつ大蔵省の裁量のもとで予算を編成することが可能だったと考えるべきではないだろうか。迫水は「各費目を集計して総額が出て来るといった傾向であったのとは逆に概定された総額について徹底した重点主義によって政府の最高方針に則って歳出予算を編成するの方針をとるのが適当である」と指摘している（迫水［1941：36］）。しかしながら，重要国策という柱は何本か立っても，具体的な中身と金額については，結局，大蔵省と要求官庁との従来同様の折衝になったと言われている（谷村［1987：62］）。財政資金の計画化が実際の予算統制に与えた影響の反面，大蔵省の予算統制のあり方が資金の計画化からはある程度自律的に運用された点を無視することはできないであろう。

さて，以上のようにいくつかの留保が必要ではあるものの，資金統制の進展は財政運営の大枠を決定づけることとなった。一方，進展を見せる資金統制の背後で日銀の権限強化が進んだことと大蔵省の予算統制との関連はいかなるものだったのだろうか。

はじめに「要綱」における金融改革の内容を確認しておこう。「要綱」では，1）産業資金の計画化，2）金融制度の改革，3）有価証券取引機構の合理化，4）企業資本の活用，5）企業設備に対する国家の資本的援助，6）外国為替政策の改革，7）満支に対する投資の調整が明記されている。ここで強調すべきは，初期の段階から財政金融の一貫した能動的，総合的，計画的な取りあつかいが主張されていた点である。財政および金融政策は，その本質は全く同一にして一元的にこれを取り扱うべきものとの指摘はその象徴である[84]。すなわち，資金統制は財政の規模を制約する

ものではあったが，その財政資金を確保するうえで，金融政策は財政政策と一体的に運用することが必然的に要請されていたのである。ここでの表現は，まさしく金融政策の財政政策への動員を象徴するもののように受け取れる。また，すぐ後に述べるように，2）金融制度の改革において日銀改組が志向されたことによってそれは裏づけられるように見える。しかし，本当にそうであろうか。ここに述べられた財政と金融の一体化ないし日銀改組の実態を評価するには，「経済新体制」における大蔵省，日銀，金融機関の政策要求が日銀改組にいたる過程で果たした役割を検討する必要がある[85]。

　まず，注目すべきは，特殊金融機関の設置をめぐる攻防である。日銀引受が開始されて以降の推移に見て取れるように，財政政策に連動した金融政策の焦点が国債の発行と消化に定められたことは言うまでもない。この点にかんして，「要綱」は「財政政策の改革」中「公債の発行及消化の計画化」において，「公債は公債財源に依るべき限度を定めて其の発行予定額を規正し之が発行消化に関しては金融統制と見合ひて之を計画化し且つ公債整理に関する合理的なる措置を講ず」[86]と述べている。その具体的な内容は，給与，会社収益，金融機関の資金増加等に基づく強制消化策，租税証券の発行などから構成されていた。まさに，金融統制の全面化による国債消化がもくろまれたわけである。

　このような公債の強制消化を実現する手段として，「要綱」の初期の草稿において公債の市場操作のため特殊金融機関を創設するという案が提起される[87]。ここで言う特殊金融機関とは，金融機関の再組織の一環として公債その他の有価証券取引のための金融を行う有価証券の価値維持の機関のことであった[88]。公債価格の維持および公債売買を通じた通貨調節が高橋財政期以降の日銀の重要な政策課題である点は繰り返し述べた。つまり，

---

84)　「財政金融政策要綱参考資料」『美濃部洋次文書G-17-14』pp.8-9。
85)　以下の既述にかんしては，山崎［1991］および伊藤［1995］によって明らかにされた日銀，金融機関を中心とした反新体制運動の実態に即しつつ，その日銀改組への影響を検討したものである。両稿もあわせて参看されたい。
86)　「財政金融基本方策要綱決定に就て」『美濃部洋次文書G-17-25』。
87)　「財政金融政策要綱参考資料」『美濃部洋次文書G-17-14』p.21。
88)　「財政金融政策要綱参考資料」『美濃部洋次文書G-17-14』p.31。

3-3 財政と金融の一体化が意味するもの

特殊金融機関設置論は,日銀の政策機能の限定化を意味するものだったと考えることができる。もう少し厳密に言えば,草稿では金融機関を日銀の監督下に置くことが言及されてはいるのだが,一方で,政府内部への設置,半官半民の出資形態による設置が論じられていた。さきに述べた内閣機能強化に計画経済の要点を見出していた革新官僚の思惑を垣間見ることができる。ただ,この提言は中間段階の草稿においてその創設が指摘されてはいるものの,具体的な内容は削除され,最終案である「要綱」からは姿を消すこととなる。

以上の特殊金融機関設置案の削除の一方で全面化してくるのが日銀改組案である。日銀の位置づけをめぐって各草稿では微妙な記述の変化が見受けられる。まず,初期の草稿1940年9月「財政金融政策要綱」[89]では「金融の中枢機関の設置」がうたわれるのであるが,これに関連する2資料,すなわち,「財政金融政策要綱参考資料」[90]では「金融の中枢機関の設置」として,「財政金融政策要綱説明」[91]では「日本銀行の改組」として,それぞれ具体的な改革案が示されている。両資料では政府内部に特別の資金会計を設ける案,民間に特別の金融機関を設ける案,そして,日銀を改組する案が併記されている。とくに,日銀の改組方法については一元的中枢機関としての日銀の地位が明記され,金融機関剰余金の日銀への集中,政府金融の吸収などきわめてラディカルな提案が行われている点に特徴がある。このように,初期の草稿では大胆かつ具体的な記述がなされていた。しかし,前者では,さきに見た特殊金融機関の設置案同様,新金融機関の創設案と日銀改組案が併記されており,後者では,日銀改組に論点を限定して改正内容が検討されるなど,両者に大きな相違があった点は見逃せない。

一方,1941年3月には迫水の筆による「財政金融政策改革要綱参考資料」[92]が作成されている。この資料では金融の中枢機関の必要性が詳細に論じられるが,純然たる政府の一官庁を創設することは疑問があるとして,

---

89)「財政金融政策要綱」『美濃部洋次文書G-17-8』p.5。
90)「財政金融政策要綱参考資料」『美濃部洋次文書G-17-14』p.27。
91)「財政金融政策要綱説明」『美濃部洋次文書G-17-6』p.24。
92)「昭和16年3月24日 財政金融政策改革要綱参考資料(迫水書記官稿)」『美濃部洋次文書G-17-16』pp.27-30。

「日銀を根本的に国家機関に改編」することが主張される。このような趣旨は，前段の資料が「金融の中枢機関の設置」としていたのに対し，迫水資料では「金融の中枢機関の整備」と変更されて日銀の機能強化が具体的に論じられている点からも確認できる。こうして，日銀改組＝日銀の国家機関化の方向は明確になり，その後，同年5月から6月にかけて作成される最終段階の案において「日本銀行の改組」という項目が独立して設けられることとなる。しかし，項目の内容が確定する一方で，「国家機関」は「政府の補助機関」という表現に改められ，また，具体的な改正内容は一切示されることなく，きわめて抽象的な文面へと変化する[93]。その後，日銀により，政府の補助機関としての機能を拡充するのではなく，政府の金融統制の実施機関としての機能を拡充するという趣旨に文言を修正することが要請され（日本銀行調査局［1971：203］，伊藤［1995：78］），これが容れられて，「要綱」における「日本銀行の機能整備」項へとつながっていくのである[94]。

このように，「要綱」の制定過程では，特殊金融機関の設置，金融中枢機関の設置から日銀改組へと論点は変化し，かつ，その内容も具体的な国家機関化論から抽象的な改組論へと変わっていった。以上の流れを見る限り，革新官僚の当初示した構想は次第に換骨奪胎されていったと考えることができそうである。これらの背景において看過し得ないのは，3-3-1に示されたような，自治的調整を基礎に徐々に形成されていった日銀による金融統制という現実であった。

戦後の大蔵省検査と日銀考査を想起すればたやすく理解できるように，金融機関にとって監督主体の多元化が好ましくないことは当然である。日

---

93) 内容の全文を記せば次の通りである。「金融統制の実施に関する政府の補助機関たる職能を一層充実する如く日本銀行制度を改革し各金融機関との資金上の関係を緊密にし金融の情勢に應じ金融資金を能動的に引上又は放出し具体的に金融を調整する機能を拡充す」。この文面は，「昭和16年5月8日　財政金融改革要綱案」『美濃部洋次文書G-17-17』，「昭和16年5月28日　財政金融対策要綱案」『美濃部洋次文書G-17-19』，「昭和16年6月3日　財政金融改革要綱案」『美濃部洋次文書G-17-20』のそれぞれにおいて共通である。なお，以上の案は大蔵省による作成との指摘がある（伊藤［1995：77］）。財政金融改革要綱案への日銀の意見にかんしては，日本銀行調査局［1971：202ff.］を参照。

94) その他，「要綱」では「充実する」という表現が「整備充実する」へと最終的に変更されている。

3-3 財政と金融の一体化が意味するもの

銀の指導のもとに協調関係におかれていた民間金融機関は新たな政府介入への強い懸念を表明した。たとえば，「住友銀行岡林氏案」[95]では「金融協議会（仮称）」の設置がうたわれ，「会長は日本銀行代表者之に当る（・・統・制・の・日・銀・一・元・化・を・意・味・す・る）」との記述を見出すことができる（傍点は引用者）。さらには，政府の方針に従いはするものの，金融企画，統制実施の実務については官庁等の干渉を「一切受けざる事」がはっきりと述べられ，また，国債割り当てによる強制消化をけん制し，そのための特別金融機関の設置を要求してもいる。これへの回答の中で，日銀の新木調査局長は岡林案への賛成を表明している。しかし，特別金融機関の設置にかんしては明確にこれを批判し，そのようなものを設けなくとも日本興業銀行を拡大強化することで十分であり，新機関を創設するのは屋上屋を架すものに過ぎないと指摘している[96]。

このように，金融機関は政治的な介入を排した統制システムの確立を要求し，日銀の幹部も同行に監督権限を集中させることを前提にこれに同意した。こうした経緯を踏まえれば，「要綱」において日銀改組の内容が漠然としたものとなって行った背景には，日銀改組の内容を詳細に決定することへの金融界の何らかの反発があったと推察することができるだろう。経済新体制運動に対しては反新体制派の巻き返しが行われたことはこれまでもたびたび指摘されてきた[97]。また，日銀を中心とした金融界の攻勢によって「要綱」における企画院案がより妥協的な内容へと後退した点も指摘されてきたが（山崎［1991：458］，伊藤［1995：77ff.］），こうした状況にあって，日銀改組の方向性も同じく軌道修正を余儀なくされたのである。

---

95) 「岡林氏提案」『美濃部洋次文書G-17-10』。
96) 「日本銀行新木氏意見」『美濃部洋次文書G-17-11』。
97) 以上の背景として1941年1月の「企画院事件」を無視することはできない。同事件は，「経済新体制」の主導権をめぐる軍部，財界，右翼，官僚間の政治的抗争であり，物資動員計画に従事していた企画院の正木，佐多，稲葉各調査官が治安維持法違反によって検挙された事件である。企画院が軍部と政策的に深いつながりを持っていたことは広く知られているが，第二次近衛内閣では，平沼騏一郎が内相（当初は無任所大臣），住友の小倉正恒が蔵相として入閣し，経済の計画化，利潤動機の排除といった「経済新体制」に対する反革新官僚派の巻き返しが行われたのである（宮地［1970］）。ただし，結果としてそのようなかたちになったとはしても，平沼グループが革新官僚を放逐する意図を持っていたかどうかはさらなる検討が必要だとする批判も存在する（古川［1992：206ff.］）。

さて，以上の日銀－金融機関と企画院との対抗関係に対する大蔵省のスタンスはどのようなものであったのだろうか。

　そもそも，公債の円滑な消化は，財政当局にとって時代の変化を問うことのない課題だといえるだろう。とくに，計画経済のもとで経済の許容範囲ギリギリまで発行される国債の消化が滞ることは，戦時財政の破綻を意味することとなる。その意味では，有価証券の価値維持のための機関の設立そのものに対して大蔵省が積極的な反対をする理由はあまり見当たらない。しかしながら，それが企画院主導のもとでとなると話は別である。それは，予算編成権の確保が求められる文脈において，大蔵省が企画院の提示する内閣機能強化案，一元化案に強い反対を示していた状況を想起すれば容易に理解できる。一方，日銀・金融機関が同じ論点をめぐって企画院に対して強い反発をなしたのも同様の状況においてであるが，これに対して大蔵省は日銀の金融調節機能の強化に同意，言及することとなる。

　日銀を中心とした金融システムの構築に関連して，その内容を大蔵次官広瀬豊作に語らせるならば，次のようになる。すなわち，「政府と日本銀行は一体である」ことを踏まえたうえで，「市中銀行其の他普通銀行から要求がありました際に於て，資金の貸出をやると云ふ受動的なパッシーヴな方面の仕事」という従来の中央銀行政策を転換し，「きわめて抽象的に日本銀行は今後に於ては能動的に出るのだ」ということである[98]。むろん，これは，42年法をめぐる国会質疑，答弁において繰り返されたように，一方で政府による監督の強化をともなうものであった。その意味では，「要綱」の策定過程で議論されたように，日銀改組は資金統制にかんする政府代理機関としての同行の位置づけを明確にするものといえる[99]。

　しかし，注意すべきは，そのような政府機関化が日銀の金融調節機能の拡充によって対応されようとした点である。その際，日銀の機能強化，権限強化がどのような意図，どのような経緯で実現されたのかが直ちに問わ

---

　98) 1941年7月18日「全国金融協議会第八役員会」席上における発言。『日本銀行沿革史　第四集　第一巻』pp.35-36。

　99) さきの「要綱」策定段階では，金融機関統制と関連して「資金運用に関しては商業資金中心より公債消化及生産資金中心に移行せしむる如く措置し且つ資金運用に関する国家の命令権を留保すること」が指摘されている。「財政金融政策要綱参考資料」『美濃部洋次文書G-17-14』p.26。

3-3 財政と金融の一体化が意味するもの

れることとなるだろう。ここでさきの日銀－金融機関が企画院の要求を退けた経緯を念頭におくならば，42年法に示されたいわゆる従属規定が政府から日銀に対する一方的な要求かどうかは一概に言えないだろう。この点は次節においてあらためて検討する。

また，もうひとつ注意すべきは，「政府と日本銀行は一体である」という主張の意味である。「要綱」では，財政と金融の関係に関して，「経営国家の下に於ては其の本質は全く同一にして一元的に之を取扱ふべきもの」と明記され，国家目的実現のための道具としての側面が強調されている。しかし，前掲「行政機構改革要綱に関する重要事項説明」にも見られたように，財政と金融の一体性という主張は，大蔵省が内閣への予算編成権移管を阻止する際の説得に用いられた表現であった。広瀬は，「財政と言った場合，予算だけが財政ではない。むしろ，金融面からいかに財政というものが補完されていくかということを考える必要がある」と述べ，それを根拠に企画院に対して「企画院で予算を作るなどとんでもない話，絶対断る」と伝えたと述懐している（大蔵省大臣官房調査企画課［1978：157f.］）。このように，財政と金融の一体化という主張は，単に計画経済における大蔵省と日銀の関係を示唆するものとしてだけではなく，大蔵省の企画院への対抗の論理としての意味も有していた[100]。そして，このような論理は，大蔵省は予算編成権の確保を絶対死守すべき生命線として，日銀は自行を中心とする金融統制の体系強化に目的を見出して，それぞれが与えられた文脈のなかで自己利益を追求する際の正当化の論理に他ならなかったのである。

さて，本節では臨時資金調整法と「要綱」を手がかりに日銀の資金統制における役割の変化，大蔵省の直面した政治的課題を検討してきた。歳入

---

100) これらの実態は，財政と金融を「一元的に之を取扱ふべきもの」と訴えた「要綱」の限界を示すものでもある。東洋経済新報は「直接政府支出に関係を持たぬ分野にあっては，此の種の適合（資金と物資関係の適合－引用者）がどうしてつけられるのか，知ることを得ない」と物資動員計画と財政支出の乖離を指摘したのち，「財政金融基本方策は寧ろ当然の企であるが，今後に解決を要する点もまた頗る多い」と評している（「週刊東洋経済新報1941年7月19日」p.10）。このように，「要綱」に示された方針や文言は，その記述のラディカルさの一方で，技術的，具体的なレベルでの課題も多く，改革の必要性を改めて確認するに止められたものであった。

と歳出の一体性，予算編成と物資動員計画の非整合性を根拠に，大蔵省は企画院との対抗を強めて行った。また，その背後では，日銀による金融統制の進展，企画院との対抗があり，それぞれの論理を集約するかたちで財政と金融の一体化は主張された。この論理のもとに大蔵省の予算統制権は維持されることとなったが，同時にそれは日銀の金融調節機能の強化を大蔵省が受け入れるための背景をなすこととなった。これが本節の結論である。

このように，日銀・金融機関－企画院という対抗の図式は，企画院の意図した内閣機能の強化を金融政策の面から切り崩すものであった。他方では，金融政策と財政政策の一体的運用が計画経済の遂行において不可欠とされたことは，大蔵省・日銀－企画院という新たな対抗軸を設定するきっかけとなった。すなわち，予算編成権の内閣移管，政府内への特殊金融機関設置という企画院の財政と金融の一元化構想[101]に対し，予算編成権の留保，日銀の金融調節機能の強化という多元的な政策構造を前提とした財政と金融の一体化が主張されたのである。この点を踏まえれば，42年法における財政と金融の一体性を，金融の財政への，日銀の政府への従属という単純な図式によって評価しきれないことは容易に想像できる。それでは，かかる状況のもとで42年法はどのように制度化されたのであろうか。

3-4　1942年日本銀行法制定過程における諸論点

3-4-1　日銀改組の背景と対政府信用の位置づけ

前節で論じたように，財政と金融の一体化は新たな歴史の局面における政策のあり方として全面化すると同時に，戦時期の企画院を中心とする革新官僚に対する日銀，大蔵省の対抗の論理としても機能することとなった。これら意思決定をめぐる主体間の多元的な関係を念頭におけば，「要綱」を直接的契機とし，政府への従属の象徴を意味したとされる42年法もその

---

[101]　こうした構想は一部においては戦時金融金庫として実現するが，本章で言う「市場操作」との関連で見ると，国債価格支持や流動性調節ではなく，株価の価格維持がこれに該当していた（伊牟田［1991：266ff.］）。

3-4 1942年日本銀行法制定過程における諸論点

制定過程に立ち入って再検討する必要が生じてくる。とくに，以上の過程では日銀の金融調節機能の強化を大蔵省は積極的に主張していた。そこで，本節では，大蔵省と日銀の意見交換の過程に注目しながら，42年法における中央銀行機能の整備の内容と日銀のそれに対する見解を明らかにしていくこととしよう。

まずは，日銀改組にいたる審議過程である[102]。

1941年5月14日，日銀内部に特別調査委員会が設置され[103]，同年8月6日「日本銀行制度改善要綱」が総裁あてに提出される[104]。同じく11月18日，第77回帝国議会衆議院予算委員会において日本銀行条例の全面的改正法律案の策定が賀屋大蔵大臣によって言明され，即日，大蔵省は「日本銀行関係法律中業務及銀行券関係条項改正要綱案（未定稿）」を日銀に提示する。以後，双方の意見交換を経たのち，12月29日に「日本銀行法案要綱」が完成し，翌1942年1月7日には「日本銀行法案要綱」が閣議決定され，第79帝国議会へ法案が提出されることとなるのである。

ところで，日銀の全面改組という事の重大性に比して，以上の過程がきわめて短期間のうちに決定を見ている事実は注目に値する。この点にかんして，「日本銀行沿革史」は，「委員会を開き逐条審議するの余裕なく此点誠に恐縮し居る次第なり」という大蔵省河野事務官のメモを証左に「同法文の作成はほとんど大蔵省側の一方的意向によるものであった」として，42年法の強制的な側面を強調している[105]。ただし，日本銀行百年史の指摘に基づけば，1941年5月「日本銀行制度の抜本的改正の必要に就て」という大蔵省資料が存在しており[106]，すでにこの頃，大蔵省内部では日銀

---

102) 大蔵省においては1940年以来日銀の全面的改組が検討されていた。『日本銀行沿革史 第四集 第一巻』p.1. あらかじめ述べておけば，42年法の制定作業は，従来の同行改革論議を踏まえた歴史的経緯に日本銀行の営業権限の更新という事情が加味されたもの，というのが筆者の見解である。

103) メンバーは，岡本調査局長，新木営業部長，柳田外国為替局長，一万田考査局長，柳沢秘書役，松林資金調整局長から構成される。

104) 1941年7月26日，アメリカによる対日資産凍結が預金市場，株式市場に大きな影響をおよぼしたことから戦時経済体制への不安が認識され，同行の全面的改革が急がれることとなった。『日本銀行沿革史 第四集 第一巻』pp.36-38。

105) 『日本銀行沿革史 第四集 第一巻』p.52。

106) ちなみに，これは沿革史には見られない資料である。沿革史は，前掲「日本銀行制度改善要綱」に対する「要綱」の影響の大きさを強調しているが，「要綱」の制定に2ヶ

法の骨子が固まっていた事実が指摘されている（日本銀行［1984：466 ff.］)。その意味では，強制的な立法だったか否かはひとまず措き，大蔵省のなかではある程度時間をかけて議論をした試案であったと考えることができる。

一方，以上の「強制」を強調する日銀の見解に対して，当時，大蔵省特別銀行課長として42年法制定の任にあたった櫛田光男がこれを真っ向から否定する見解を述べている点は興味深い[107]。以下，彼の発言を引用しておく。

> 「昭和二年当時の恐慌に対してすぐ様日本銀行は金融界安定のために出動することができず特別法律がなければどうしてもその仕事ができなかった。そういったように早晩何らかの形において本当に中央銀行らしい銀行の仕組に変えなければならないと考えられていた。率直に申しますと，私は大蔵省の金融関係を扱っている人達の気持は，ずっと前からそういうところにあったという印象を当時折衝しておりました間に受けておったのであります。従いまして日銀の法律改正は，時局が緊迫化して太平洋戦争が起ったときに，突然に生まれたものではないのであります。それは法律に明文化されないだけで，事実上の問題としては各種のことがおこなわれておったのであります。」

もちろん，このような発言も42年法を日銀に押しつけた大蔵省の立場を反映するものと考えれば，多少割引いて考える必要があるかもしれない。しかしながら，少なくともこのような主張がある以上，同法とそれ以前の政策論議，政策体系の関係を検討することなしには，日銀ないし大蔵省の主張の妥当性は評価できない。また，そうした作業は，42年法制定の契機を「要綱」に見出し，同法による中央銀行の政治的従属の原因を戦時という時代の制約性に還元してきたこれまでの見解を再検討することにもなるだろう。そこで以下では以上の問題に解答を与えるために，前節に見た各

月先立つ時期に日銀法の骨子が完成していたとすると，かかる評価は再検討が必要となろう。『日本銀行沿革史　第四集　第一巻』p.38。

107）　大蔵省資料『第35回　史談会　日本銀行法』p.10。

3-4 1942年日本銀行法制定過程における諸論点

主体の利害関係を踏まえながら日銀の権限強化とそれに対する同行の主張を検討していく。とくに，数度にわたって実施されてきた日銀改革論議を意識しながら42年法を位置づけることとしたい。

42年法制定に至るまでの昭和年代における同行改革論議としては，1926年「金融制度調査会」，1930年「共同調査会」，1937年「日本銀行条例改正打合会（以下，打合会）」をあげることができる。当然のことながら，それぞれの改革論議は異なる政治的・経済的・社会的文脈のもとで行われたものである[108]。その際，銀行法の制定や日本銀行の独立性強化に議論が集中した金融制度調査会と比較すれば，本章の問題意識からは，3-2-1で見たように，日銀引受を前提とする高橋財政以後の中央銀行政策との連続性を有する共同調査会以後の議論を取り上げるのが適当だと思われる[109]。そこで，共同調査会，打合会における日銀の主張との関連を念頭におきつつ，42年法制定時の同行の政策意図を考察していくこととする。

まず，本章の主要なテーマである対政府信用規定にかんする議論の整理を行っておこう。

はじめにこの論点を取り上げた理由は，42年法における第22条の位置づけと関連している。22条は無担保による政府貸付と業務としての日銀引受を明文化したものであるが，同条が中央銀行法に盛り込まれたことによって，日銀が財政資金の供給者であることを法的に無制限に義務づけられた，との理解が広くなされている（大蔵省昭和財政史編集室編［1957：246］，吉野［1962：418］日本銀行［1984：480］）。しかし，業務として日銀引受，

---

108) 例えば，「金融制度調査会」では，22年金融恐慌をきっかけとして，日本銀行の独立性強化やイギリス流の商業銀行主義への回帰が取りあげられたし，「共同調査会」では正貨流出への対抗措置としての発券制度および対政府信用の弾力化，「打合会」では生産力拡充問題と産業金融への進出などがそれぞれ取り上げられている。

109) 1920年代においては，銀行家，大蔵官僚，学者，経済ジャーナリストの大部分においてあるべき金融制度にかんする合意が存在しており，そのあるべき姿こそが金本位制度を前提としたイギリス流の商業銀行であったと浅井は指摘している（浅井［2000：146］）。このような観点から言えば，金本位制から事実上の管理通貨制への移行期にあたる「共同調査会」の議論は，独立性の強化，商業手形の再割引中心主義への転換を強調した1920年代の金融制度改革論と異なる論理に立っていたということができる。一般に条例への抵触が指摘される「保証品付手形割引」を「手形貸付」として公認したり，日銀引受や無担保による対政府信用を明文化したりするなど，「共同調査会」での議論は商業銀行主義をこえて，その後の政策運営へと接続する側面を有していたのである。

政府への無制限の無担保融資自体は，共同調査会においてすでに合意が形成されていた事柄であったし，実態においても，同調査会以降，積み重ねられてきた政策の追認にほかならなかった。

　まず，無担保の規定にかんして言えば，打合会，42年法それぞれにおいて「日本銀行は政府に対し担保を徴せずして貸付を為すことを得」という規定が設けられているが，共同調査会においても無担保による対政府信用は合意がなされていた。とくに，緊縮財政で知られる井上財政下での決定であるだけに，この事実は特筆すべきものがある。また，日銀引受にかんしても同様で，共同調査会では「国債，大蔵省証券及之に準すべき政府証券の応募，引受または売買（傍点引用者）」が合意されており，業務としての地位が明確に与えられていた。「日本銀行は国債其の他の政府証券の応募又は引受を為すことを得」，「日本銀行は国債の応募又は引受を為すことを得」という，打合会，42年法に示された日銀引受にかんする規定との比較においても共同調査会は嚆矢をなしていたのである。

　一方，42年法が対政府信用供与の実態を追認したもの，という論点との関連で言えば，それまでたびたび実施されてきた政府貸上金の問題を無視することはできない[110]。戦前から「貸上金」によって対政府信用が行われた実績は数多あるものの，これは，日銀条例，その他日銀関係法においてその権限を与えたものではなく，もっぱら明治以来の慣習として貸上げたものに過ぎなかった[111]。その意味では，その慣習が共同調査会によって明文化されたものと言えなくもない。ただ，この時点では「可及的政府に対する融通は，大蔵省証券及之に準ずべき政府証券の応募引受の形式を持って為すべきことを今後の方針とする」[112]とされていた。その意味では，伝統的な中央銀行政策と整合的な範囲での対政府信用が想定され，長期国債の引き受けとは明らかに次元をことにしているし，無担保による対政府

---

110) 日銀による政府貸上の歴史的な沿革，日銀引受との関連を論じたものとして，武田［2000］がある。

111) 日本銀行保管資料「昭和6年4月　日本銀行条例中改正法律案説明（昭和5年度小幹事会審議経過）」『日本銀行条例改正打合会関係書類　第二巻』p.68。ただし，これは一時貸上金の場合である。法定貸上金は兌換銀行券条例に規定があったが日本銀行条例の範囲外であり，議論の俎上にのぼらなかったのである。

112)「昭和6年4月　日本銀行条例中改正法律案説明」p.67。

信用を全面的に肯定するものとして構想されていたわけではなかった。

しかし，反面，恐慌の深化と大幅な税収減を反映して大蔵省証券の発行は極限状態に達していた（井手［2001：3-1］）[113]。そうした国庫の資金繰り難を受けて，政府貸上金にかんしては，「差当りすべて割引証券を要求せず一般の証書債権的貸付に依ることを得る余地を残」[114]すことが決定された。割引証券とは「短期証券にして割引発行のもの」，すなわち政府短期証券のことである[115]。こうして理論上は長期国債の引き受けが可能になり，これと同時に，その引受が業務として明記されたわけである。これに対し，打合会では兌換銀行券条例に規定された法定貸上金の条項削除が検討されたほか，対政府信用についての明確な論議の跡はほとんど見られない。というのは，日銀引受が常態化し，大蔵省証券の発行がほぼ皆無となったなかで[116]，政府貸上金は制度上不要となったほか，対政府信用の証券担保についてもこれを論ずる必要性が解消したからである。

日銀引受以降の対政府信用供与は，本書でたびたび言及したように，ハイパー・インフレーションの原因，政府への従属の象徴として戦後一貫して批判にさらされてきた。しかし，対政府信用規定は高橋財政以前の時期に合意がなされ，その後の政策運営の実態を法的に追認したものに過ぎなかった。その意味では，対政府信用供与の明文化を根拠として，中央銀行の自律性の喪失を42年法に求めるのは難しいように思われる。次に，このような理解をもとに個々の日銀の金融調節機能について検討しておこう。

3-4-2　日銀の金融調節機能をめぐる諸論点

はじめに金利の決定権限の問題である。

金利決定権にかんしては，42年法第21条において「割引に付基準と為る

---

113)　会計法第6条の規定により1億円と決められていた大蔵省証券の発行限度額は，1930年度1億5000万円，31年度2億5000万円と急激に増額され，30年度には1億5000万円，31年度にも2億4000万円とほぼ限度額一杯の発行が行われている。これに，国庫剰余金の枯渇から政府預金勘定の準備金補填問題も生じていたから，大蔵省にとって，無担保による対政府信用規定はのちの戦時財政とは異なる文脈ながらも重要な論点だったものと思われる。

114)　「昭和6年4月　日本銀行条例中改正法律案説明」p.67。

115)　「昭和6年4月　日本銀行条例中改正法律案説明」p.6。

116)　大蔵省証券の発行は1933年12月発行分1億円を最後に一般会計での発行は打切られている。

べき割引歩合」と「貸付に付基準と為るべき貸付利子歩合を定め主務大臣の許可を受くべし」と規定されることとなった。従来においては，当座勘定貸および定期貸の利子歩合にかんしてのみ大蔵大臣の許可を要することとなっていたが，公定歩合の決定，変更についても主務大臣の許可が必要とされる旨が明記されたわけである。しかし，公定歩合の決定をめぐる諸議論あるいは実態に着目すると，これとは異なる像が浮かんでくる。

　まず，共同調査会では金利決定権に関する明確な結論を得るにはいたっていない。一方では，公定歩合の決定，変更について，政府の干渉を排除することを中央銀行政策の原則だと断定することは必ずしもできないという主張が行われていた。他方では，これに対して「政府の専横を抑止する」という観点が対峙していた。しかしながら，その実情を見ると，「公定歩合の決定は常に大蔵大臣と日銀総裁との協議によりしものにして，形式的なる認可の必要なかりき」という状況であった[117]。この点は，「日本銀行は勝手次第に利率の変更は以来ない，その必要あるときには必ず大蔵大臣の承認を得なければならぬ，大蔵大臣としては能く事態を聴取し，総てのことを裁断して，尤もであればこれを許すのである」（高橋［1936：165］）という高橋の発言からも理解が可能である。少なくとも，戦前の意思決定構造において，日銀が自在に金利操作を行うことは常識の範囲に属するものではなかったようである。むしろ，42年法以前の時点で金利の決定権の所在を明確にしなかったのは，「政府と中央銀行の不即不離の微妙なる関係に於て此問題を解決するを適当なりとせり」[118]という表現の通り，法文化を必要とすらしないインフォーマルな関係に基づいて大蔵省－日銀の政策選択が行われていたことの裏返しであったと言えよう。

　その後，打合会でも公定歩合の決定方法は論点として取りあげられている。結論を言えば，許可を必要とする意見とその必要性を否定する意見とが対立し，ここでも最終的には決定を見るに至らなかった。当初は，「其の金利決定に当りても政府との連絡に遺憾の点なかるへし，現に其都度大蔵大臣に予め内申を為し居れり」現状が指摘されており，いっそのこと公

---

117)「日本銀行条例中改正法律案説明」p.35。
118) 日本銀行保管資料『日本銀行制度改善に関する諸調査書類（以下，調査書類）第一巻其一之一』，7月1日28回会合。

定歩合を大蔵大臣の許可事項とするほうがスッキリすると言う意見が提示されていた[119]。しかし，当時は，戦時経済が本格的な進展を遂げる以前の段階であり，日銀の産業金融進出への批判，すなわち，事業会社に対する直接の手形割引や貸付を行うようなことは避けた方が良いとの主張も同時になされていた。中央銀行として金利政策を完全に放棄することへのためらいが感じられる。こうして，結局のところ中央銀行の金利決定はその裁量に委ねられるのを建前とすべきだとの見解が示されることとなったのである[120]。

しかしながら，国債オペを通じた金融調節が主たる政策手段となり，戦争経済の進展とともに臨時資金調整法を通じた資源配分，産業金融への本格的な傾斜が決定的となり，金利の変更を通じた市場への影響力行使は実態，理念の双方において重要性を失うこととなる。それゆえ，「日銀制度改善要綱」[121]に明らかなように，42年法制定に際して「公定利子歩合の決定は其の及ぼす影響重大且広汎なるに鑑み総て大蔵大臣の許可を要することとす」と日銀自身が申し出ることとなるのである。このように，当初金利決定権をめぐっては日銀内部でも意見の対立があったが，大蔵省との協議事項であること自体は基本的に前提とされており，それが段階的な統制の強化とあいまって最終的に大蔵大臣の専管事項となるにいたったと言うことができるだろう。

次に，債券オペレーションに対する日銀のスタンスを見ておこう。

共同調査会では，「商業手形又は銀行引受手形の売買」および「国債，大蔵省証券及之に準すべき政府証券の応募，引受または売買」が合意された。これに対して打合会では「商業手形，銀行引受手形其の他の手形の売買及国債其の他の政府証券の売買」が合意されている。やや細かくなるが，「其の他の手形」というのが後者に加えられた分，手形オペの範囲が拡大されていることが分かる。続く42年法では，その範囲がさらに曖昧になり，

---

119) 「日本銀行条例改正打合会小委員会審議記録　7の3」『日本銀行条例改正打合会関係書類　第一巻』。
120) 「日本銀行条例改正打合会小委員会審議記録　7の3」『日本銀行条例改正打合会関係書類　第一巻』。
121) 「日本銀行制度改善要綱」『日本銀行沿革史　第四集　第一巻』pp.39-43。

第20条において「商業手形，銀行引受手形其の他の手形，国債又は主務大臣の認可を受けたる債券の売買」が規定され，「主務大臣の認可を受けたる債券の売買」という項目が新たに加えられた。このように，債券オペにかんしては，徐々にその売買対象が拡大されてきたということができるであろう。

以上のような政策対象の範囲拡大は，第1章に述べたような今日における資産担保証券の買入，銀行保有株式の買入という措置を思い出すとき興味深い点である。だが，42年法以前の議論に話を戻すと，共同調査会にかんして以下のような興味深いやり取りが行われている。

当時の大蔵大臣であった井上準之助は，日銀の共同調査会委員に対し，日銀の金融統制力を発揮するためには，常時日銀に相当の貸出があるような状態を作り出す必要があるのではないか，と質問した。これに対し，委員は，日銀が貸出を回収した場合，一方には依然として十分な流動性が存在しており，結局資金吸収の措置をとっても十分な資金平準化をなし得ないとの説明を行っている[122]。再三述べたように，当時正貨の海外流出を阻止するために高金利政策が取られていたが，恐慌下における資金需要の停滞，救済融資の長期固定化を背景に市場には資金が滞留していた。つまり，井上は金利政策が封じられた状態で日銀が市場調節を行うための方法を問うたのであり，日銀貸出の増減を通じて市場操作を行えるよう，貸出が常時ある状態を作り出せないかと尋ねたのである[123]。一方，日銀の委員の発言はその困難さを語ったものであるが，委員の懸念した「十分な流動性」の吸収を行うには，売りオペは絶好の手段であり，それは井上の言う「金融統制力」と深く結びつくものであった。共同調査会において売りオペをめぐる環境整備が進められたことにはこのような背景があった。そ

---

[122] 「蔵相への説明」『調査書類　第一巻其一之一』。

[123] 金利政策の効果が低下したなかでこのような問題提起がおこなわれた事実は今日の量的緩和政策の歴史的意味を考えるうえで興味深い。金利に代わる市場調節手段として日銀貸出に着目したこと，ゼロ金利政策によって市場に関与する手段を失っていた局面で買い切りオペを制度化し，量的緩和に踏み切ったこと，手段は異なっていてもその動機には通底するものがある。その動機とは井上のいう「金融統制力」である。第1章ではかかる金融統制力が組織の存在意義と深くかかわることに注目し，中央銀行の追求する政治的合理性と評価したうえで量的緩和政策の歴史的位置づけを行った。

3-4　1942年日本銀行法制定過程における諸論点

の後，打合会でも「日本銀行は通貨調節の職能に鑑み受動的なる手形割引業務を営むの他能動的なる市場操作を為しうるものとする必要ある」[124]との理由から手形の売買の重要性が指摘されている。

　その後，42年法制定時の大蔵省と日銀の交渉過程ではこの傾向がさらに強められていく。前掲「日本銀行制度改善要綱」を見てみよう。同資料の「参考箇所」において，日銀側の委員から，場合によっては政府保証の興業債券，その他の特殊債券に限って一時保有し，金融市場の情勢を見計らって適宜これを売却して資金の需給を調節する必要が生じるであろうとの指摘がなされている。くわえて，これに備えるためには，日銀の売買できる有価証券が国債，大蔵省証券，その他これに準ずる政府証券というのは範囲が狭すぎるのではないか，との見解が出されてもいる。以上の申し入れを受けて，大蔵省は，前掲「日本銀行関係法律中業務及銀行券関係条項改正要綱案（未定稿）」（以下，『要綱（未定稿）』）を作成，「其の他の手形の売買」と同時に「大蔵大臣の認可を受けたる債券の売買」を市場取引の対象として加える案を提示する。これに対し，日銀は1941年11月27日「右債券の種類に付ては固より慎重の考慮を要する所なるか，金融操作上必要なる場合には日本銀行に於てその種類を定め大蔵大臣の認可を受け之を実行し得るものなるを以て本条項は適当と認む」[125]との意見を伝え，さきに見た42年法第20条が確定するのである。

　以上の論点にかんして，吉野は，42年法の性格を「従前におけるような金融市場に対する消極性をすて，市場操作を積極的に行わしめようという」趣旨のものとして規定している（吉野［1962：409］）。それゆえ，それ以前の時期は「有価証券の売買操作によって市場との接近を図ろうとするものではなかった（大正4年時の評価－引用者）」，「日本銀行の国債売却は市中銀行その他の要求に対応して消極的に行われたに止まり（高橋財政期の評価－引用者）」など，消極的な政策対応の時期として位置づけられることとなる（吉野［1962：410f.］）。

124）「日本銀行条例改正打合会小委員会審議記録　13」『日本銀行条例改正打合会関係書類　第一巻』。
125）「日本銀行条例に関する大蔵省案に対する意見」『日本銀行沿革史　第四集　第一巻』p.49。

しかし,「割引は受動的にして買入は能動的作用と見るの妥当なる」[126]との指摘に象徴されるように,共同調査会の時点ですでに債券売買による市場介入が資金調節上有効な手段たりえるとの認識は存在していた。それゆえに,日銀は同行の業務が「銀行券の発行制度と相俟て通貨の供給を調節することと共に金融の流通を円滑ならしむる」[127]ことにあるという前提にたち,従来,買入しか認められていなかった政府証券のオペに対して売却も認め,国債等のオペに際して必要だった大蔵大臣の許可を廃止することを決定したのである[128]。さらに,打合会でも,市場操作その他の目的のため国債売買を繁劇に行われるに至った状況のもとでは大蔵大臣の認可という手続きは取引の敏活を損なう可能性があるとし,「取引は政府の一般監督権に依り監督するを以て足るものと認めらるるに付其規定は之を存置するの要なきものと認む」[129]ことが合意されている。

このように,大蔵大臣のオペに対する許認可を規定していた日本銀行条例第16条の削除は,共同調査会においても,打合会においても,合意されていた[130]。この間の経緯において共通して観察されるのは,金融調節機能の弱体化が中央銀行の存在意義と鋭く関わるという当局の認識である。確かに吉野の言う42年法における市場操作の積極的な実施はそれ自体誤りではない。しかし,そこでの内容はすでにそれ以前に検討されてきたことの延長線上でしかなかったし,共同調査会,打合会,それぞれの局面において,金融調節の有効性をめぐって中央銀行の政策手段の確保,強化が追求されていた事実を見落としてはならないであろう。

第三に,割引業務について見ておこう。

共同調査会では,「大蔵省証券,これに準ずべき政府証券,商業手形,

---

126)「日本銀行条例中改正法律案説明」p.10。
127)『日本銀行沿革史 第三集 第一巻』p.148。
128) また,日本銀行条例第16条において公債の売買に対する大蔵大臣の認可が規定されていたが,このような申請が実際に行われたことはなかったのである。「日本銀行条例中改正法律案説明」p.60。
129)「日本銀行条例改正打合会小委員会議事録 14」『日本銀行条例改正打合会関係書類 第一巻』。
130) くわえて,売りオペによる流動性吸収の経過を政策転換のメルクマールとして認識していた高橋財政期以後の推移を勘案すれば,「金融市場に対する消極性」という吉野の評価は再検討が必要な論点だと思われる。

銀行引受手形，其の他の手形」を割引対象として認めていた。これに対して，打合会および42年法では，政府証券にかんする規定が消え，「商業手形，銀行引受手形，其の他の手形」という大雑把な分類が採用されている。日銀作成による前掲「日銀制度改善要綱」には，この理由が婉曲的ながら示されている。同要綱は，「政府の金融統制の実施にかんする機関たる職能を拡充し，金融機関との資金的連携を緊密ならしむると共に能動的に資金の放出若くは引上を順便ならしむる趣旨」に立つものである。すなわち，政府の統制体系の一環に自らを位置づけながらも，その範囲内で裁量的な資金調節を行うことを企図して作成されたものといえる。そのような資料の性質を踏まえたうえで「手形の種類を限定せず事情によりては担保付手形割引をも為し得る余地を存すること」という指摘を見ると，割引対象を広く設定することで戦時下の資金需要に対して弾力的に応じようとした日銀の意図が明らかになる[131]。そして，大蔵省が作成した「要綱（未定稿）」では，以上の内容がそのまま明文化されることとなるのである。

　その後，大蔵省によって内示された「日本銀行法案要綱（案）」[132]では，日銀側からの修正意見として，「其の他の手形」を「其の他確実なる手形」とする申し入れを行っているが，採用にはいたっていない[133]。ちなみに，これを従属性の根拠とする見解が存在する[134]。しかし，一方では「確実」という文言によってその実行力が著しく向上するという訳には行かないだろうし，それ以前に，「其の他の手形」を大蔵省側から制約するための規定が存在する訳でもない。42年法の「業務」においては，「割引に付基準と為るべき割引歩合」は大蔵大臣の認可事項となっているが，割引の種類については定款第8条「業務其の他に関する重要なる規程は大蔵大臣の許可を受くるものとす」という包括規定を除き，具体的な制約要因は述べら

---

131) 担保品付手形割引の是非は産業金融，商業金融をめぐる議論ともからんで，明治以来の重要な論争点であった。（石井［1983］，日本銀行［1983］）。それが，日本銀行の主張のもとに其の他手形の範疇に加えられたことは注目すべき事実であろう。
132) 「日本銀行法案要綱（案）」『日本銀行沿革史　第四集　第一巻』pp.53-60。
133) 『日本銀行沿革史　第四集　第一巻』p.61。
134) 日銀沿革史は本要綱案は「改正日本銀行法の全貌がすでに逐条網羅」されたものであり，「本行の自主性の著しい低下」を意味するものであったと評価している。同上，p.52。

れていない。むしろ，その実質は日銀の内規に示されており，「割引の日より三月以内に満期の到来し且割引依頼人の外に支払能力確実なる者一名以上の裏書あることを要す」[135]という制約が設けられていた。すなわち，割引の対象に対する制約条件は外部には存在しなかったのであり，その決定については，事実上，同行の裁量の範疇にあったと考えられるのである。

このような制度の枠組み，手形の範囲をあえて限定しないという姿勢を踏まえると，以下に示す戦時期の対応は大きな問題をはらんだものと言わざるを得ない。1941年8月日銀は日本興業銀行を支払人とし，軍支出官が支払いを保証する軍需手形引受制度を発足させ，商業手形に準じて軍需手形を再割引の対象とした。さらに，1942年7月には日銀を支払い場所とし，軍支出官が支払いを保証する軍需会社振出手形の再割引，または，これを担保とする貸付が政府保証軍需手形制度によって実現された（日本銀行［1984：258ff.］）。これらの制度の利用自体は低水準にとどまったが，その導入は理論的には「軍需手形の資金化に無制限に応ぜざるをえない」（日本銀行［1984：261］）ことを意味していた。このような制度改正を前提とすると，割引の対象範囲を自ら拡大解釈することによって，自身が戦時経済を支える資金供給主体へと変貌して行った事実について誇りは免れうるものではない。

一方，これらの点にかんしてそれ以前の推移を見てみると，共同調査会では，日銀の割引くべき証券や手形の種類は明示しないこと，しかし，日銀スタンプ付手形，荷為替手形，担保付手形，信用手形の四種類を認めたこと，これらの手形はその性質上必ずしも日銀の日常取引において割引くのを適当とはしないから緊急の場合にのみ行うべきであることが主張されている[136]。また，打合会でも緊急の必要あるときは，日銀はその職責上，特殊な手形を割引いた方が良い場合もあり，これらの事情を考慮し割引き得る手形の範囲を広く設定すべきことが決定されていた[137]。ここでも42

---

[135] 日本銀行保管資料「5月1日内規」『本行改組に関する書類（3）大蔵大臣命令事項及認可事項』。
[136] 「日本銀行条例中改正法律案説明」pp.5-6。
[137] 「日本銀行条例改正打合会小委員会議事録 2」『日本銀行条例改正打合会関係書

年法と同様,割引政策を遂行するうえで,実務的観点から割引対象に対する拡大解釈の余地を残すことが重要だとの認識が共通している。その意味では,中央銀行の経験則,実践知から要求される割引対象の弾力化が戦時期に要求された「資金の放出を」「順便ならしむる趣旨」と結びつき「日銀制度改善要綱」において発展的に制度化されたものと見ることができるかもしれない。

最後に,本章が42年以降の推移として本章がもっとも重視している対民間信用にかんして貸付の制度設計を見ておこう。

対民間信用供与の増大が日銀の機能強化を考えるうえでの重要な論点となることはすでに触れた。この点にかんして,1942年以降の国家資金計画における同行の産業資金へのファイナンス方法はじつに象徴的なものであった。ここでいう産業資金とは具体的には新規投資額を想定しているが,やや分かりにくいのでその概念を図式化して描いてみよう。

まず,これを資金動員面から見てみると,国内動員資金は,財政課徴,個人貯蓄,法人貯蓄から構成される。これが財政資金,産業資金,対外投資資金に配分されるから,

消費＋財政課徴＋個人および法人貯蓄＝消費＋財政資金＋産業資金＋対外投資資金
⟶ 個人および法人貯蓄＝(財政資金−財政課徴)＋産業資金＋対外投資資金

となる。すなわち,マクロ的な貯蓄を部門ごとに配分することですべてがファイナンスされる建前となっていたわけである。言葉を換えれば,恒等式である以上,資金需給のアンバランス,それゆえの通貨の増発は想定されず,日銀の対民間信用供与は資金計画の外生変数と考えられていたのである(昭和財政史編集室[1957：217f.])。ここで言う計画外資金である日銀信用は計画値と実績値の乖離となって表れ,当然それは通貨の増発によってまかなわれることとなる(日本銀行調査局[1973：392ff.])。戦時期

類　第一巻』。

において国債消化が第一の政策課題として重視されたが，その円滑な消化が可能であった理由は，貯蓄を国債消化に動員した結果生じる産業資金の不足を日銀が無制限に供給した点にある[138]。ゆえに，さきに確認したような42年以降の日銀券増発の推移を念頭におけば，対民間信用供与にかんする規定およびその制度化過程は，日銀と政府の関係を論ずるうえで決定的に重要な論点だと考えられるのである。

以上の点からすると，貸付の担保適格性の問題が共同調査会以降たびたび取り上げられた事実は，中央銀行の政策理念や存立根拠を問ううえで無視できない問題だと言える。1931年4月「日本銀行条例中改正法律案説明」[139]では，「数通を一緒にして之を担保とする時は，相当強力なる担保力を有することとなり，其の結果手形出廻りの促進となるべく，又手形上も個々の手形を割引く煩を避け得べきが故なり」として，手形を担保とする貸出を認める必要があると論じた委員がいたことを指摘している。この見解は後日の検討課題となったが，日銀における貸付の常道としてはこれを認めず，もし，その必要があるような特別の場合には，便宜上，手形割引の陰担保としてこれを認める程度に止めることとされ，最終的には却下されることとなった[140]。こうして，共同調査会では「国債その他の有価証券，地金銀，外国貨幣又は商品を担保とする貸付及外国為替手形を引当とする貸付」が，また，その後の打合会においても「国債その他の有価証券，地金銀，又は商品を担保とする貸付及輸出為替手形又は輸入為替手形

---

[138] もう少し丁寧に説明すれば以下の通りである。日銀の保有した国債の市中売却率は戦時期を通じて高水準で推移していた。売りオペによって流動性が吸収される以上，理論的には通貨の増発は発生しないこととなる。それゆえに，計画上は通貨の増発はゼロとされている。しかしながら，国債の円滑な消化が可能であったのは，本来であれば軍需産業への貸付に向かうべき資金をも動員して国債消化が行われたからであり，その結果，生じる貸付資金の不足を日銀の対民間信用供与が補完したのである。

[139] 「日本銀行条例中改正法律案説明」p.25. なお，これは大蔵省側の委員であったと推察される。『調査書類 第一巻其一之一』8月21日-9月19日，第38-44会合。

[140] 「日本銀行条例中改正法律案説明」p.22. ついでに，その他の有価証券にかんしても付言しておくと，「共同調査会」席上において，具体的な適格担保項目の合意が得られた一方で，「その種類を限定せば往々運用を妨ぐる処あればなり」「運用上種々なる不便を来す」という点が同時に指摘され，「担保適格性を有する有価証券を単に国債其の他の有価証券と規定し別段其の種類を限定せざる」こととなった。担保範囲を広く設定したという意味では「特別調査委員会意見」と同様の主張が行われているのである。

を担保とする貸付」が決定されるのである。ちなみに，双方の表現に若干の相違はあるものの，審議記録等を見る限り内容はほぼ同一のものである[141]。

しかしながら，こうした方向性は42年法において大きく転じられることとなる。というのは，同法では「手形，国債其の他の有価証券，地金銀又は商品を担保とする貸付」が規定され，手形担保貸付が明文化されることとなるからである（傍点は引用者）。

この過程でもっとも注目すべきは，日銀作成「日本銀行条例に関する大蔵省案に対する意見」において表明された以下の日銀の見解である。それは，「輸出入手形に限らす確実なる手形其の他の債権とし少々広範囲に規定するを適当と認む」としたうえで，「貸付に付平素より担保の範囲を拡張し置き日本銀行に於て必要と認むる場合は之を活用し又は緊急事態発生せる場合にも備ふる方適当なるへし」と述べたものである。この前の段階で，大蔵省は「要綱（未定稿）」において「輸出為替手形及輸入為替手形を担保とする貸付」を提案していたが，これより踏み込んで，日銀自らが手形担保貸付の明文化を要求したのである。以上は，貸付における弾力性を確保するために，担保の範囲を広義に解釈しうる余地を残そうとしている点において，さきに見た割引をめぐる議論と相通じる観点といえる。しかしながらこの主張はそれ以上に注目すべき事実を含んでいたと言うべきであろう。それは，1941年までとは断絶するかたちで手形担保貸付を通じた対民間信用供与が翌42年以降に急増して日銀券出超の主要因となり，それがハイパーインフレの直接の原因となったからである。同行の意図によって，以上の内容が公然と明文化された意義はきわめて大きいものと言わざるを得ない。

---

141) ここでいう「外国貨幣」は，「共同調査会」において「PaperでなくCoin」と認識されており，「打合会」における「地金銀」は「外国金銀貨を含む」とされていたから，実質的には同内容である。日本銀行保管資料「日本銀行条例中改正法律案説明」『日本銀行条例改正打合会関係書類　第二巻』p.79および「改正法律案と現行条例に基く業務との関係」，『日本銀行条例改正打合会関係書類　第一巻』。また，「輸出為替手形又は輸入為替手形を担保とする貸付」についても，「今後もわが国の貿易金融の実情に応じ之を認むるを可とす」として，これまでの実勢と変更ない点を指摘している。「日本銀行条例改正打合会小委員会審議記録　4（ト）」『日本銀行条例改正打合会関係書類　第一巻』。

結局，こうした日銀の主張がそのまま大蔵省の容れるところとなって，「要綱（未定稿）」において，貸付適格担保として列挙されていた「輸出為替手形及輸入為替手形」が姿を消すかわりに，「手形」が書き加えられることとなった。さらには，貸付担保の種類にかんしては「手形貸付及当座貸越に付徴すべき担保の種類及担保価格は総裁之を定む」という内規が存在するだけであった。こうして「必要ある時は日本銀行は何時にても臨機の措置を講し得るか如く担保の種類其他貸出の条件等を適当に改正」[142]するという日銀側の趣旨は，ほぼ貫徹することとなったのである。

　以上のように，対政府信用規定，公定歩合操作，債券売買，割引，それぞれの中央銀行政策における42年法の規定は，それ以前の議論や政策運営の実態においてかなりの部分が言及ないし，実行されていたものであったと言える。あえて言えば，その唯一の例外がハイパーインフレの直接的原因となる手形担保貸付であり，それは日銀側の発意によるものであった。さて，このような42年法の政策上の位置づけについて日銀の幹部はどのように認識していたのであろうか。同法の制定に先立つ1941年10月，結城総裁は支店長会議席上において以下のように述べている。

> 「其の要綱（財政金融基本方策要綱－引用者）にも期待して居る如く，日本銀行は金融統制の実施機関として今後益々其の機能の整備を図るといふことになって居る。どうしても日本銀行が金融機関の中核となり政府の方針に従って金融統制を計らねばならぬ。其れが為めには条例等の改正も必要であり，急ぐものは此の議会に出やうかと思ふ，併し此等の改正を俟たなくとも現在の制度，機構の適当なる運用に依り如何様にも出来ることがあり，必しも規定や条例にこだはる必要はない。」[143]

　ここでは，政府の方針と日銀の方針は矛盾するものとは捉えられず，かつ，それらが金融統制に媒介されることで，同行の金融調節機能が拡張さ

---

142)「日本銀行条例に関する大蔵省案に対する意見」『日本銀行沿革史　第四集　第一巻』p.49。
143)『日本銀行沿革史　第四集　第一巻』p.43。

れる点を積極的に評価していることが読み取れる。また，さらに重要な点として，それらが法律に書き込まれ，制度化されること自体はさほど大した問題ではなく，42年法の正式な制定を待つことなく，現在の制度の積極的な運用で時局に対応できるとの認識が大胆に示されている。こうした結城総裁の発言内容は，1942年1月7日，支店長宛審査部長電信において「日本銀行法案要綱本日閣議に於て決定右は本行の公共的性格を法制化し且業務中従来運用に俟ちたる所を明確に規定するを主眼とするものにして本行機能に於て実質的の変化なし」[144]と述べられていることからも理解可能であろう。少なくとも，同行の政策決定レベルでは，42年法制定の影響は極端に従来の政策運営と断絶するものとは考えられていなかったし[145]，法律による業務の明文化は実態の追認でしかなかったのである。

　以上の意味において，大蔵省による強力な関与を認めたとしても，本節の最初に述べた櫛田の発言は42年法制定論議のおおよその実態を捉えたものといってよいだろう。そこには日銀の置かれた状況があり，中央銀行としての目的合理的な選択と同時に，金融政策に携わる一組織としての自己利益の追求の姿があった。それらは，42年法の制定によって突如として現れたのではない。日銀引受の受容と債券売買を通じた資金調節，これを与件とした財政，とくに軍事費の膨張，資金統制の全面化と予算統制の変質，革新官僚による内閣機能強化構想，これらの政策の連鎖のなかでの大蔵省，日銀の政策選択があった。さらには，中央銀行制度改革をめぐる論点提示，問題提起の蓄積があって，それらの実態を追認するものとして42年法は立ち現れた。これらの事実こそ，われわれが法的な規定を実態の追認として捉え，旧制度を解釈する政策主体の行動を重視するゆえんである。

3-5　おわりに——1942年以降の大蔵省統制と中央銀行政策

本章では，高橋財政期から42年法が成立するまでの過程における大蔵省の予算統制と中央銀行政策の関係について意思決定過程分析を通じて明らか

---

144)　「支店長宛審査部部長電信」『日本銀行沿革史　第四集　第一巻』p.70。
145)　「業務の点について申しますと，むしろ17年の日本銀行法案は過去において実質上日本銀行がやっておったことを明文化したに過ぎないとまでいってよい点もあるのであります」と櫛田も指摘している。大蔵省資料『第35回　史談会　日本銀行法』p.12。

にしてきた。最後に「要綱」以後の大蔵省統制の推移に言及しながら本章の結論を述べておこう。

　大蔵省統制については，「要綱」以後，いくつかの予算制度改革にかんする省内論議が行われている。まず，1941年8月大蔵省に「臨時金融対策委員会」が設置されている。常任幹事として迫水の名も確認できるが，植木主計局長，山際銀行局長など，大蔵官僚を中心とした省内委員会として発足したものである[146]。主として，経費の経済的性質による分類，補助金にかんする根本的方針の検討，日銀条例の改正などが課題としてあげられているが，大半は租税政策を経済政策のために活用しうる範囲についての検討であり，この時点では具体的な予算制度の改革が論じられた形跡はない[147]。

　これとほぼ時を同じくして，1941年9月には「財政制度調査会」が設置されている。同調査会の発足趣旨は，閣議決定による財政金融基本方策要綱のなかに財政政策の改革の項目があり，その実施に備えて会計制度の全般にわたって必要な調査および企画を行う必要がある，というものであった。メンバーは主として大蔵官僚から構成されているが，参与として陸海軍の経理局長，企画院部長が参加していたから，「要綱」に示された改革案件を具体的に検討することにその課題があったと見てよさそうである[148]。検討課題としては，予算の形式や実質にかんして改善すべき事項，特別会計にかんして改廃すべき事項，予算の実行にかんして改善すべき事項があげられている。ただし，陸軍からは，予算制度の改革よりも減俸復活が必要だとの主張が早々に行われるなど，「要綱」に示された理念と軍部のいわば即物的な要求との間に微妙なズレがあったようである[149]。

　資料的な限界から以上の議論の詳細なプロセスは明らかにできないが，1942年12月には上述の臨時金融対策委員会，財政制度調査会は一元化され，「戦時財政金融対策委員会」が設置されている。ちなみに，同年6月，11

---

　　146)「臨時金融対策委員会の運用に関する件」『昭和財政史資料 Z809-18-7』。
　　147)「臨時金融対策委員会研究項目（第2回幹事会決定）」『昭和財政史資料 Z809-18-7』。
　　148)「財政制度調査会要綱」『昭和財政史資料 Z809-25-2』。
　　149)「協議事項　財政制度調査会に於て調査企画すべき事項」，「財政制度調査会要綱」『昭和財政史資料 Z809-25-2』。

月には大規模な行政機構改革が実施されている。まず，1942年6月の改革では主計局の改革が行われ，予算の閣議決定主義の強化と主計局長の裁量権の拡大，主計局の部局構成の改編が実施されている。続く11月の行政機構改革では，総務局の新設，主税局の拡張，金融行政機構の再編（日銀への権限委譲），外資局の設置等が実現されている（大蔵省財政金融研究所財政史室［1998：第5章，第1節および第4節］）。おそらくは，調査会および委員会の討議内容が機構改革として結実し，その結果，それぞれの会が財政と金融の一体化という論理のもとで発展的に解散し，「戦時財政金融対策委員会」へと統合されたものと推察される。

一方，企画院であるが，1941年1月の企画院事件以降，内閣機構の権限および政治力の大幅な拡張を企図した行政機構改革構想の挫折を経た後，1943年11月廃止されるにおよんでいる。行政機構改革構想は満州国国務院の機構をモデルとしたラディカルな組織改革案であり（古川［1992：247］），本論でも論じたように主計局機能の内閣移管をも含む大胆なもくろみであった。しかし，企画院をブレーンとした第三次近衛内閣が崩壊し，近衛と対立関係にあった東条英機が政権を奪取したことによってこれらの案は葬り去られる。その後，企画院の総合国策部門にかんして内閣官房と，総動員計画部門にかんして商工省とそれぞれ競合が問題となり，これに東条の現状維持的な政策思想，人間関係が加わって（同［1992：302f.］），総合国策部門は内閣参事官に，総動員計画部門は軍需省に移管されることとなった。こうして，革新官僚が政策決定に実質的な影響力を行使しうるための組織的基盤は消失したのである。

このように，企画院の解体は「要綱」の地位を消極的なものと評価し，かつ，これと対抗する大蔵省，日銀の権限配分を高く評価した本章の結論とも整合的である。しかしながら，それでもなお，以上の「要綱」以後の経緯について，大蔵省の予算統制権との関連から総括すれば，以下の点が問題となる。それは，第1に，大蔵省部局の改組，合理化の評価であり，第2に，予算執行過程において看取される予算統制の後退の評価である。

まず，前者にかんしては，全体的な部局の整理・統廃合をして大蔵省統制の後退と即断することは困難である。それは，企画院が最終的に組織分割されたこととの比較において，組織防衛に成功し，かつ，予算編成権を

確保するかたちで大蔵省の組織再編が行われたことを踏まえれば自ずから明らかである。また，本論でも指摘したように，ドイツでは1933年4月の政府決定を契機に国防軍財政に対する大蔵省の予算統制が消滅し，こうした決定のもとで，国防軍は財源や償還の問題を無視して大規模な再軍備を実行しえたという事実との対比は，以上の見方を裏づけるものであろう。わが国の場合，このような大蔵省統制にかんする権限配分上の連続性に加え，主計局長の裁量権拡大や主税局の拡充といった予算にかんする権限の合理化・集中化，さらには，42年法における政府監督の強化と日銀への権限移譲といった省外の機関との権限配分，これらを総合的に勘案して評価する必要がある。

　一方，後者にかんしては，戦争の本格化にともなって1942年後半あたりを境に予算執行面での大蔵省統制は次第に後退を余儀なくされる。とくに，42年度の機構改革以降，戦費支出を中心に歳出方法が弾力化していくなど，予算原則からの逸脱が顕著となっていく（大蔵省昭和財政史編集室編[1959]）。本稿では臨時軍事費特別会計の分析を行っておらず，その点は，今後の課題とせざるを得ないが，このような歳出方法の弾力化が，占領期のハイパー・インフレの一因となった点は紛れもない事実である。ただ，歳出方法が弾力化したとは言っても，予算の総額は国家資金計画によって制約されていた点はやはり無視できない。その意味では，資金計画外資金であった日銀の対民間信用供与が空前の規模に達したこと，それが42年法の制定という局面のもとで生じたこと，これらの意味をあわせて予算執行の弾力化を考える必要がある。

　以上の論点もあわせ，行論における分析をもとに当該期の政策構造を評価した場合，軍部の専横と日銀の大蔵省への従属をもって財政金融政策の破綻を論じることはできないというのが本章の結論である。この主張は，戦争という現実に迫られて強制された選択と，そのような戦争遂行可能な政策メカニズムを構築した過程とを区別し，後者と戦時期の政策体系を比較検討することでより明確になる。

　まず，高橋財政期には，保証準備発行限度や限外発行税にかんする発券制度改革を経て，日銀引受による財政支出の拡大および売りオペによる資金調節が開始された。これらの選択は，予算統制においては古典的な収支

均衡を通じた財政の健全性を覆すものであったと同時に，中央銀行政策に対しても金利政策から金融機関との相対取引による市場調節へとそのあり方に大きな変更を加えるものであった。これらの過程が大蔵省，日銀にとって政策の操作可能性を高めるうえで合理的な選択であったことは再三繰り返したところである。このようないわばマクロ的な財政金融政策のトレーニングともいうべき時期を経て，かつ，日中戦争の勃発をきっかけとして，戦争遂行を貫徹するための財政金融政策が全面化することとなる。

戦時経済のもとでは，臨時資金調整法以後，日銀は金融機関との協調関係に基づく金融統制の強化を選択した。その間，為替統制，資金統制，金融機関の組織化が進行したが，かかる金融統制のシステムは，統制がさらなる統制を要求するという意味においていくつかの困難に直面しはしたもののおおむね順調に機能したといってよいだろう。原朗が指摘するように，本格的なインフレの兆候が見え始めるのは1944年以降であり（原[1995]），戦争経済が全面化する過程にあって，物価統制はかなり円滑に行われたのである。

かかるインフレ抑制の成功は，国債の安定的消化をまずは意味しており，同時に国家資金計画が予算の上限を確定することによって，マクロ的な財政健全性を大蔵省に保証したこととも深く関わっていた。また，その過程にあって，財政政策と金融政策の相互連関は一層進展し，大蔵省は財政と金融の不可分性を強調することで，日銀は金融機関との協調関係を前面に押し出すことで，革新官僚の政策関与を排除することができた。その後，太平洋戦争が勃発し，いよいよ財政金融政策の戦争への奉仕が求められることとなる。軍需が国家資金計画の制約を超えて増大していくとき，マクロ的な財政の健全性が保証されるということは，同時に資金不足の発生を意味している。それを埋め合わせたのが日銀の対民間信用供与であるが，従来からの日銀改革論議における大蔵省との合意，ならびに，共同調査会以後の政策過程で学んだ経験をうまく取り入れ，日銀は42年法において手形担保貸付を制度化し，これに積極的に対処して行った。

42年法の制定は，総裁等の罷免権を政府が掌握することを認める一方で，その範囲において，広汎な政策権限を日銀に委ねるものであった。確かに，改正の内容は，経済新体制や「要綱」に象徴されるようなファシズム色を

はっきりと打ち出したものであった。しかし，それは日銀の発展的な金融調節手段の強化過程，自己利益の追求過程と矛盾するものではなかったし，同法に規定された内容は，戦時経済の進展とともに構想，形成され，一部実行されつつあった枠組みの追認を意味するものであった。ここにわれわれは，主体の行動の説明要因としての制度という理解を超えて，主体間において形成された関係が法制化され，それゆえに主体の行動を規定しているように観察されるという制度の新たな側面を見て取ることができる。

かかる選択が可能であった背景には大蔵省と日銀の利害の共有があり，前者は予算統制権の維持，金融監督権の強化，後者は金融調節機能の強化，金融機関への影響力行使，これらの課題を達成する「均衡」として42年法が位置づけられたからだというのが本章の理解である。今日のわれわれの目から見るならば，これらは中央銀行の理念と財政民主主義の犠牲をともなった歴史的な悲劇である。しかし，戦争の遂行にすべてを傾注していた当時の政策主体にしてみれば，皮肉ではあるがポジティブサムゲームとして受け入れられ，そこでの権限配分が争われたのではないだろうか。

ともあれ，以上で示されたのは，1930年代以降の経済政策の現代化の過程で，財政および金融政策の連関が強められた一方で，大蔵省，日銀は，それぞれ独自の統制の論理と直面する課題に即してあるべき政策体系を模索していたという事実である。その意味では，補整的財政論が主張する「財政と金融の一体化」も，公共選択論が唱える「財政と金融の分離」も，金融論における「中央銀行の独立性」も，それぞれの政策主体が直面している課題とそのときどきの政治的，経済的諸制度との多様な「関係」を背後に持つことを認めたうえで論じられるべき問題だといえる。こうした主張は，財政に従属する金融という静態的な視角を拒絶する。しかし，それは同時に，中央銀行の法的独立がア・プリオリに受け入れられ，分析の前提として仮定されることへの批判でもある。このような主体間の関係，それを規定する歴史的文脈を押さえたうえで，各国の多様な政策のあり方を比較することが求められている。以上の視点は次章においてより詳細に検討される。

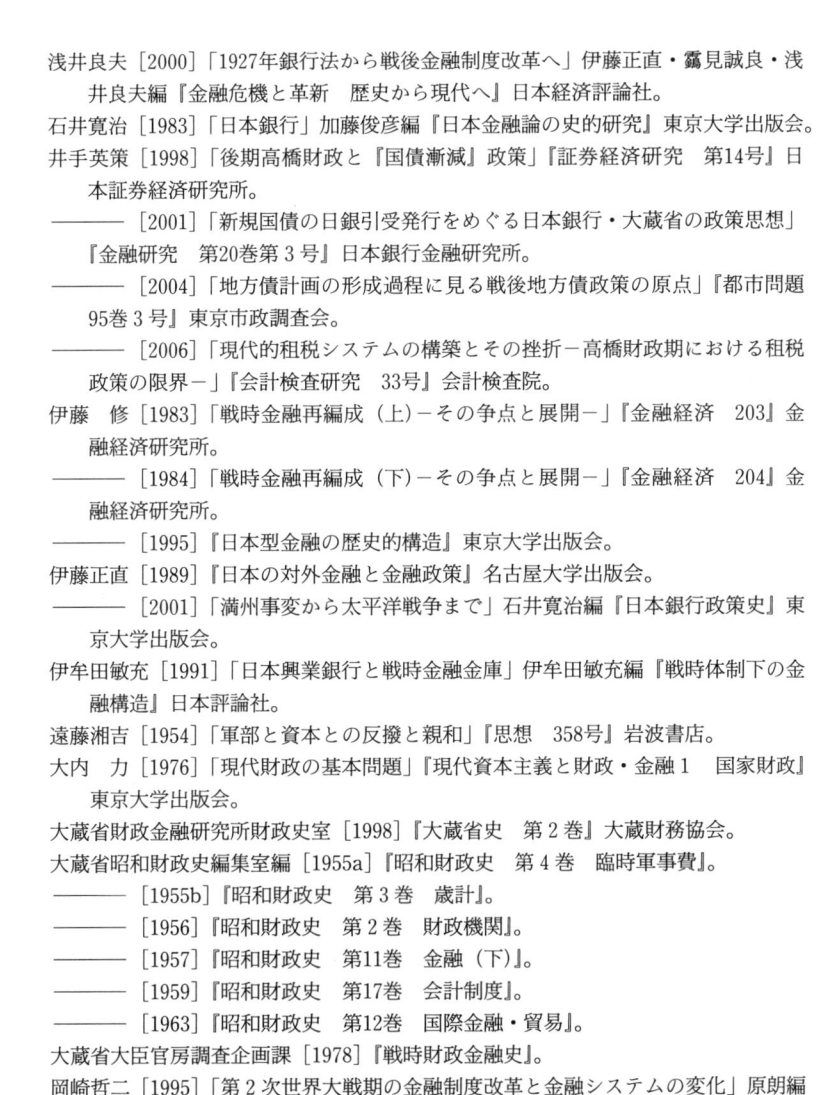

参考文献

浅井良夫［2000］「1927年銀行法から戦後金融制度改革へ」伊藤正直・靎見誠良・浅井良夫編『金融危機と革新 歴史から現代へ』日本経済評論社。
石井寛治［1983］「日本銀行」加藤俊彦編『日本金融論の史的研究』東京大学出版会。
井手英策［1998］「後期高橋財政と『国債漸減』政策」『証券経済研究 第14号』日本証券経済研究所。
─── ［2001］「新規国債の日銀引受発行をめぐる日本銀行・大蔵省の政策思想」『金融研究 第20巻第3号』日本銀行金融研究所。
─── ［2004］「地方債計画の形成過程に見る戦後地方債政策の原点」『都市問題 95巻3号』東京市政調査会。
─── ［2006］「現代的租税システムの構築とその挫折－高橋財政期における租税政策の限界－」『会計検査研究 33号』会計検査院。
伊藤 修［1983］「戦時金融再編成（上）－その争点と展開－」『金融経済 203』金融経済研究所。
─── ［1984］「戦時金融再編成（下）－その争点と展開－」『金融経済 204』金融経済研究所。
─── ［1995］『日本型金融の歴史的構造』東京大学出版会。
伊藤正直［1989］『日本の対外金融と金融政策』名古屋大学出版会。
─── ［2001］「満州事変から太平洋戦争まで」石井寛治編『日本銀行政策史』東京大学出版会。
伊牟田敏充［1991］「日本興業銀行と戦時金融金庫」伊牟田敏充編『戦時体制下の金融構造』日本評論社。
遠藤湘吉［1954］「軍部と資本との反撥と親和」『思想 358号』岩波書店。
大内 力［1976］「現代財政の基本問題」『現代資本主義と財政・金融1 国家財政』東京大学出版会。
大蔵省財政金融研究所財政史室［1998］『大蔵省史 第2巻』大蔵財務協会。
大蔵省昭和財政史編集室編［1955a］『昭和財政史 第4巻 臨時軍事費』。
─── ［1955b］『昭和財政史 第3巻 歳計』。
─── ［1956］『昭和財政史 第2巻 財政機関』。
─── ［1957］『昭和財政史 第11巻 金融（下）』。
─── ［1959］『昭和財政史 第17巻 会計制度』。
─── ［1963］『昭和財政史 第12巻 国際金融・貿易』。
大蔵省大臣官房調査企画課［1978］『戦時財政金融史』。
岡崎哲二［1995］「第2次世界大戦期の金融制度改革と金融システムの変化」原朗編『日本の戦時経済：計画と市場』東京大学出版会。
銀行研究社編［1941］『財政金融の新体制：財政金融基本方策要綱解説』文雄堂書店。

金融研究会［1936］『金輸出禁止後の我国金融事情』。
迫水久常［1941］「財政金融基本方策に就て」『財政　昭和16年8月号』。
佐藤政則・山崎志郎・靏見誠良［1991］「日本銀行金融政策の展開」伊牟田敏充編『戦時体制下の金融構造』日本評論社。
島崎久彌［1989］『円の侵略史：円為替本位制度の形成過程』日本経済評論社。
島　恭彦［1963］『財政学概論』岩波書店。
鈴木武雄［1966］『近代財政金融』春秋社。
高橋是清［1936］『国策運用の書』千倉書房。
武田　勝［2000］「1932年における日銀引受問題の検討」『大学院研究年報　第29号』中央大学。
谷村　裕［1987］「予算編成と内閣機能強化問題－予算編成をめぐる累次の行革論議－」『ファイナンス23(6)』。
中村隆英・原朗［1970］『現代史資料　43　国家総動員1』みすず書房。
日本銀行［1983］『日本銀行百年史　第2巻』。
─────［1984］『日本銀行百年史　第4巻』。
日本銀行調査局［1956］「政府短期証券起債方法の変遷」『日本金融史資料　昭和続編　第9巻』。
─────［1970］「満州事変以後の財政金融史」『日本金融史資料　昭和編　第27巻』。
─────［1971］「財政金融改革要綱案に付て」『日本金融史資料　昭和編　第30巻』。
─────［1973］「資金計画」『日本金融史資料　昭和編　第34巻』。
日本興業銀行臨時資料室［1957］『日本興業銀行五十年史』。
原　朗［1995］「日本の戦時経済－国際比較の視点から」原朗編『日本の戦時経済－計画と市場』東京大学出版会。
古川隆久［1992］『昭和戦中期の総合国策機関』吉川弘文館。
真渕　勝［1994］『大蔵省統制の政治経済学』中央公論社。
御厨　貴［1996］『政策の総合と権力：日本政治の戦前と戦後』東京大学出版会。
宮地正人［1970］「企画院事件」『日本政治裁判史録　昭和後編』第一法規。
三和良一［1979］「高橋財政下の経済政策」東京大学社会科学研究所編『ファシズム期の国家と社会　2　戦時日本経済』東京大学出版会＝［2003］『戦間期日本の経済政策史的研究』に再録。
山崎志郎［1991］「協調金融体制の展開」伊牟田敏充編『戦時体制下の金融構造』日本評論社。
吉野俊彦［1962］『日本銀行制度改革史』東京大学出版会。
Krugman, Paul 1998 *It's baaack: Japan's Slump and the Return of the Liquidity Trap*, Brookings Papers on Economic Activity.
Cargill, Thomas F 2000 *Monetary Policy, Deflation, and Economic History: Lessons for the Bank of Japan*, the Role of Monetary Policy under Low

Inflation: Deflationary Shocks and their Policy Responses, Bank of Japan.
Schmölders, Günter 1970 *Finanzpolitik*, Dritte Auflage, Springer-Verlag Berlin et al. = 1981 山口忠夫ほか訳『財政政策』中央大学出版局。

第 4 章

財政社会学の視点と射程

―――――――

4-1 「歴史は繰り返す」

「歴史は繰り返す」と言われる。事実，過去一世紀のあいだに各国における中央銀行対政府の関係について重要な制度改革が二度おこなわれた。一度目は1930年代末から40年代にかけての中央銀行の政府への「従属」ないしその強化として，二度目はその後ほぼ半世紀を経た1990年代に前者の後者からの独立としておこなわれた[1]。このようにして「繰り返される歴史」をわれわれはどのように読み解いたらよいのだろうか。

　この間に起きた世界史上の出来事の深刻さと変動の激しさからして，60年前の事柄から学ぶべきことはもはやないと言われるかもしれない。だが，イギリスの歴史哲学者コリングウッド R. G. Collingwood（1889-1943）は，かつて次のように述べたことがある（同［1967＝1986：271-2］）。

　　「……過去そのものは何ものでもないのであるから，過去そのものについての認識が歴史家の目標ではないし，また，目標たり得ない。歴

---

[1]　1990年代には，旧ソ連圏諸国のうちの17ヶ国，西ヨーロッパでは13ヶ国，ラテン・アメリカでは11ヶ国，アフリカでは9ヶ国，アジアでは4ヶ国で，中央銀行の政府にたいする独立性を強める改革がおこなわれた。これに対して，ブレトン・ウッズ体制が崩壊した1970年から89年の間に中央銀行法の改定を実施したのは8ヶ国のみだった（Polillo et al. [2005]）。

史家の目標は，思惟する存在者の目標として，現在の認識である。すなわち，すべては現在へともどってこざるを得ないし，すべては現在のまわりを廻らざるを得ないところの，その現在の認識である。しかし，歴史家として，彼は現在のひとつの特殊相──現在はいかにしてそれが現在にあるとおりのものであるに至ったか──に関心を抱く。その意味で，過去は現在のひとつの相，あるいは函数である。そして，過去は常に，知的に自分自身の研究を反省する歴史家に，換言すれば歴史哲学を試みる歴史家に，こういう仕方であらわれて来ざるを得ないのである。」

そうであるならば，1930/40年代に起きた事柄を問うことの意味は，今日なお失われていないと言えるだろう。むしろ，いま起きつつあることを理解するために過去を見る必要があるのではないだろうか。われわれが60年余の時間をさかのぼって1930年代の経験に目を向けるのは，そのように考えるからに他ならない。

その1930年代の経験としてわれわれが取り上げたのは，ドイツにおける1939年のライヒスバンク法制定（本書第2章）と日本における1942年の日本銀行法の制定（第3章）にいたる過程である。その要点は，手短に再現すれば次のとおりである。

これらの改革をつうじて，中央銀行はそれぞれの国のその後の戦費調達の中心的な機関となり，これによって戦時下における〈堰き止められた〉インフレーションと敗戦直後のハイパー・インフレーションの原因が作り出された。そのため，戦後の中央銀行再建は上記の立法を受け入れたことへの反省から始まった。この改革の背景は1930年代初頭の金本位制停止に求められる。ここに成りたったあらたな政策環境のもとで，公開市場政策による金融調節にその主たる政策手段を求めた点において，日本とドイツの中央銀行は共通している。だが，その後の経過は両国において異なる。

日本の場合には，昭和恐慌による金融機関の収益減は国債投資へのインセンティブを高め，日銀の売りオペを成功に導くこととなった。しかし，その成功はかえって日銀引受に依拠した政策の妥当性を広く知らしめることとなり，軍部の政策要求を強め，財政膨張からの反転を困難にした。戦

争の進展とともに，財政や民間金融機関の日銀信用への依存はいっそう強まっていく。その過程では，日銀は金融統制をつうじた金融機関への影響力行使や統制権限の実現を図っていったが，このような政策の連鎖，思考と実態の乖離のなかで，当初は合理的なものとみなされていた日銀の判断が最終的にはハイパー・インフレーションに結びつくこととなった。他方ドイツでは，暫定的な措置として導入された手形金融において再軍備のためのそれが予想を超えた規模で続けられたため，公開市場操作による金融調節はおこなわれず，その代わりに単名手形による過剰流動性の吸収が図られることになった。そして38年，手形金融を停止して金融の正常化が意図されたものの，この間に発生した国庫危機において，その打開策は当面国庫手形の増発に求められ，さらにこの制度の安定を図るべく，中央銀行による国庫手形等の引受限度撤廃等を内容とするライヒスバンク法制定に求められることとなった。これがその後のインフレへの引き金となったのは，日本と同様である。

　日銀法についても，またライヒスバンク法についても，このような経過を無視して，吉野［1962］のように「ファシズム」と関連づけて理解された政治要因によってこれらの立法を説明するのは，中央銀行が，法規定のうえでどのように位置づけられているかにかかわらず，その個有の政策権限の強化について強いインセンティブをもつ主体であることを無視し，結果として，中央銀行の状況判断や政策選択が合理的で時宜を得たものだったのか否かを検討すること，すなわち中央銀行の政策責任を問うことをないがしろにするものと言わざるを得ないだろう。これが，先立つ二つの章でわれわれが明らかにしようとしたことの要点である。

　目を1990年代に向けてみよう。この時期に世界的な広がりを見せた中央銀行の政府からの独立の動きのなかで，日本でも1998年に同じことを標榜した日銀法の改正が実施された。だが，さきに第1章で述べたように，日銀の政府にたいする関係は独立に向かうよりは，むしろ資金調達や国債市価維持という政府の国債管理政策における日銀の役割強化という方向に向かいつつある。ここにもまた，法規定では推しはかれない現実がある。さらにさかのぼって言えば，95年に明るみに出た大蔵省幹部の汚職事件による同省の権威の失墜とその後に顕在化した住専問題とが発端となって大蔵

省改革が政治の課題となり，これと連動して日銀法が改正されたことにおいて，日本における財政と金融の法規定上の分離は他の諸国に見られるグローバル化への対応とはことなる脈絡のもとにあったと見るべきだろう。

ここで問われるのは，このような最近の事態と1930年代の経験とを共にどのような分析枠組みをもってとらえるのかである。そのような分析枠組みなしには，先に引用したコリングウッドの言葉を活かすことはできないからである。同じことは，ある事柄を同時代の複数の国について比較しようとする場合にもあてはまる。このような分析枠組みを提供するのは財政社会学だとわれわれは考える。

だが，財政社会学とは何なのか，その方法はいかにあるべきなのかについては，未だに共通の理解が確立したとは言いがたい。これまで財政社会学は何であろうとし，何を求めてきたのだろうか。あらためてゴルトシャイト R. Goldscheid（1870-1931）がこれを提唱して以来ほぼ一世紀にわたる歴史についてこの問題を考えてみることとする。

4-2　財政社会学の提唱

4-2-1　ゴルトシャイト

財政社会学という言葉を人々がはじめて耳にするようになるのは，オーストリア＝ハンガリー帝国が解体し，第一次世界大戦をつうじて国家財政が破綻するなかで，オーストリアが新たな国民国家として誕生するという，国家の危機のさなかにおいてだった。

ゴルトシャイトは1915年から16年にかけて財政社会学の構想を練り，17年の初頭にこれを『国家資本主義か国家社会主義か』（同［1917a］）として出版し，さらに論文「財政学と社会学」［1917b］も公刊した。彼の主眼は財政史の研究と社会学とを結びつけることにあり，その考察の中心は国家財政の歴史におかれた。今日にいたるまで何回となく引用されてきた彼の有名な言葉「予算はすべての粉飾的なイデオロギーの衣を脱ぎ捨てた国家の骨格である」（同［1917a］→ Hickel［1976: 188］）は，そのなかで生まれた。そして，これを立脚点としてゴルトシャイトは，当面の国家財

政の危機について根本的な克服策を提起した。

　この書物は短期間のうちに三版を重ねるほどの売れ行きだったといわれる。それほどに人々がこれに関心を寄せたのは，この時期に国家財政が日を追って深刻な危機におちいりつつあったからである。この大戦のためのオーストリア＝ハンガリー帝国の戦費は総額で776億クローネ，1914年当時の国民所得に匹敵する額に達した。ドイツにおいてと同様に，その90％は借入によってまかなわれ，このうち半分は国立銀行（中央銀行）による信用供与，残りは戦争公債による国民負担によっていた。18年10月末——共和国宣言の直前——には，中央銀行券の流通高315億クローネにたいして中央銀行の金準備保有高は2億6,800万クローネ（0.85％）であり，帝国はまさに破産していた（Fritz［2003/4］）。戦後共和国となったオーストリアは激しいインフレに見舞われ，通貨はクローネからシリングに切り換えられて，経済の安定化は国際連盟の介入のもとで進められた（James［2001］）。

　ゴルトシャイトがこの危機の克服策として提案したのは，一定規模以上の企業にたいする現物による一回限りの財産課税だった。その負担率は企業資産の三分の一とされた。それは，ゴルトシャイトの計算では，当時の国家債務が国民資産のほぼ三分の一だったことによる。国家は，このようにして取得した資産をもって戦時債務を償還するだけでなく，コンツェルンを形成する。さらに，必要と認めた場合には企業資産を国有化する権限を国家に与え，この国家資産をもって通貨の発行準備とすること，これが彼の提案だった。

　この提案は，その実行可能性について批判が強く，ゴルトシャイトが支持していた社会民主労働者党もまた，これを非現実的な案として斥けた。その結末はともかく，われわれにとって問題は，彼がどのような意図からこの改革案を考えたのか，何故それを財政社会学の構想とともに提起したのかにある。この疑問を解く一つの手がかりとして，ここで彼の生涯と学問・思想について手短に見ておくこととする。

　ゴルトシャイトは，ベルリン大学でワグナー A. H. G. Wagner（1835-1917）の財政学講義を聴くなどの学業を終えたあと，数年間の小説などの創作活動の時期を経て1898年にヴィーンにもどり，その後は生涯にわたっ

て大学に籍を置くことなく，研究と思索活動を続けた。第一次世界大戦以前の時期には，前世紀末より欧州で思想運動として広がっていた一元論運動に参加するかたわら，独自の人間経済学と社会学を構想していた。そして大戦期以降，既成財政学を批判して財政社会学を提唱した。戦争末期から敗戦直後のヴィーンでの革命的昂揚の時期には労働者評議会に社会民主労働者党の支持者として参加し，政府にたいして最も非妥協的な要求を掲げるグループに属した。その挫折後は人権擁護運動，女性解放運動，さらにはクーデンホフ＝カレルギーを中心とするヨーロッパ統合運動にも関与し，それらの組織において役職にも就いていた。20年代には，社会民主労働者党が支配していたヴィーン市政を支持し協力を惜しまなかった。そして「終生，社会主義者であること」を願いつつ31年9月に世を去った（Fritz [2003/4]）。

では，彼にとって社会学・人間経済学・財政社会学とは何だったのか。それぞれに難解であり，また，その展開には論理の飛躍もあるが，そこに流れる彼の問題意識に即して整理するならば，おおむね次のような彼の思考の跡をたどることができるだろう[2]。

まず，ゴルトシャイトにとって社会学は，一元論に立脚して人間の物的な存在条件と精神的なそれとの相互規定の関係への洞察を可能とするはずの科学だった。そして，その社会についての理解は，ダーウィンの進化論の影響のもとで当時尖端科学の地位にあった生物学の思考に多分に影響されていた。ゴルトシャイトは，そのように理解した社会学を，諸科学を基礎付け統一する上位の科学と位置づけることを主張したのである。

ところで，ゴルトシャイトは何故まずは人間経済学を考えたのだろうか。彼をしてこの問題に目を向けさせたのは，世紀の変わり目以来顕著となる

---

2) 我が国でゴルトシャイト財政社会学を論じたものとしては，大内 [1927→1974]，米原 [1932]，永田 [1937]，木村 [1942]，Schumpeter [1918＝1983] における木村の「解説」がある。このうち，木村の論考以外はおおむねゴルトシャイトの人間経済学を不問に付し，他方，藤林 [1941] は人間経済学を論評しているが，財政社会学には言及していない。近年におけるゴルトシャイト再評価としては，これを主題としたシンポジウムの記録（Ash [2002]）がある。また，Fritz [2003/4] は，*Wiener Zeitung* に2003年11月より翌年8月まで20回にわたって連載されたゴルトシャイトの評伝である。ここでの記述はこれらの文献に負うところがおおきい。

急激な工業化と都市化，そして人口の少子化だった。今やそのもとで，労働者を物的な原材料と同じように「人間材料」として使い捨てにする経済体制が一般化した。ゴルトシャイトによれば，既成経済学は「財の経済学」と言うべく，商品生産の技術的な側面を強調して，有機的資本すなわち人間資本の役割を軽視している。換言すれば，それは，本源的生産要素の一つである労働を，もっぱら売買される対象＝客体としてとらえ，労働力の主体としての労働者は視野に入れていない。財の経済にこのように一方的に焦点をあわせる考え方は，人間資本の役割が生産や剰余価値創出の前提をなしていることを考えるならば，有害である。この一方的な手法が経済学に何をもたらしたかと言えば，経済社会における「文化的な資本」としての人間資本の重要性の分析をないがしろにすることだった。これにたいして，ゴルトシャイトにとって人間資本とその経営は，資本主義経済の循環を有効に形成するという目的にとって「鍵」となるカテゴリーだった。この考え方に立って構想されたのが彼の人間経済学である（Goldscheid［1911: 486ff.］）。

　ゴルトシャイトをしてここから財政社会学へと飛躍させ，同時に，さきに見た財政危機克服の提案をさせたのは，いずれも世界大戦とその結末——多数の人命の損傷と膨大な国家債務の累積——がゴルトシャイトにもたらしたおおきな衝撃だった。

　ところで，あの臨時財産税の課徴とこれによる国家コンツェルンの形成という提案においてゴルトシャイトが目指したのは，単なる財政危機の克服ではなかった。その目標は，戦争によって破綻した「無産国家」（＝国家社会主義）をふたたび「有産国家」（国家資本主義）とすること，すなわち「国家の再所有化」であり，これによってさきの人間資本の保全による経済の発展を可能とする強い国家を実現することだった。

　まずゴルトシャイトは，国家の起源を軍事組織とこれを維持するための財政組織の形成に見る。そして，その発展を規定したのは戦争の遂行とそのための財政需要の充足だった。かくて「租税国家」が成りたつが，それは同時に，とりわけ領邦諸侯の借入をつうずる国家の「負債国家」化でもあった。その結果が「無産国家」に他ならない。その財政の現状を見るならば，公共支出の面では，さきに見た人間資本の損耗の「結果」に対処す

るための支出が主体とされ，教育・学術振興・予防衛生・住宅改革・飲酒癖対策・母性保護といった人間資本の「育成」を目的とした支出は軽視されたままである。租税負担の配分について見れば，能力原則にもとづく課税が建前とされるものの，実態としてそれは空語に等しい。予算はこの事実をむき出しの数字で冷徹に示すがゆえに，ここに人は「すべての粉飾的なイデオロギーの衣を脱ぎ捨てた国家の骨格」を見出すことができるのだ。国家は租税を財源とはするものの資産を所有しないため，歳入不足の補填を公債に依存せざるをえない。それゆえに，無産国家は公債所有者の階級的利害に支配されている。この状態を決定的なものとしたのが戦時公債の発行だった。この国家は，人間資本の維持という人間経済学の要請に応える能力をもはや完全に失っている。

　他方，「再所有化された」将来の国家においては，ゴルトシャイトによれば，財政支出は人間資本への投資の役割を果たし，これによって税収が生み出される。この説には，かつてシュタイン L. v. Stein (1815-90) が唱えた「租税生産」説あるいは「財政再生産」説（税の徴収→行政活動→国民の担税力の培養→税収という循環）を思い出させるものがある。彼らがともに有機体的国家観に立つことによる当然の帰結といってよいだろう。ゴルトシャイトの場合には，この再生産の仕組みを人間経済学によってとらえようとしたのだった。ともあれ国家は，今や自ら資産を所有しているが故に特定の階級による支配から自由であり，かつ同権化された個人からなる共同体である。「国家はこれまで以上に重要な任務を果たさねばならず，いっそう多様な方向において国家はその活力を上昇させ開花させることを求められている」。このように考えるゴルトシャイトからすれば，マルクスの説は，無産国家における階級支配を明らかにしたことでは評価しうるものの，将来の社会において国家を死滅すべきものととらえていたことにおいてはまったく支持しがたいものだった（Goldscheid [1928] [1932]）。

　かくてゴルトシャイトの目からすれば，既成財政学は，上記の意味での経済学の一分科に貶められて，人間経済学の視点を欠くが故に，この現状を批判することが不可能な状況にある。財政社会学は，ゴルトシャイトにとっては，まさにこのような人間経済学の視点に立脚した財政学であり，

現存の国家とその財政を批判する学問だった。そして財政社会学は，このようなものであることにおいて社会学の中心に位置づけられるべきものだった。彼はその後，財政社会学を次のように定式化した（同［1926］→ Hickel［1976: 254］）。

> 「財政社会学は，公共家計が社会的にどのように制約されているか，および，公共財政の機能が社会発展をいかに制約するかに関する学説である。財政社会学が示すのは，公共需要およびその一層直接的・間接的な充足を決定する，その時々の社会的諸関係がどのようであるかということのみならず，その変遷がまた，公共支出および公共収入のあいだにいかなる相互関連が形成されるかを決定するということだった。……収入と支出とは，社会的機構における機能的相関関係において理解されなければならない。……財政社会学の最も重要な主題は，公共財政と国家の関係の追究である」。

ゴルトシャイトの財政社会学が真にユニークな点は，彼の思考をささえていた社会と学問の危機についての認識にある。彼は，一方ではヨーロッパにおける都市化と工業化の急速な進行，さらには少子化の兆しに社会の危機を見て，これを克服しうる経済秩序や国家財政のあり方を考え，他方では世界観を提供して諸学を統合すべき哲学がその機能を失った19世紀末の知的状況を踏まえて，これに代わるものを社会学に求め，さらに，その社会学の核心をなすものとして財政社会学を構想しようとした。そして，財政を現にあるがままの姿において捉え，それが人間社会の営みの全般にわたってもはや無視しがたい，むしろ決定的な影響をおよぼすにいたったことをあきらかにしようとした。財政社会学という呼称を最初に使ったのはゴルトシャイトではないという指摘があるが（Mann［1978: 136］），それはこの際重要な問題ではない。財政社会学に賭けたその意図の壮大さにおいて，彼はその最初の提唱者と呼ばれるに値する[3]。20世紀初頭のヴィ

---

3) ゴルトシャイトの財政社会学についての優れた評論として加藤芳太郎［1960］がある。

ーンというコンテクストのもとで彼の思想・学問・行動を問いなおしてみることの意味は，今日なお失われていない[4]。

だが，そのようなものであることによって，ゴルトシャイトの財政社会学には，そのさまざまな言説をそのまま継承し，あるいは，現代の状況に移し替えることを拒むものがある。事実，彼が財政社会学に「社会学の鍵となる地位」を与え，社会学を諸学の帝王の地位につけることを主張したことについては，社会学者は無視することでこれに応えた[5]。ある時期におけるドイツの財政学を展望するのに便利な書物として『財政学全書』があるが，1926年に刊行されたその初版では，ゴルトシャイトが「国家・公共家計および社会――財政社会学の観点からする財政学の本質と課題」と題する論文を執筆していた（Goldscheid [1926] → Hickel [1976]）。だが，52年刊行の第2版に掲載されたズルタン H. Sultan (1894-1954) による「財政学と社会学」においては，ゴルトシャイトの財政社会学にかんする記述には「正しいことと誤っていることが解きがたく結合されている」として，ゴルトシャイトの主張からは距離をとることが明言されている（同 [1952]）[6]。さらに72年に刊行が始まった第3版では，「財政社会学」という主題そのものが姿を消し，「財政心理学」によってとって代わられた。この成り行きは，第二次大戦以降における西ドイツでの財政学の新古典派総合の財政論へのほぼ全面的な傾斜の結果である。

4-2-2 シュンペーター

1918年5月15日，ヴィーン社会学協会[7]の会合で，当時グラーツ大学の理

---

4) 彼の人間経済学とその実践が後世に遺したものと言えば，それは彼自身の意図に反して，また，他の思想の流れと合してではあるが，その生物学的な社会観が社会生物学へ，そして社会衛生学を経てやがて人種衛生学，ナチスによるその実践へと流れていった（Ash [2002]）。

5) 彼と親交があった社会学者テニエス F. Tönnies (1855-1936) は，ゴルトシャイトの人間経済論は高く評価しながらも（同 [1919]），その社会学についての主張にはまったく言及しなかった。

6) この一連の議論については，Schumpeter [1918＝1983] 所収の木村による「解説」を参照されたい。

7) 1907年4月に発足。ゴルトシャイトは，社会民主労働者党のレンナー K. Renner (1870-1950) 等とともにその設立発起人に名を連ね，また，発足後は役員会の議長を務め，学会事務局は彼の自宅に置かれていた（Fritz [2003/4]）。

論経済学教授だったシュンペーター J. A. Schumpeter（1883-1950）が「租税国家の危機」と題して講演をおこなった。その冒頭において彼は，さきの予算にかんするゴルトシャイトの言葉を引用し，次のようにこれを高く評価して，のちの人々をしてゴルトシャイトに目を向けさせる役割を果たした（同 [1918＝1983: 10-1]）。なお，講演の後半では，当面の財政危機の克服策としてゴルトシャイトとは異なる見解を表明した[8]。

「ゴルトシャイトの功績として永く残ることは，彼が初めて，この財政史的考察方法を適切に強調したこと，また，予算が国家の『あらゆる粉飾的なイデオロギーを脱ぎ捨てた骨格』であるという真理——今後ますます社会学の領域に取り入れる必要のある，冷徹で，赤裸々な一団の事実——を広汎な人々に伝えたことである。何よりもまず，どの国民の財政史も，その国民の歴史一般の本質的な部分である。……諸国家の財政状態と財政政策が，一般に国民経済の発展と，それと同時に，すべての生活状態と文化内容に対しておよぼす直接形成的な影響は，多くの歴史時期に，事物の大きな特徴のほとんどすべてを説明することができる。……国家の財政的方策は，ぜんぜんその意図がなかった場合でも，産業諸部門，産業諸形態ならびに産業地域を創造あるいは破壊して，近代経済を形成し，それをつうじた近代精神の形成に直接に関与し，また崩壊に力を貸してきたのである。……しかし，財政史の原因的意義にもまして，はるかに重要なのは，その徴候的意義である。ある国民がどのような精神の持ち主であるか，どのような文化段階にあるか，その社会構造はどのような様相を示しているか，その政策が企業にたいして何を準備することができるか，これら，その他の多くの事柄が財政史のうちに見いだされるといって過言ではない。財政史の告げるところを聴くことのできるものは，他のどこでよりもはっきりと，そこに世界史の轟きを聴くのである。」

---

8) 講演に続いて，シュンペーターとゴルトシャイトのあいだで議論があり，そのあと，ウェーバーも発言した。ただし，シュンペーターとゴルトシャイトの議論が「礼儀正しいものだった」ということ以外は伝えられていない（Mayreder [1988: 179]）。

4-2 財政社会学の提唱

　彼は続けて,「これらの把握方法,その発展はまだ大部分神の胎内に眠っている」とした。これは,前述のゴルトシャイトの財政社会学についての問題提起を指しての評価である。だが,彼自身はそこで提起された方法に自らを賭けることはせず,当面の考察の対象を「租税国家の成立とその危機」にかぎって,その叙述を展開した。

　彼のいう「租税国家」とは,別の言葉でいえば「近代国家」のことである。彼は領主支配からこの近代国家への発展を規定した「要因と同様に徴候」として,また同時に「原因」として,領主によるいわゆる「宮廷浪費」をあげ,さらに一層重要な要因として「増大する戦争遂行の費用」の調達をあげる。地方領主は,まずもってこれを借金によって賄うことに努め,まもなくそれが行き詰まると,自己の等族にこの「共同の困難」を克服するための負担を「懇願」し,等族はこれを承認した。ここに「国家」が,私的領域とは区別されたものとして成立する。このように彼は,近代国家の成立が「租税」という概念や制度の成立といかに解きがたく結びついていたかを鮮やかに描きだした。

　シュンペーターによれば,このようにして成りたった租税国家における租税政策は,企業家による革新を阻害しないものであることが原則とされる。課税の対象となりうるのは,不生産的利潤や独占利潤,土地地代等であり,労働賃金や資本利子については,生産活動の阻害を避けるために,これを重課すべきではない。不労の増価所得こそ理想の課税対象だが,実際にはその捕捉に成功していない。多くの場合,その試みは「ロバの影に粉袋を積もうとするようなもの」になっている（同［1918＝1983：44］）。要するに,租税国家の収入は,あるかぎられた規模での国営企業収入を別とすれば,私経済から生ずる「派生所得」からの税収に限定されるのだ。これらのことからすれば,ブルジョア租税国家は「何か周辺的なもの,私経済の個有の目的にとって縁のないもの,否,敵対するもの,……何か派生的なものにとどまっているのである」（同［1918＝1983：37］）。

　彼の考えでは,このような租税国家は,過去においても十分に機能してきたし,今後もロシアをのぞくヨーロッパでは存続するだろう。崩壊するとすれば,それは,オーストリアという一つの地方にかぎられた現象だろう。たしかに,オーストリアにおける当面の財政危機は深刻である。だが

それも，租税国家の本質に根差す原因によって生じたものではない。放置すればインフレと経済の混乱を避けられないこの事態の克服は，戦時下において増加した資産の名目価値にたいする一回限りの財産課税によって可能であり，これを超えるいかなる社会主義的実験もおこなうべきではない[9]。このように言うのは，自由経済を最後の真理として賛美するためではない。社会化された共同体の第一の前提は，資本主義がその任務を成し遂げ，資本に満ち足りた，企業家の利潤によって厳密に合理化された国民経済が存在すること，したがって，安心して社会主義に不可避の経済的発展の緩慢化を待ち受けることができることにある（同 [1918＝1983]）。周知のようにシュンペーターは，この主張をほぼ30年後に『資本主義・社会主義・民主主義』（同 [1949＝1962]）においていっそう包括的な視野のもとに展開することになる。

なお，シュンペーターは1919年3月15日，その前月に成立した社会民主労働者党のレンナーを首班とする同党とキリスト教社会党（保守党）との連立政権の財務大臣に就任し，上記の臨時財産税の徴収を主体とする改革案の実現を図った。しかし彼は，就任当初は支持していた社会化計画から距離をとるようになり，国立銀行設立のために外資を導入することを図り，これに加えて，オーストリア最大の鉄鋼会社アルプス鉱山会社をイタリアのあるグループが買収するという事件が起きた。レンナーや，もともと彼を財務大臣に推挙した社民のバウアー O. Bauer (1881-1938) は，これを社民による社会化計画を阻害するものだと批判してシュンペーターと対立し，結局彼は就任後7ヶ月にして辞任に追い込まれた（Fritz [2003/4]）。その後のインフレとその収束については，前述したとおりである。

ここでもう一度『租税国家の危機』にもどって，シュンペーターが租税

---

9) このような内容で当面の危機対策に言及したうえで，シュンペーターは次のように述べた。「現実的・政治的・財政技術的な能力が，この課題を解決しようとする者には求められる——，さらに国民が信頼を寄せるに足りる，輝くような意思と言葉も」(Schumpeter [1918＝1983: 63])。März [1983: 136] はこの言葉から，シュンペーターが戦後処理にあたるべき内閣の財務大臣候補のひとりに自らを擬していた可能性があると推測している。事実，当時シュンペーターは政界進出に強い野心を抱いていた。また，この社会学会の会合には，社民のレンナー（半年後には新共和国の臨時政府首相に就任）などが出席していた可能性は高い（前掲注記7参照）。これらのことからすれば，シュンペーターはこの講演を政界進出のための一つの布石と考えていたと見ることができるかもしれない。

国家における政治的意思決定の担い手ないし仕組みをどのように考えていたのかを見ておこう。シュンペーターは，国家現象を現実主義の観点から見るとき，「国家が常時社会的権力関係を，単純にそれだけというわけではないが反映していること」を認め，付け加えて，「問題は，国家機構を動かし，それに代弁させているのは誰なのか，誰の利益なのか」であるとする[10]。そのうえで，彼は国家それ自体の発展を次のように見ていた。まずはじめは，領主が事実上国家の主人だったが，近代デモクラシーは，その手から国家を受け継いだ。次いで「官僚制こそが国家だ」と言われる時代がこれに続き，その結果，国家は「真に超個的なもの，すなわち奉仕するだけで支配することのない人々が配置される一つの機構に化すことができた」（Schumpeter［1918＝1983: 35-6］）[11]。このように彼の租税国家論において官僚制による支配といった概念が消え去るのは，彼が租税国家を市場経済の派生体としてとらえたことの論理的な帰結だと言えるだろう。

　かくてシュンペーターの場合には，財政にかんする政治的意思決定の問題は，もっぱら議会について論じられることになる。それをわれわれは，『資本主義・社会主義・民主主義』における古典的な民主主義論の批判的な検討（21章）とそれに続く彼独自の民主主義論（22章）に見ることができる。われわれの文脈において重要なことは，この議論がまずはダウンズ A. Downs の『民主主義の経済理論』（同［1957＝1980］）におおきな影響をおよぼし，ひいてはブキャナン J. M. Buchanan（1919-）やタロック G. Tullock などによる公共選択論に引き継がれてゆくことである。ただし，見落とすことができないのは，この流れをなしたダウンズ以下の論者たちが，政治的意思決定の分析において公益の概念を措定することを避け，個人の効用ないし私益から出発してこれを説明していること，他方，シュン

10）　そしてシュンペーターは，「それ自体は誤っている国家すなわち支配階級による搾取の手段という理論」はこのことを指摘しているかぎりにおいて正しい，と述べている（Schumpeter［1918＝1983: 102］）。これはまた，このかぎりにおいてゴルトシャイトの所論を支持したものだと見ることができる。

11）　池上［1999：247-8］は，シュンペーターの所論（Schumpeter［1918＝1983: 27-8］）から，「国民や国家の財産をあたかも世襲財産として取り扱うような傾向さえ引き継いでしまう民主主義国家の現実が示唆される」としているが，訳書にしてさらにほぼ10頁を読み進むならば，本文で引用したシュンペーターの記述に出会ったはずである。

ペーター自身は，河野勝［1999］が指摘するように，そのような公益をすべて私益に還元できるとする説にたいして距離をとっていたことである。なお，4-3節に登場するマン F. K. Mann（1883-1979）やシュメルダース G. Schmölders（1903-91）はいずれもこのダウンズたちの理論に批判的な立場をとっていた。

　それは後のこととして，1920年代には，シュンペーターはどのような財政観をいだいていたのだろうか。1925年にドイツのボン大学に移ったあと彼は，当時ドイツで財政をめぐる議論の的となっていた課税と資本形成の関連について論文を30年初頭に発表し，ある提案を試みている。そこで彼は，所得税を「自由主義の時代の，すべてではないとしても最高で最善の経済政策上の基本原則の表現」だと認めたうえで，当面の課題としてそのフラット化を考え，さらに「消費所得税」すなわち累進税率適用可能な消費所得税にこれを変えることを提案した。当時普及していた所得税が，所得の貯蓄部分にかんして二重課税となるという，その後しばしばあげられることなる根拠からである。

　しかし，これに続けて彼が次のように述べていることは注目を要する。すなわち，所得税がその理念と一致するように機能しうるには，国家支出それ自体が控え目な規模であり，まさに自由主義時代の「夜警国家」の支出程度でなければならない。所得税が，一方でその税率の点で，他方ではその歳入の用途に応じて，管理された自己課税という根本思想を実現させるように具体化されることは，結局のところ二度とありえない。（それを）達成できたのは，市民的世界の国家においてのみであり，市民が自らの国家に，つまり自ら承認した目的を持つ国家に自らの納税で資金を供給した過去の時代だけだった，と。そして，結論として言う，「すべての社会的諸制度の場合と同じように，租税制度においても適合性を失ったものがいつまでも存在し続けることはない。……所得税もまた，それを租税政策上の子供として生み出した経済形態と精神的素養とともに，いつかはなくなるであろう」（シュンペーター［2001: 145ff.］）。このようなシュンペーターの見方は，単に所得税についてのみならず，大恐慌以降の財政の役割についての評価としても，予見性を欠いていたと言えるだろう。

　これに比べれば，次に取り上げるマンの方が時代の変化を的確に捉えて

4-2 財政社会学の提唱　　　　　　　　219

いたと言えそうである。シュンペーターがこの所得税論をおおやけにしたのとまったく同じ1930年1月におこなったある講演で、マンは財政の国民経済的な役割の変化を「参加制度から統制制度へ」と特徴づけたことがある。すなわち、古典派の政府観に則った小さな政府の財政から、その収支両面をつうじて経済と社会の隅々まで規制する財政への転換の確認である。上記の20年代における政策形成のあらたな態様を看取したものとして、この彼の立論は、第一次大戦以来20年代に起きた財政の役割変化についての把握において正鵠を射たものだった。なお、のちに彼は、これは財政学の方向転換に他ならず、当時としてはまったく非正統的な見解だったと回想している（同［1967：17］）。マンがこのような時代認識のもとでいかなる財政社会学を構想したかは、次項で詳しく検討する。

　これまで見てきたところからすれば、ゴルトシャイトとシュンペーターのあいだに見過ごすことのできない懸隔があることは明らかだが、同時に共通点もあった。
　両者の懸隔をもっとも鮮明に示しているのは、彼らの経歴もさることながら、大戦末期から戦後再建の過程における現実政治への関与の仕方だった。それはまた、両者が描いたオーストリアにおける経済体制の将来像——国家資本主義か資本主義の自然死か——についても見ることができる。だが、ただちに看取しうる両者のこのような懸隔よりも、いっそうわれわれの注意を惹くのは、その懸隔の底にある共通点である。すなわち、ゴルトシャイトとシュンペーターのいずれにおいても、国家は社会的権力関係を反映する機構、なんらかの社会集団の利害を代弁する機構であるとされていることである。前述のように、ゴルトシャイトの場合には、租税国家は無産国家に他ならず、それゆえにその債務をつうじて資産所有者による支配のもとに置かれ、その道具となったとされる。シュンペーターの場合には、租税国家は市場の派生体として形成され、社会集団にたいして「奉仕する」のみの機構となったとされる。説明の仕方にはこのように相違はあるとしても、また、シュンペーターがゴルトシャイトでは無視されている議会の役割を重視しているという違いはあるとしても、国家にかんするかぎりいずれも、それ自体としての実体をもたない、したがって自律性を

欠いた「道具」と捉えていることにおいて異なるところはない。

このことは，この二人がともに，この時期にすでにおおやけにされていたウェーバー M. Weber (1864-1920) の社会学における国家理解には与さなかったことを意味する[12]。ウェーバーが考える国家の中核をなすのは，強制性をそなえた持続的な行政組織としての政府であり，法制度と官僚制によって組織され，社会と国家の関係のみならず社会の諸組織間の関係にも働きかける自律的な組織のことである (Stepan [1978: xi-xii])。ダントレーヴ A. P. d'Entrèves (1902-) に言わせるならば，ここで問題とされているのは「実力」および「権力」としての国家のことである。この場合「実力」とは，ある人の意思をある一定の社会関係のなかで実現する可能性のことであり，「権力」とは，ある人々によって発せられる〈特定の命令〉がその合法性のゆえに服従されることに他ならない (d'Entrèves [1967＝1972: 13-4])。このような国家がゴルトシャイトやシュンペーターのものではなかったことは，これまで見たところから明らかである。

国家観をめぐるゴルトシャイトおよびシュンペーターとウェーバーとの対立は，その後の財政社会学をめぐる議論で再現されることになる。その見取り図をあらかじめ描くとすれば次のようである。4-3-1で取り上げるマンの場合には，ゴルトシャイトの理論はきびしい批判の対象とされており，同時に，ウェーバー社会学については否定的な立場をとっていたと思われる節があり，学問的にはシュンペーターと近い距離にあった[13]。これにたいして4-3-2において考察するシュメルダースは，財政政策における意思決定過程の分析においてウェーバー社会学を援用しているが，他方ゴ

---

12) ゴルトシャイトはもともと，ウェーバー社会学は価値判断の排除を前提していることから，支配階級を喜ばせるだけのものになっていると批判していた。この点での意見の相違をもとに，両者は学会報告のあり方をめぐってドイツ社会学会（1909年創立）の役員会において激しく対立し，結局ウェーバーはこの学会から1913年に脱退した (Glatzer [2003])。シュンペーターのウェーバー批判は，後者の社会学の方法において要の位置を占める「理念型」概念に向けられていた。ウェーバーが理念型という概念を提起したのは分析のトゥールとしてだが，シュンペーターは，ウェーバーがこ実際にはれを歴史上の概念として用いているとして彼を批判していた（塩野谷 [1995] 第8章4参照）。

13) マンはシュンペーターと親しく，シュンペーターの没後には，その「貨幣論」の遺稿の整理と出版にあたり，また，この書物と『経済分析の歴史』のドイツ語訳の出版に尽力した (Krull [1980])。

ルトシャイトやシュンペーターを肯定的に参照することは結局のところなかった。

1970年代に入って，ゴルトシャイトを「財政政治学という現代科学の創立者」と呼び，その主張にもとづいて現代財政論を展開したのは，アメリカのネオ・マルクス主義政治経済学者オコンナー J. O'Connor (1930-)である (4-4-1)。これは，彼が国家を階級支配の道具と見ている点において，ゴルトシャイトの理論を継承したものと認めることができる (O'Connor [1973＝1981])[14]。だが，まさに国家を社会に還元するその方法を批判して，国家論の復権を提唱するようになったのが，80年代のアメリカにおける国家中心主義や歴史的制度論だった (4-4-1)。その論者の一人がネオ・ウェーベリアンを自認していることから明らかなように (Hobson [1997: 2])，それは歴史の実証分析におけるウェーバー社会学の復活を告げるものだった。そこでは，国家に焦点をあわせることの当然の帰結として，かつてゴルトシャイトとシュンペーターが分析の対象とした国家財政が，ただし彼らにおけるのとは異なり，自律的な支配組織である国家の営みとして分析の俎上に乗せられることになる。なおその際，この二人のあいだにある財政観や歴史観の相違や彼らのウェーバー評価は不問に付され，彼らは一括されて，国家財政を社会的関連のなかに位置づけた最初の財政社会学者という栄誉を担うことになる (4-4-2)。

ただし，この見取り図は，ゴルトシャイトとシュンペーターの国家観とウェーバーのそれとの対比を軸として見たかぎりでのものである。1930年代以降の財政社会学をめぐる論議を規定したもう一つの脈絡は，ケインズ主義の影響のもとでの財政学の応用経済学化という流れである。その流れのなかで財政社会学の可能性を模索したのがマンとシュメルダースだった。

---

14) ドイツのマルクス主義経済学者ヒッケル R. Hickel (1942-) は，1976年にゴルトシャイトとシュンペーターの財政社会学関係の主要論考を復刻・出版したが，その意図は，自らのケインズ左派的な経済政策論を補強することにあり，財政社会学自体についての議論の展開を図ったものではなかった。

4-3 財政社会学の展開

4-3-1 多元的社会における財政——マンの財政社会学と
その批判的継承

マンは1927年，ドイツで初めての財政学の講座をケルン大学に開設して，講義と研究をおこなっていたが，反ユダヤ主義運動の横行を嫌って36年にアメリカに亡命し，その後終生アメリカを拠点としながら一貫して財政社会学を論じた。彼は43〜44年にアメリカ国防省に経済専門家として協力したことはあるが，その後の活動は主としてアカデミズムでのそれに限られ，のちに取り上げるシュメルダースの場合とはことなるものがあった。

では，マンにとって財政社会学とはどのような学問だったのだろうか。彼によるその要約された説明は次のとおりである（Mann [1955: 134f.]）。

> 「財政社会学の対象は，社会秩序と国家・公共団体の財政経済制度とのあいだでの相互作用以外の何ものでもない。……その全過程の第一局面は国家・公共団体の財政組織への社会的要因の影響からなり，……第二の局面において財政制度は社会的諸関係に作用をおよぼす」。

この説明のかぎりでは，財政社会学の課題はゴルトシャイトにおけるのとおおきな相違はない。だが，マンによれば，この第一の局面をもっぱら問題にするのは「贋の財政社会学」であり，「その唯物主義的な歴史把握は国家を社会の上部構造と考えている」。だからといって第一の局面を過小評価することも誤りである。これらの二つの局面を見る目は相互にかみ合っており，いずれも不可欠なのだ。なお，財政社会学は，対象を「財政」一般に求めているという点において不完全であり，これはさらに「租税社会学」あるいは公共支出・公企業・予算の社会学として展開される必要がある。

ここで事実上ゴルトシャイトが「贋の財政社会学」者とされていることが目を惹くが，同時に注目すべきは，ここでの「社会学」の性格である。

財政等々の言葉とハイフンで結びつけられる社会学とは，どのような社会学かという問題である。マンはこれについて明示的な説明は与えていないが，それは，ある社会事象における個人間の相互作用すなわち社会化の関係形式にかんする科学としての社会学だったと見てよいだろう。これはジンメル G. Simmel（1858-1918）が唱えた形式社会学である。後述の「妥協」は，財政政策の決定に見られるこの意味での社会化の関係形式だったと考えてよいだろう。

マンのこのような財政社会学についての理解は，終生変わることはなかった。だが，その生涯の晩年（1970年代）には，財政社会学とならべて財政の経済理論，財政の政治学を置いて，財政学をいわばこの「三頭の馬によって牽引される馬車」とする説を唱えた（同［1978：141］）。それはおそらく，第二次大戦後アメリカの学界においてケインズ理論が急速に普及し補整的財政政策論が一世を風靡するにおよんで，「財政理論の『財政の経済理論』への萎縮」を嘆かざるを得ず（同［1959：10］），そのなかでなお境界科学としての財政学の「自律性」（同［1952：488］）を擁護しようとする意図から出たものと推測される。

マンの研究は財政思想史も含めて多方面にわたっているが[15]，ここでは本章で取り上げている他の論者との比較の観点から，彼の業績のうち財政政策にかんする意思決定を論じたもののみを取り上げる。この問題を彼はまず1933年にヴァイマル共和制末期のドイツを念頭において論じ（Mann［1933］），その後64年には，この間の経済理論や政治思想の変化を考慮に入れた論文を書いた（同［1964］）。この二つの論考のあいだには，約30年という時間の経過にもかかわらず，基本的な考え方に変化はない。一つの主張は，財政上の意思決定をめぐる経済理論についての否定的な評価であ

---

15) ドイツの歴史学者ヴィット P. -Chr. Witt は，マンをゴルトシャイトとシュンペーターの財政社会学の唯一の継承者として位置づけ，とくにマンの『租税政策の理念』(Mann［1937］) を「近年のドイツの思想史研究における最高の業績」と評価している（Witt［1987］）。なお，マンは，1956年にワシントン所在のアメリカン大学を退職して以降，頻繁にドイツを訪れて，ケルン大学その他で講義していた。59年には西ドイツの二つの大学で名誉学位を贈られ，また，ドイツ社会学会によりその名誉会員に指名された（Krull［1980］）。なお，マンの研究業績については，大東文化大学図書館『マン文庫目録』［1993］を参照されたい。

り，もう一つの主張は政治による「妥協」形成についての肯定的な評価である。

　第一の論点：1933年の論文で取り上げられているのは，ザックス E. Sax (1845-1927)，デ・ヴィティ・デ・マルコ A. de Viti de Marco (1858-1943)，ヴィクセル K. Wicksell (1851-1926)，リンダール E. Lindahl (1891-1960) などの利益説にもとづく課税を前提とした政府支出決定論だが，これらの理論は「命取りとなるような楽観論」を助長するだけだとされる。64年の論文では，限界効用理論と無差別分析による政府支出決定論，さらに前述のダウンズの理論——政策決定をこれにたずさわる政治家の得票極大化行動から説明する理論——が論じられるが，これらのいずれについてもマンはその理論の現実性について強い懐疑の念を表明している。

　第二の論点：では，マン自身は財政政策における意思決定をどのような仕組みのものとして理解していたのだろうか。1933年の論文では，まず，国民代表制における代議士と政党の性格の変化が指摘される。すなわち，名望家から職業政治家への変化，議員の出身母体である集団の利益への従属，党綱領による議員拘束の強化等。これらのことを前提として，政権を担当する政党（ヴァイマル期における現実を反映して連立与党を想定）の政策は，連立政党相互の譲歩をつうじて「中間的な路線」に設定される。マンはこれを議会活動の最も重要な形態として「妥協」と名付けた[16]。彼に言わせれば，財政の純粋理論が考えている集合的意思決定の実体はこの妥協に他ならない。

　この概念設定は1964年の論文にも引き継がれ，多元主義論の検討をつうじてさらに展開された。その際彼は多元主義という言葉の使い方に慎重を期し，これに付着しているイデオロギー的・政治的・倫理的等々の意味合いをすべて削ぎ落として，「現代社会の現実の構造」を指す「多元的社会」という意味においてのみ使っている。

　ところで，この多元的社会の実体は，いまや「不可視で非公式の政府」とも呼ばれるほどに現実政治を規定するにいたった圧力集団である。「多

---

　16) マンは，この問題に関連して「財政的妥協の類型理論」を考えることの重要性を上記の二つの論文のいずれにおいても強調しながら，結局これを果たさずに終わった。

元的社会の本質は権威中枢の増殖にあるのではなかろうか」。それは，ヘラー H. Heller（1891-1933）の言う意味での国家権力とならぶ政治権力の存立でもある（Heller［1934＝1971: 297 ff.］）[17]。このような理解にもとづいてマンは，多元的社会における財政政策決定についての前述の「妥協」成立の可能性を論じた。その際彼は，「財政上の妥協は合理的な財政行動と両立しないのではないか」という問があり得ることを認めたうえで，ピール R. Peel（1788-1850）による穀物法廃止と所得税の再導入という1842年のイギリスの財政改革に例をとって，ピールの意図は，貿易自由化による限界社会便益と所得税の導入による限界社会損失を均等化することによって社会的効用を極大化することだったのであり，そして彼はそれに成功したと言えるのではないか，と述べている。マンは，財政上の妥協が多元的社会における統合を可能とすると考えていたとも言えよう。

　勿論マンは，財政上の妥協がつねに合理的に形成されると考えていた訳ではない。1933年にマンが問題としていたのは行政官僚の役割である。連立政権における妥協の形成は，行政官僚の状況判断や選択に左右され，ときには阻害されるのではないかという問題である。これは，当時のドイツにおけるきわめて不安定な連立政治の状況を目のあたりにしてきたマンとしては当然の考慮である。もう一つは，権威主義的独裁がこの問題にどのように作用するのかということだった。ヒトラー政権成立の前後にこの論文が執筆されたと推察されることからすれば，これもまた当然の言及だろう。64年の論文では，このうち後者の懸念が消えるのは当然として，前者の行政官僚の行動についての言及も何故か見られなくなる。それに代えてマンが財政政策の合理的で計画的な形成を困難にするものとして注目するのが，「財政権力の複製」である。

　その一つは統治の多元性，すなわち，アメリカ合州国において明らかな連邦財政権力と州政府の財政権力との並立という問題であり，もう一つは，

　17）　マンがヘラーの国家論を肯定的に引用しているという事実は，間接的にだが，マンがウェーバーの国家論に否定的だったことを示唆しており，この点においてマンの国家理解には前述のシュンペーターのそれと共通するものがあると言えるだろう（前掲注記12参照）。ヘラーによれば，「ウェーバーの理念型は，国家を決して客観的な現実構造として表現しえないので，必然的に国家を単に認識主体が任意におこなう主観的に考えられた総合にすぎないものとしてしか理解し得ないのである。」（Heller［1934＝1971: 106］）

政府と民間のあいだに立つ「中間的財政権力あるいは準国庫」の存在である[18]。それは，中央・地方のいずれのレベルにおいても見られる現象である。これらの財政権力の発展ないし役割の増大のもとでは，たとえばアメリカでの事例が示しているように，連邦政府による財政政策が成長促進あるいは経済安定を目標としているときに，地方政府やさらには中間的財政権力がこれとは異なる目標を掲げてその政策を遂行するという事態が生じうる。したがって，財政政策の計画的で合理的な形成を図ろうとするのであれば，これらの諸機関の財政政策を総合して捉え，個々の機関の政策を調整することによって，総体としての社会的厚生の極大化を目指すことが求められることになる。

マンのこのような財政政策決定にかんする論述を通観して，まずわれわれが抱かざるを得ないのは，彼の歴史への論及の仕方についての違和感である。これを詳論する暇はないが，上述のかぎりで言えば，問題は，現代財政における妥協達成の可能性を論証するにあたって1842年のピール財政改革をあげ，さらに，ここでは言及しなかったが，1912年のアメリカにおけるアンダーウッド関税協定をもあげる彼の論法にある。しかも彼がそのかたわらで，政党制の名望家政党から大衆政党への変化等の構造変化を指摘していることである。このことを踏まえたうえでなお，19世紀中葉と1960年代の出来事を同列に論じうるのだろうか。1842年と現代との距離は，マンが考えている以上におおきいのではないだろうか。マンの財政社会学における歴史意識自体が検討すべき問題だとされる所以である（加藤芳太郎［1960］）。

それはさておき，いっそう重要なのは彼の多元主義論をどう評価するのかという問題である。1960年代までのアメリカの政治学においては，多元主義政治理論が支配的な影響力を誇っていたが，そのこととマンの思考との関係如何という問題である。野田［1999］の整理を借りるならば，50年

---

18) 中間的財政権力論は，マンがケルン大学教授就任直後から関心を寄せていた問題だった（Mann［1928］）。そこで具体例としてあげられているのは，第一次大戦の戦後処理（賠償）関係の特別会計，社会保険機関，各種の身分制組織（金庫を含む），教会財政等であり，これらの機関による「隠れた経費ないし負担」に着目した議論だった。戦後に執筆された論文では，これをさらに敷衍して，この中間的財政権力の存在による租税・政府支出・政府借入の「複線化」として特徴づけている（同［1968］）。

代以降のアメリカ政治学に特徴的な考え方は，政治とは集団のあいだでの相互作用であるという理解であり，この相互作用を「政治過程」としてとらえるものだった。その際にあらためて思い出されこれにおおきな影響を与えたのが，ベントリー A. F. Bentley（1870-1957）の『統治過程論』［1908＝1994］だった。そこでは，政治についての形而上学的な思弁はいっさい排除されて，経験的分析にたえる対象として集団活動が設定され，その相互作用を「政治過程」と呼んだ。そして，この過程が「集団利益の均衡をもたらす」と見た。多元性それ自体を肯定し，統合の論理を問わないこの政治観はワルラスの一般均衡論と相似形をなし，さらに両者は，時間や空間による限定をいっさい排除している点でも共通の性格をそなえていた。同じことは「政治のシステム分析」を提唱したイーストン D. Easton（1917-）［1965＝1968］にもあてはまる[19]。

ここで指摘しておきたいのは，マンが1964年の論文でしばしば，アメリカの論者たちが「集団活動の影響が民主主義の伝統的形態を変え資本主義の構造をも変化させている」という事実の手前で踏みとどまり，このもっとも重要な問題への言及を回避していると強調していることである。また，マンの多元主義論は，イーストンの政治システム論などと論理の組み方は似ているように見えるが，分析そのものはこれと異なり，現実の制度を踏まえて展開されていることにも注目すべきだろう。この点においてマンの多元主義的財政政策決定論には，70年代にはいってその有意性を問われることになるアメリカ政治学の多元主義政治理論と完全に同一視することのできないものがあることは確かである。

だが，マンは何故1964年の論文で行政官僚制の問題に触れなかったのだろうか。マンが視野にいれたのは，結局のところ，中間組織を含む社会集団と議会だった。ここでもまた，さきにシュンペーターについて見たのと同じ問題が起こっている。すなわち，社会集団にたいして自律的な支配団

---

19) なお，同じ頃の行政学者ウィルダフスキー A. Wildavsky（1930-）による予算過程論（同［1964＝1972］）も，この多元主義的政治論に立脚したものだった。彼はアメリカ連邦予算の編成過程を分析して，それを動かしているのは，予算過程の参加者（各省庁・議会の委員会と予算局等）のそれぞれの役割にたいする相互的な認識と期待の存在であるとし，これこそが予算編成における最も有効な調整機構であると論じた。当時よく使われた漸増主義的予算編成という言葉は，このような調整の結果を言い表したものに他ならない。

体としての国家をマンの分析に見出すことはできない。その結果は，国家の活動を究極的には社会に還元することになり，多元主義的政治理論にたいする歴史的制度論の側からの批判がマンの場合にもそのままあてはまることになる（4-4-1参照）。マンは晩年に執筆したある論文で財政学の課題として「制度論」的接近をあげているが（Mann [1977]），ワグナーやシュタインへの学説史的論及に加えて，近年関心を呼びつつある問題領域として予算論と後述のシュメルダースによる財政心理学があげられているにとどまり，あらたな方法論的提起をそこに見出すことはできない。70年代以降に展開を見る歴史的制度論等の議論を知るわれわれとしては，制度と主体との関係ないし相互作用を問わないで「制度論」を語りうるのだろうかという疑問を抱くことは避けられない。言うなれば，主体間の相互均衡として財政政策の決定を論ずる視角と，その財政政策の決定にとってかならずしも中立的には作用しない制度を見る視角とは，マンにおいては切り離されていたのだ。

マンの没後まもなく，ドイツの政治社会学者ピルカー Th. Pirker (1922-95) は，ゴルトシャイト以来の財政社会学定立の試みを悲観的に見ながら，そのなかでマンによる「中間的財政権力論」についての問題提起を高く評価して，その展開を試みた。

この問題にピルカーの目を開かせたのは，ドイツ・ヴァイマル共和制のもとでの「政府予算にかんする議会および会計検査院による統制の無力」と「この問題を解明するための『財政社会学』の重要性」についての現代史研究の側からの指摘だった（Bracher [1960: 35-7]）。この問いかけに促されて，まず，ドイツの社会学の古典がここで指摘されている問題をどのように扱ってきたのかを見てみると，シュンペーターは議会による財政統制という問題を完全に回避していた。ウェーバーの場合には，貨幣の徴収が合理的な官僚制の運営の前提をなすという，それ自体重要な指摘はあるものの，財政統制はわずかにその論議の周辺で言及されるに止まっていることが明らかである。では，ゴルトシャイト以来の財政社会学の試みはどうなったのか。ピルカーの見るところ，「財政社会学は財政学者の社会学にとどまっている。（これは）財政学が，その認識対象が経済的と同時に政治的・行政技術的な性格のものだというトリレンマに直面してきたこと

と関連している」。「財政社会学に諸学の帝王の位を与えよ」というゴルトシャイトの主張は，財政社会学の発展を促進したのと同時に，阻害もしたのだ。これがピルカーの財政社会学についての評価だった（Pirker [1987: Einleitung]）。先述のマンの「財政学＝三頭立て馬車」説にピルカーはまったく言及していないが，この「トリレンマ」を克服したものと見ていなかったことはたしかである。

このように，財政学の社会学化は成功せず，また社会学の内部での財政経済についての理論的展開も見られていないことからすれば，「中間組織ないしは制度的な取り決めがその前面にたつ現代経済・サービス社会における財政・租税国家の現実に迫りうるのは政治社会学をおいてない」（同 [1989：15]）。そのような状況のなかで，ただ一つピルカーの目にとまったのが，先述のマンによる中間的財政権力論だった。

マンやピルカーが言う中間的財政権力には，さまざまな種類の機関が含まれている。一つは会計検査院（ドイツの場合には連邦および州のそれ）だが，これには，同院による検査の前提をなす半官半民の検査機関も加えて考察されることになる。第二には，中央銀行があげられる。会計検査院にせよ中央銀行にせよ，いずれも政府からは自立していながら，政府の政策にたいして中立的とは言えない役割を果たしていることにおいて，中間的財政権力と見るにふさわしい機関である。第三は，マンが「準国庫 Parafisci」と呼んだ社会保険機関などの，政府行政からは自立していながらこれを補助する機関である。なお，これらの機関は，1980年代のアメリカ政治学でこれとは独立に考えられた「政策ネットワーク」論でも分析の対象とされることになる（4-4-2参照）。

これらの中間的財政権力はこれまで，たしかにピルカーが言うように，財政分析において無視されるか，それが独自の役割を発揮する場合には（たとえば政府の成長指向のもとでの中央銀行の安定優先），これを否定的に見るか，いずれかである。その政治・社会的背景としては，政府による干渉や管理を当然のこととみなし，そのためには権力の単元性が望ましいと考えてきた1930年代以来の経済秩序観がある。これが崩れたのは，西ドイツの場合で言えば80年代に入ってからだった。そのような政策環境の変化がこの中間的財政権力の役割にあらためて目を向けさせたのだと言うこと

ができる。かくてピルカーは80年代の初頭以来，単に研究者にとどまらず会計検査の実務経験者も含めた共同研究を組織して，この問題領域の開拓にあたった（同「1987」［1989］［1992］）。

マンを嚆矢としピルカーたちが展開したこの一連の研究がわれわれの関心を惹くのは，単一の権力主体としての国家から目を移して，政府と国民とのあいだに介在する広汎で多様な機関とその制度的な取り決めを視野に収めようとしたことによる。ピルカーが言うように，現代財政の実態をこれらの機関や制度を抜きにして論ずることはできない。だが，ピルカーたちの企図は，財政社会学への期待を放棄したうえでの政治社会学のそれだった。そうであればこそ彼らは，財政とは何かという問題に煩わされることなしに，この課題と取り組むことができたのだ。だが，財政社会学にこだわるわれわれとしては，たとえば上記の中央銀行や会計検査院をその対抗主体とする政府そのものの財政活動を明確に捉える視点を確保しなければならない。この問に或る答を出そうとしたのが，次に取り上げるシュメルダースである。

4-3-2 財政権力の核からその外縁へ──シュメルダース財政論の視線

シュメルダースは，かつてマンが籍を置いたケルン大学で1940年から72年まで財政学を講じた。戦後のドイツで歴史学派の伝統を活かしながら財政学を論じたのはシュメルダースを措いていない[20]。彼の浩瀚な研究業績のすべてをここで紹介することはできないが[21]，大別してそれは，『財政政策』［1970＝1981］，『貨幣政策』［1962］，『租税の一般理論』［1965＝1967］という政策に焦点をあわせた著作と，財政・租税・通貨・政治行動等を対象とするいわゆる財政心理学についての多数の著作からなっている。彼が財政社会学と呼ぶのは，「社会を構成する個人と集団の行動」を対象とす

---

[20] シュメルダースは晩年，近年の社会科学研究において「アングロ・アメリカ的」影響のもとに「ウェーバー，ゾンバルト W. Sombart (1863-1941)，シュモラー G. Schmoller (1838-1917) といったこの分野での偉大な先達」の業績が忘れ去られつつあることを慨嘆していた（Schmölders [1988 → 2002: 163]）。

[21] その概観としては，『財政政策』［1970＝1981］の訳者解説を参照されたい。

る研究のことであり，それを彼は「理解財政学」と名付け[22]，過度の抽象化とこれにともなう現実からの遊離という誤りを回避することを可能とする視点として，これを強調していた（Schmölders [1959a: 1255]）。このような概念構成からすれば，彼が財政社会学という言葉で表そうとしていたのは財政心理学だったと見るべきだろう。事実彼は，晩年に60年余の学問生活を回顧して「この間私が努めてきたのは，何か自分なりのものを創り出すべく財政心理学に専念することだった」と述べている（同 [1988→2002: 168]）。その意欲のほどは，彼がケルン大学付属の財政学研究所のみならず，57年からは経験社会経済学研究所をも個人で主宰していたことから察せられる。なお，彼はまた，47年以降25年にわたって西ドイツの連邦財務省学術顧問団の一員となり，その他多くの機会に政府の租税政策の立案に関与していた。

　シュメルダースの財政論がまずわれわれの目を瞠らせるのは，その主著の一つ『財政政策論』の冒頭において「財政権力とは何か」が論じられていること，その論理が財政政策と金融政策との密接な関連を踏まえて構成されていることである。これは上述の三人の論者たちには見られなかった論点である。その第2章の「財政基本法」というタイトルのもとでの財政制度の基本的構成についての叙述がそれである。

　すべての公共財政経済の基礎をなす国の財政権力は，財政高権と通貨高権とからなり，現代にいたるその歴史はこの両者の関係の変遷の歴史に他ならない（同 [1970=1981：22]）。貨幣経済の発達，君主による貨幣鋳造権の独占，その「略奪的な国庫」の影響からの解放のための近代的発券銀行制度の創設という長い歴史を経て達成されたのが，19世紀後半における自律的な発券銀行制度の確立だった。政府紙幣は，「独立した中央銀行の厳密な兌換準備規定によって流通量を制限された銀行券」にますます席をゆずった。かくて通貨政策は国の財政政策からの独立を達成した。上記の通貨高権は自立的な通貨発行機関に移され，国の財政需要を充足するため

22）これは，いかにもウェーバー社会学を思わせる呼称だが，シュメルダースはこのことについてとくに説明を加えてはいない。なお，彼が財政社会学者としてその業績に言及しているのは主としてマンであり，ズルタンとゴルトシャイトについては，名前をあげる程度にとどまっている。

に通貨高権を行使する試みに対抗する保障が創り出された。

　この関係を根底から揺るがしたのが1930～31年の世界経済恐慌と金本位制の停止だった。これによる世界経済の崩壊は，金本位制の自動調整機能にたいする信仰も，国内経済における発券銀行の自律という理念も，完全な「中立貨幣」という幻想さえも廃位してしまった。ここに出現した事態をシュメルダースは当時ある論考で「財政と金融の一体化」と呼んだことがあるが，それはもっぱら上記のような理解に立脚した批判を込めてのものであり[23]，同じ頃に日本の大蔵省がこの言葉を使った場合（本書3-2参照）とはその含意を異にすることに留意する必要がある。

　第二次大戦後には，周知のように，西ドイツでは中央銀行の政府にたいする制度上の自立性は回復された。そのもとでの財政政策と通貨政策の関係は「二律背反におちいっている」というのが，上記の書物の最終版が刊行された1970年までの時期のシュメルダースの見解だった[24]。この「二律背反」もしくは二つの政策の「衝突」の由って来たる所以としてシュメルダースが重視していたのは，それぞれの政策における目標の観念と決定にたずさわる組織の範囲について見られる差異である。通貨政策が解決すべき目標は，国内的もしくは対外的な通貨の安定に限定されている。また，通貨政策にかんする意思決定は，この目標達成に向けての少数の専門家集団による，比較的限定された政策手段の選択にかかわる敏速な決定を特徴としており，財政政策におけるそれといちじるしい対照をなしている（同［1959b］［1970＝1981］）。問題はこの後者，財政政策における意思形成を

23）　その際にこの「一体化」の極限的な例としてシュメルダースがあげているのは，第二次大戦開始直後にドイツの支配下に置かれたポーランド総督府における発券銀行の規定である。「その銀行券発行の基準と上限は，公共行政の信用需要である。……発券準備として有効なのは，単純に貸付請求であり，それを要求する行政部局の側が受領した金額についての単なる受領証で足りることになる。通貨政策と財政政策の関係についての見方のこれ以上に極端な例は，ほかに考えることはできない」（同［1941：431f.］）。

24）　1967年には「経済安定成長促進法」が施行され，69年には平価切り下げの是非をめぐって政治家と専門家のあいだで激しい論争が起きた。シュメルダースによれば，連邦財務省学術顧問団の会合では50年代以来，ケインズ理論の支持者とこれに批判的なメンバーとのあいだで「実りのない」議論が続いたといわれる（同［1988→2002：128]）。彼自身は，当時支配的だった「マネタリー・フィスカル・ポリシー」と呼ばれる経済政策論には批判的な立場をとり，その後80年代の初めには，かかる政策の帰結を連邦財政における赤字の累積に見出して「福祉国家の終焉」を唱えた（同［1983]）。

どのように理解するかにある。そして，それはまた彼の『財政政策論』の主要テーマのひとつだった。次にその論旨を見てみよう。

　そこでは，通常ならば予算制度あるいは予算循環という言葉で知られる事柄がドイツに素材をとりながら詳細に論じられたあと，財政政策における意思形成の「原動力」として，まず議会における審議が取り上げられる。その際シュメルダースは集団力学や群集心理学を使って，とくに委員会審議における議員の行動がどのように説明できるかについて仮説を立て，そのうえで議員にたいするアンケート調査によってこの仮説を検証する。次に取り上げられるのは行政府の役割である。よくいわれる「行政府の優位」の原因は，シュメルダースによれば，「特殊集団としての官僚社会の社会学的構造と官僚精神」，「その量的拡大」，そして「事情に精通したその専門知識の卓絶さ」にあった。だが，長い時間の経過のなかで，「すべての部門について均等に教育されしかも高い一般教養を身につけた優秀な行政専門家」は例外となり，今や「精神的自立性と広い基礎知識に裏付けられた専門知識」を欠いた「専門職のティーム」が登場しつつある（同[1970＝1981：137ff.]）。

　ここで参照されているのはウェーバーである。シュメルダースはその際，ウェーバーのあの有名な言葉「精神なき専門人」を思い浮かべていたことだろう。これは，われわれがのちに言う「テクノクラート化した官僚」でもある。ともあれ，彼によれば，「経済・通貨・対外経済政策との相互依存を強めている財政政策上の意思形成にとって，このことは見過ごしがたい危険性をはらんでいる」。このように変質し，しかも議会にたいして優位に立つ行政官僚制は，上述のように予算の議会審議において主体となった委員会の「事務補助員」すなわち「委員会官僚制」とともに，議会における意思形成にひろい範囲で影響をおよぼすようになっているとして，シュメルダースは，官僚制とりわけ財政官僚制が行使するにいたった影響力の大きさに注目することを求めている。

　議会と行政府とならんで財政政策の意思形成の原動力をなすものとしてシュメルダースがあげるのが，「議会以前（または議会外）の活動領域」と「世論」である。このうち前者が意味するのは，「議会における政治的な決定にたいして裏から働きかける影響力であって，しかも方向と強さに

おうじて種々に変化する影響力を総合したもの」である（同［1970＝1981：148］）。このように一般化された表現のもとで取り上げられているのは，政治団体と各種の利益集団ないしその連合体による政治的意思形成への働きかけの問題であり，ここでその詳細に立ち入ることは省略する。もう一つの原動力とされる世論とは何なのか，議論のありうるところだが，シュメルダースはこれを，日常的に移ろいやすい世論にとどまらず「あらゆる国家秩序を形成している基礎的要素」のひとつである「国家意識と国民精神」をも含めた，いわば政治風土を意味する言葉として用いている（同［1970＝1981：163f.］）。この理解を前提とした財政論は，彼が提唱した財政ないし租税心理学が最も得意とする分野である。それは「納税意識」，すなわち「課税そのものにたいして一般的に見られる国民の態度または基本的姿勢」の分析から始められ，「租税抵抗」が論じられ，そのバロメーターとしての「銀行秘密」の取扱におよぶ。さらに，視野を財政全体に拡げるならば，原動力としての世論は，予算ひいては財政の実態がどのように，またどの程度公開されているか，政治家や官僚の紀律の如何，公文書公開の程度とその実態にも反応する。シュメルダースがこのように「世論」をも「原動力」として論ずることで明らかにしようとしたのは，その動向が，「政府の有する財政および租税権力にたいする国民の内的な留保」がどの程度であり，またどのようであるかを示すと考えたからに他ならない。

　この「納税意識」や「租税抵抗」などの問題は，シュメルダースの別の著書『租税の一般理論』においていっそう体系的に論じられている。その論述のなかでとくに注目に値すると思われるのは「課税の作用」論である。それは，租税負担の知覚・納付・帰着の三つの段階について租税が果たす役割（信号作用・市場および価格作用・所得作用）を論じたものである。その個々の論点は，かつてピグー A. C. Pigou（1877-1959）やセリグマン E. R. A. Seligman（1861-1939）その他が取り上げたものだが，これを課税当局と納税者との関係として一括して論じた点において，シュメルダースの所論はユニークなものとなっている。先に「世論」について見たことも含めて，これらのシュメルダースの論述は，のちに述べるように財政権力と国民との関係を租税という制度を媒介にして把握することが財政社会

学の一つの方法だと考えるわれわれの立場からすれば,示唆に富むものと言ってよい。

最後に,新古典派による最適予算規模論についてのシュメルダースの評価に触れておこう。シュンペーターに発してダウンズ等が提起したこの理論は,財政政策における意思形成の多元性を無視している点で弱みをもっている。「多元的な民主主義国においては,有効な支出・収入政策は決して中心からおこなわれるのではなく,むしろブンデスバンク,労働組合およびその他のまったく異質なグループの連合に囲まれたなかで,政府および議会の多くの部局の手でおこなわれるのである」(同[1970＝1981：270])。1960年代までの経験と知的ツールによる叙述ではあるが,このシュメルダースの叙述には,財政政策の形成過程について考えるうえでの多くのヒントが含まれている。

この一連のシュメルダースの所論をマンのそれと比べてみると,まずは共通に多元主義論の観点から政治的意思決定の過程を見ていることに気づかされる。社会集団への注目である。だが,シュメルダースが見ていた社会体制は,正確には多元主義というよりもネオ・コーポラティズムのそれだったと言った方がよいだろう。彼は,さきに紹介したように連邦財務省の政策立案に協力を続けており,その過程でこのような現実に直面していたはずである。これを経験に即して整理したのが彼の財政政策論だったと言えるだろう。マンとの相違でいっそう重要なのは,シュメルダースが行政官僚制の役割を重要視していたことである。先の国家権力への明示的な言及とともに,シュメルダースの思考には,マンには見られないウェーバーの影響を認めることができる。

シュメルダースがこれまで取り上げてきた他の論者たちと明確にことなるのは,彼が財政論の前提として「財政権力の基礎は国家権力そのものにある」と確認していることである。財政学において,よくて暗黙の前提とされ,一般的には無視されているこの事実にシュメルダースが明示的に言及している点をまず指摘しておきたい。さらに,この国の財政権力を財政高権と通貨高権とに分け,そのうえで両者を関係させて論じているのも,シュメルダースに固有の特徴である。と同時に,シュメルダースの目は,その財政活動にかかわる個人(代議士や官僚)やそれがおよぶ企業や家計

の行動にも向けられてゆく。これが，前述のように彼が生涯の目標とした財政心理学だった。このように，彼の関心は，財政権力の核にかかわる問題からそのいわば外縁において起きる問題へと移っていった。

　このような彼における関心の推移を別の面から映しだしているのは，次のことである。シュメルダースの学問形成に決定的な影響をおよぼしたのが，テュービンゲン大学での学生時代に読んだフンボルト K. W. v. Humboldt（1767-1835）の『国家活動の限界を決定するための試論』（同 [1791→1991/92]）だった（Schmölders [1988 → 2002: 32]）。この論考は，ミル J. S. Mill（1806-73）の『自由論』（1859年）の扉のエピグラフと本文に引用されたことからも察せられるように，自由主義の立場からの国家論の古典と言えるものだが，その主張は要するに，国家は個人の自由を守るためにのみ存在するという前提に立って，国家がなし得る最善のことは市民の自発的な活動に影響をおよぼさないことだというものだった。シュメルダースの，ケインズ理論そのものはともかく「誇張された」ケインズ主義政策論への拒否的と言ってもよいほどの反撥や，「フィスカルポリシー」という言葉を用いることへの強い警戒感，「福祉国家」についての否定的な見解には，このフンボルトの思想が彼の国家と財政についての考え方におよぼした影響のあとを見ることができるだろう。同じことは，ハイエク F. A. v. Hayek（1889-1992）を中心として第二次大戦後に設立されたモン・ペルラン協会に60年代に加入し，68〜70年にはその会長を務め，この組織に終始強い愛着の念を抱いていたことにも見ることができる。

　その際，このフンボルトの思想は，その後のシュメルダースの思考のなかで「国家活動の限界を確認すること」から「国家活動の限界領域で何が起きているのか」という問題へと読み替えられていった。その最初の成果が，1931年の教授資格取得のための禁酒法の実態にかんする研究だった（Schmölders [1932]）。その動機となったのは，法律をもって個人の生活慣習に国家が干渉するという，フンボルトの理念からすればありえない状態のもとで，現に何が起きているのかという関心である。のちにシュメルダースは，その延長線のうえで，課税という国家の活動が市民の懐に手を入れようとしたときに起きる事柄として，課税の信号作用論や租税抵抗論を展開することになる。ここでは取り上げなかったけれども，通貨や金融

についても，彼が特に力点を置いて論じたのは，貨幣保有についての，あるいは，貯蓄行動における個人の行動ないし選択の問題だった（Schmölders [1975]；平井 [1993]）。このような接近方法をとるうえで彼におおきな影響を与えたのは，動物心理学者のロレンツ K. Z. Lorenz (1903-89) である。シュメルダースは，この接近方法を「経済における行動の研究」と呼び，独自の「経験的演繹法」をもって「財政経済現象の主体あるいは客体となる人間の行動」を解明することを自らの中心課題と位置づけていた（同 [1970＝1981：8，10]）。

　財政にかんする人間行動の研究がわれわれの知見をゆたかなものとすることは，たしかである。のちに4-5-1において述べるように，それはわれわれが考える財政過程の分析においても然るべき場所を与えられなければならない。だが，その分析が意味をもちうるのは，シュメルダースが提起した財政「権力」論との関係のもとでのことである。このことからすれば，この財政権力論を制度の説明に終わらせずに，財政における意思決定過程と密接に関連させてさらに展開することもまた求められているのではなかろうか。それは，シュメルダースが財政心理学の背後に追いやった財政社会学をあらためて表舞台に引き戻すことである。

　だが，その後シュメルダースの弟子たちは主として財政心理学に関心を向けて，彼の財政政策論を財政社会学として発展させるにはいたっていない。マンの場合にも，彼の研究の継承を批判的にせよ試みた例は，前述のピルカーを除いては見られない。1970年代以降の財政社会学への関心の再生は，彼らとは無関係にアメリカの政治学と社会学におけるパラダイムシフトを経由して起こった。次にその経緯を見ることとする。

4-4　〈国家〉の再発見

4-4-1　歴史的制度論の登場

1960年代末頃からの世界中に影響をおよぼしたさまざまな事件は，前述の多元主義の政治理論に疑問を投げかけさせ，新たな理論を志向させる契機となった。すなわち，71年におけるドルの金兌換停止（ニクソン・ショッ

ク），70年代前半のベトナム戦争でのアメリカの敗北，人種差別と貧困問題への関心の高まり，73年と79年のオイルショックとこれを契機とした財政危機の発生がそれである。「予定調和論的な均衡」という図式では説明できないこのような時代状況に直面して，アメリカ政治学はその「均衡論」的把握の有意性を問われ，そのなかで，個人や集団には還元できない統治機構の役割，国家の「自律性」に着目する接近方法が注目されるようになる。ネオ・マルクス主義の政治経済学，国家論アプローチがその代表である。さらに注目すべきこととして，その際に「制度」があらためて脚光を浴びるようになったことがある。上記の70年代の事件を契機として，その後の政治経済の発展は国によっておおきな違いを見せるようになり，各国間の体制の収斂を前提に普遍的妥当性を主眼として組み立てられていた従来の理論では説明できなくなったことが，国によって異なる制度への着目を促したのだった。これは国際比較への関心の高まりの表れでもある。さらに，過去の政策選択の結果でもある制度を問題にする以上，その歴史的形成過程を無視してこれを論ずることはできない。このようにして，あらたに登場したのが歴史的制度論である。

　政治学と社会学におけるこのような理論展開の全容を展望することは，ここでの課題を超える。以下では，そのなかでゴルトシャイトやシュンペーターの業績が再評価されるにいたる研究の流れを中心に，その推移を追ってみることとする[25]。

　この時期におそらく最初にゴルトシャイトの名前を引き合いにだして現代財政論を展開したのは，前述のオコンナーの『現代国家の財政危機』（O'Connor［1973＝1981］）だろう。彼は自らの財政論の基本的な論理を次のように定式化する。まず国家が果たすべき役割は，ひとつには「利潤を獲得しうる資本蓄積が可能となる条件を維持し，あるいは，創り出すように試みること＝蓄積」と，もう一つは「社会的調和のための諸条件を維持し，または，創り出すよう試みざるを得ないこと＝正統化」である。そして，この二つの役割の遂行は，「経済的，社会的，政治的危機に向けての

25）　その研究展望としては真渕［1987］，河野仁［1992］，赤石［1998］，野田［1999］，DeWitt［1999］があるので参照されたい。

傾向を創り出す矛盾に満ちた過程である」。すなわち，その過程で必要とされる政府支出の増加は，労働者階級の税負担の増加をもたらし，これにともなう不満を緩和するために政府の社会的支出はいっそう増加する。その税負担の増加を資本家階級が拒否するとき，そこには財政危機が招来される。このオコンナーの分析枠組みは，資本制経済とそのもとでの階級対立という社会関係のなかに国家を位置づけるものであり，国家を社会の従属変数と規定したものだと見ることができる。

　だが，もう少しひろい文脈で見るならば，アメリカではすでに1960年代の半ば頃から，いわゆるネオ・マルクス主義者が既存の政治理論を批判し，現代国家を論じていた。すぐあとで言及するスコッチポル Th. Skocpol の整理を借りるならば（同［1985: 32, Note 14］），彼らの研究の特徴は次のようだった。その論点は多岐にわたり，封建制支配から近代国家への移行期にまでさかのぼって論ずるものから，工業化された先進資本主義国とその従属国における国家の役割を論ずるものまで多様だが，それに共通の理論的前提は，国家を階級利害もしくは階級闘争によって規定された存在としてとらえること，その役割が資本主義的な生産体制の維持と拡張に求められていたことである。要するに国家は，社会を中心に構成された仮説のなかに埋め込まれていた。スコッチポルを離れて言えば，マルクス主義の接近方法をとる場合でも，このように国家をいわば支配階級の道具と見るのではなく，上記のオコンナーのように国家の役割を資本主義体制総体の維持に見出そうとする主張（構造論）もあり，この場合には，国家は階級的利害にたいして相対的に自律的な存在とみなされているということはできる。だがこの場合でも，蓄積と正統化とは本来矛盾するものとしてとらえられており，財政危機を不可避とする国家についての決定論的な理解に行き着くほかはない（井手［2004］）。

　このように，ネオ・マルクス主義の上記のいずれの見方も，基本的には，国家は社会に還元されると見る点においてかわりはない。これを国家の社会還元主義と呼ぶとすれば，その点にかんするかぎり，実は多元主義政治理論も同じだった。後者にあっては，国家は「利益集団そのもの」と定義され，あるいは，国家による統治は，政治のなかに，ひいては社会のなかに解消されているからである（真渕［1987］）。

これに対して，その後のアメリカ歴史社会学隆盛の起爆剤となったのが「国家論アプローチ」に立つスコッチポルの登場だったと言われる（河野仁［1992］）。彼女が批判して乗りこえようとしたのが，この多元主義政治理論とネオ・マルクス主義における国家についての社会還元主義だった。彼女が目指したのは，国家そのものを視野の中心に取り戻すこと，国家を自律的な主体として分析することだった（Skocpol［1985］）。彼女が言う国家とは，一定の地理的領域とそれに属する人々にたいする統制を任務とする強制性をそなえた団体である。ウェーバー社会学の国家観の復活である。この前提のもとに彼女が課題としてあげるのは，第一に，国家の自律性とは何なのか，そして，その政策目標の実現を目指すアクターとしての国家の能力はどのようであるかを明らかにすること，第二に，制度としての国家が社会集団の活動や政策にどのように影響をおよぼすのかを問うことである。そのなかで彼女は財政に言及して，前述のゴルトシャイトやシュタインを引証しながら，国家が行動しその政策目標を実現するその能力は，何にもましてその資金調達（租税と信用による資金調達）に依存していると主張した。

このように，国家論アプローチでは，国家組織のあり方や国家組織と社会集団の関係のあり方，とくに，それらの歴史的な持続性や連続性に関心が払われていた。しかしながら，国家論アプローチの場合，国家に重点をおいた記述が，ネオ・マルクス主義の政治経済学とは異なり国際比較を可能とするものであることは認められるものの，「国家還元主義」（Miliband［1983＝1986: 103］）が社会還元主義と同様の問題をはらむことも事実である。すなわち，国家が資本家の利益を実現するための場，および，対象でもあることを否定し去ることは行き過ぎと言わねばならない。このような国家論アプローチの問題点を踏まえ，政策主体としての国家の役割を受け入れつつも，個人の選択に与える制度の影響やその背後にある社会的，歴史的な文脈を積極的に強調したのが「歴史的制度論」である。国家論アプローチの問題意識と共鳴しながらも，それを発展させる仕方で登場したものと言えるだろう。ただし，歴史的制度論については「制度」とは何かという問題があるが，「法」とは何かに始まるその多様な問題点の検討は，ここでは割愛せざるを得ない[26]。次項では，財政を主題とし，あるいは，

財政社会学の古典から想を得たとする歴史的制度論やそれと問題意識を共有する研究のいくつかを取り上げて，近年における問題関心の所在を知る手がかりとする。

4-4-2 財政論のあらたな展開

まず，その一つとして税制の国際比較，税制史の研究がある。ここで共通して観察できるのは，シュンペーターが立論の基礎として引用される一方で，実は，国家を租税とのみ結びつけて考察しこれを市場の派生物として位置づけたシュンペーターの国家観が乗りこえられ，あらたな仮説の提示が試みられているという事実である。

セレン K. Thelen とスタインモ S. Steinmo は，スコッチポルらの方法論を批判的に受け継ぎながら歴史的制度論の展開を図り，これにもとづいて租税政策や租税負担の国際比較研究を進めてきた（Thelen & Steinmo [1992]）。彼らによれば，歴史的制度論とは，政治紛争について，それがいかなる制度設定のもとで生起し，且つ制度設定によってどのように媒介されるかを明らかにする試みである。そこで論じられる制度については，論者によってフォーマルな組織のみに限定するものもあれば，行動を形成するインフォーマルなルールや手続きも含むものもある。セレンたちは前者の立場であり，投票による競争のルール，政党構造，政府の諸部門間の関係，労働組合といった経済的行為者の組織とその構造などを制度と見なしている。しかし，こうした制度を静態的に把握すれば足りるわけではない。重要なことは，制度の関係論的性格に着目することである。国家や社会的組織それ自体のフォーマルな特徴よりもいっそう重要なのは，所与の制度の「配置（configuration ないし arrangement）」が如何にして政治的な相互作用を形成するのかという点である。これが従来の利益集団理論などとの重要な相違である。歴史的制度論のもう一つの特徴は，その分析の焦点を，階級とか体制といったマクロのレベルの制度ではなく，中位のレベル（メゾレベル）の制度にあわせていることである。こうすることによって，マルクス主義者や構造機能主義者，あるいはシステム論者の構造決

---

26) その展望としては，田口 [2001：181-219]，森田 [1991/92] を参照されたい。

定主義を回避しながら，これらのマクロ・レベルの構造の政治的結果に対する作用を検出することができる。概してこれが歴史的制度論の研究戦略だと見てよいだろう。これはまた，公共選択論が制度を与件として，またミクロレベルでとらえていることへの批判でもあった。

この流れを汲んだ実証研究としては，まず税制にかんするものがある。

スタインモ自身の実証分析のひとつは，政治体制と税負担の関係についてのイギリス・アメリカ・スウェーデンについての国際比較研究（Steinmo［1989］［1993］）である。そこで比較の基準としてとられているのは，所得階層別に見た租税・社会保障負担の水準と構成，政治的意思決定の構造（政権交代の頻度，比例代表制か小選挙区制かという選挙制度の相違，集権制か分権制かの違い，経済専門家と行政官僚制の役割），社会集団による政策要求行使の態様である。このような道具立てのもとで，経済的，政治的，国際的なコンテクストの変化に対応した意思決定構造の形成・再編，それらと政策の結果との因果関係を分析するのがこの研究の主眼である。ここから得られるのは，福祉国家を求める労組の影響と社会民主党の長期政権のもとにあったスウェーデンでは，税の負担水準は高いものの，階層別に見ると大企業・高額所得層が優遇されていること，他方，アメリカでは，税の階層別負担構造は累進的であり，しかも，分権的な統治構造に規定されて連邦レベルでの一律の消費税を欠き，同時に，個別の租税優遇措置が多用されていること，さらに，イギリスでは，二大政党制による政権交代のもとで，高率の税負担を長期にわたって維持することはできず，しかしながら，官僚制の影響力が強いために，アメリカでのような租税特別措置による個別減税は見られないこと，等の所見である。このように，政策決定過程におけるアクター間の具体的な相互作用の局面は捨象されながらも，政策を制約する制度とその結果の因果関係を探ることで，常識的な観察では看取できない三つの国のあいだにある相違を明らかにすることに，この研究は成功していると見てよいだろう。

スタインモの研究が概して現代の税制に焦点をあわせているのにたいして，19世紀もしくはそれにいたる時期の国家財政に同様の問題意識をもって接近を試みる研究も，すでにいくつか世に問われるようになっている。イギリスの社会経済史家ダウントン M. Daunton は，シュンペーターの租

税国家論を研究の手がかりとしてあげながら，イギリスにおける1799年の最初の所得税導入から1914年までのいわゆる「長い19世紀」の租税史を分析した（同［2001］）。ここで注目されるのは，前述のスコッチポルの分析枠組みを参照しつつ，同時に公共選択論に批判的な検討が加えられていること，そして，19世紀イギリスの租税政策をつうじて政府の正統性にたいする国民の信認がどのようにして形成され維持されたかを実証的に明らかにしようとしていることである。この最後にあげた点にかかわる著者の意図のほどは，その書名を「レヴァイアサンへの信認」としていることに窺うことができる。それはまた著者によれば，イギリスが第一次世界大戦の戦費を主として近代的な所得税の収入によってまかなうことができたことの歴史的背景の解明でもあった[27]。

　租税の政策と制度を国家の政策遂行能力の指標と見ながら，国家の対外政策をあきらかにしようとする試みもある。19世紀における自由貿易主義から保護主義への転換を中心とする国際関係史のホブソン J. M. Hobson による研究がそれである（同［1997］）。彼は自らの方法を「国際的変化についてのひとつの新しいウェーバー的社会学」と名付け，研究の目的を「主として〈国家を視野に取り戻すこと〉によって国際的な経済の構造変化についての社会学の理論を創り出す」ことにさだめた。ホブソンは具体的な分析の手がかりとして，マン・ゴルトシャイト・シュンペーターなどの財政社会学，とくにその課税の社会学を，単に国家レベルのみならず，その内部，さらには国際的なレベルの三層にわたって形成される関係への重要な洞察を可能とするものと評価して，当面の研究ではこれを「国際的な貿易体制と同時に国内における社会変動と国家の力能を説明する道具として用いる」とした。経済の構造変化についての事例研究として取り上げられているのは，ドイツ・ロシア・イギリス・アメリカ等々についての

---

27) 彼はこれに続けて，同じ問題意識にたってサッチャー政権成立までのイギリス税制を対象とする研究もおおやけにしている（Daunton［2002］）。なお，このような一国の租税史研究に先だって，13世紀から19世紀初頭にいたる間のヨーロッパにおける近代国家財政形成の過程の比較論的な分析を試みた研究（Bonney［1999］）もあることに，研究成果の蓄積という点で注意する必要があるだろう。それはシュンペーター仮説を敷衍して「租税国家の成立」を「財政国家の成立」と読み替えて，欧州諸国の財政史についての比較研究を展開したものだった。

「1870～1913年における貿易体制の変化と国家」である。そして，それぞれの国での対外貿易政策，国内における主要政治勢力の利害関係，国の財源調達の制度などが分析の対象とされた。先にスコッチポルが着目した一国における国家の政策目標の設定とその実現の過程を，そのようにして自立的に行動する複数の国家間の関係のなかでとらえなおそうとした研究だと言えよう。

　これらとは異なる視角からの接近として，国の政策の実施 Implementation の過程を「政策ネットワーク」と規定して，これに光をあてて政治分析を試みる研究もある。政府と民間の接平面に注目した政策分析である。この接近方法を提起したのは，アメリカの政治学者カッツェンシュタイン P. Katzenstein である（同［1987］）。彼が旧西ドイツの政治分析をつうじて明らかにしたのは，公私両部門のあいだにある政策ネットワークが働いて政策の実施を規定する役割を果たしたことである。このネットワークの結節環をなしていたのは，①政党制，②政府間関係，③準公共組織 para-public institutions である。このうち，政府間関係とは，中央・地方の政治・行政・財政上の関係を指す。また，準公共組織には，ブンデスバンク，経済諮問委員会，連邦雇用庁，社会保険基金，民間福祉団体等が含まれる。新保守主義をかかげたコール政権登場（1982年）の際の「大転換」という謳い文句にもかかわらず，70年代から80年代にかけての西ドイツの政策展開が漸増主義的な様相を示すことになったのは，政策ネットワークを構成する三つの結節点が相互に結合して果たす作用による。これが彼の主張である。これらの制度のうちかなりのものは，先に見たマンやピルカーがあげる中間的財政権力と重なり合っている。政策ネットワークないし中間的財政権力の制度がどのようであるかは，ある社会における公と私の分化の歴史と現状にかかわる問題でもあり，一般化は容易ではないが，これまでかならずしも意識して論じられてこなかった財政政策の実施過程にかかわる問題提起であることはたしかである（大島［2001］）。

　最後に，第三世界の政治経済について長い研究歴をもつムーア M. Moore の論考（同［2004］）に触れておこう。これは，シュンペーターの租税国家論を手がかりとしながら，発展途上国における国家統治について論じたものである。ムーアによれば，うえで見てきた多元主義政治理論で

あれ歴史的制度論であれ，またここでは言及しなかった構造＝機能主義であれ合理的選択論であれ，例外なく欧米とアジアの一部の国家のみを念頭においた分析の枠組みであることに変わりなく，発展途上国あるいは「南」の国々には通用しない理論である。発展途上国についてのこの理論的空白を埋めることができるのが財政社会学だとムーアは考える。だが，租税国家仮説の別の表現とも言える「代表なくして租税なし」という格率は，国の収入の主要な部分が国内に埋蔵された天然資源の売却収入である場合，現実には制度をつくるうえでの規範とはほとんどならないだろう。ここにあげた近年のさまざまな理論のひとつの起源をなすウェーバーも，国家の財源調達の重要性は指摘していたものの，その収入が何であるかについてはほとんど言及していない。それは措くとしても，このことは，政府の行政責任を問うことを困難にし，行政の不効率化を招き，汚職や腐敗を増殖する。その結果，統治はいちじるしく不安定化する。財政社会学の方法をもってこの事態を読み解き，統治の安定化へと向かう方途を探ることはできないだろうか。これが，ムーアの投げかけた問である。この答えを見出すのは容易ではない。だがそれは，われわれが理論や方法を考え語るときに想起する「現実」が如何にかぎられたものであるかを，あらためて考えさせる問いかけではある。

　このように，近年，財政学の隣接諸領域においてあらたな方法を意識した財政ないし財政史の実証研究が数多く見られるようになってきた。だが，これをもってただちに財政社会学の復活というのは早手回しというものだろう。これらの研究は，財政社会学とは何であり得るのかを考えるうえでおおきな助けとなるとしても，その問にたいする十全な答えではありえない。これについてのわれわれの答えを出すこと，これが本章の最後の課題である。

4-5　財政社会学の課題と分析枠組み

4-5-1　分析の対象

「財政社会学の最も重要な主題は公共財政と国家の関係の追究である。」本

章の冒頭に引用したゴルトシャイトの，一見したところ異論のなさそうなこの言葉について，その後の議論のなかで実はかなりおおきな理解の相違があったことは，これまでに見てきたとおりである。だが同時に，その流れをたどることによって，いま財政社会学を考えるにあたってわれわれがよるべき立脚点も見えてきたのではなかろうか。その一つは，国の財政主権に基礎づけられた財政政策にかんする意思形成過程というシュメルダースの財政政策論における対象設定であり，もう一つは，国家を自律的な主体と捉えたうえで分析の焦点を制度と行為主体 Actor の相互関係にあわせる歴史的制度論の方法である。これらのことを前提として，財政社会学の対象と方法についてわれわれが考えていることを述べ，必要なかぎりにおいて先に第2章と第3章で述べたことをこれと関連づけて整理して，本書の結論とする。

まず「財政社会学の研究対象は何か」という問にたいしては，われわれはこれまで述べてきたことを踏まえて，それは「国民国家の財政である」と答えたい。

この「国民国家の」という修飾語は，財政とはもともと近代国家の営みを指すと考えるならば，過剰かもしれない。だが，近代以前の支配団体における同種の営みは財政ではないのかという疑問もあり得る。その当否の検討は別の機会にゆずるとして，ここでは考察対象の歴史性を明確にするために，敢えてこの限定を加えることとする。こうすることが必要なのはむしろ，20世紀中葉以来かかる歴史性を完全に捨象した新古典派財政論があたかも財政論の正統であるかのように考えられてきたからである。

ところで国民国家とは，一般的には「主として国民の単位にまとめられた民族を基礎として，近代，特に18～19世紀のヨーロッパに典型的に成立した統一国家」(『広辞苑』)を指すが，もう少し立ち入って言うならば，それは「一民族・一言語・一国家」を基本原理としながらも，〈いつ・どこで〉という制約のもとに〈人工的に造り上げられたもの〉，簡潔にいえば，時間と空間の制約のもとにある「法的擬制」(d'Entrèves [1967=1972: 77]) としての国家のことである。このことを強調するのは，予算にかんする政府と議会の関係や予算の原則・制度，会計検査院や中央銀行の国制上の位置づけなど，財政学が〈原則〉や〈制度〉として論じてきた仕

組みはすべて，そのような時間と空間による制約のもとに形成され機能していることを確認したいからである。
　次に，「財政とは何か」という問には，ここでは端的に「貨幣による統治である」と答えて，以下の考察の出発点とする[28]。
　この前提に立ってわれわれは，本書で再三にわたって言及してきたように，シュメルダースの対象設定の仕方に学びつつ，財政を国の財政権力にもとづく活動としてとらえ，その財政権力は通貨高権と財政高権によって構成されると考える。そうすることによって，財政が国の統治活動の一環であることが明確になるし，国の課税権の確立と同時に，国民国家形成の過程において通貨高権が基本的には中央銀行に移されながらも，政府との関係において中央銀行をどのように位置づけるかが問われざるを得ない所以をもあきらかにすることができると思われるからである。本書の1-1で言及した鈴木武雄の「財政と金融の一体化」論は，この問題の財政分析における重要性を別の面から照射したものである。
　そして，国の財政高権の行使については，国家の頂点に立つ国家権力とその底辺をなす国民との次のような多様な関係をあげることができる。

① まず国家権力の側から国民に向けての管理と統制の流れ（家族を単位とする住民の把握＝〈国民，納税・兵役義務者〉の析出，国家への帰属意識の培養，〈国民〉以外の住民の差別）があり（西川 [2000]），これに対応して，国民による国家権力にたいする支持ないし同意の流れがある。
② これを前提として，国家権力による課税と納税者としての国民による納税すなわち租税の流れが生じ，これを財源とする貨幣的ないし

---

28) 神野直彦は，「そうした理解では財政を狭く限定してしまうという批判も成りたつ」として，これを「三つのサブシステム」によって補完することを考えている（神野 [2002]）。だが，そうすることによって，かえって国家権力の実体が見えにくくなるのではないだろうか。なお，宮本憲一は，同じく「国家論の欠如」という言葉で神野 [2002] を批判しているが（宮本 [2003]），この「欠如」が何をもって補われるのかについての宮本の理解は明示されていない。とはいえ，本書において我々は，この宮本の神野批判を念頭におきつつ，財政社会学的接近が国家権力を問いうるものであることを，実証をもってあきらかにしたつもりである。

物的な給付が国家権力から国民へと流れる。
③　さらには，国の権力と信用を背景に行われる国－企業，国－家計のあいだでの貨幣の貸借，つまり，財政をつうじた「貨幣の金融流通」（鈴木［1957］）もこれに加わる。

　この場合，②の政府支出は言うに及ばず，③における政府融資もまた，「公的欲求の充足」という名のもとに政府の政策意図にもとづいて家族（個人）や企業を操縦することを目指したものに他ならない。たとえば，財政投融資は本来であれば租税資金によって実施されるべき事業を，政府の信用を背景に集められた郵便貯金を原資に金融的手段を通じて代替的に実施したものだといえる。また，課税が企業や家計に対応行動（脱税や節税も含めて）をおこさせる信号の役割も果たすことは，すでにシュメルダースが指摘したところである（Schmölders［1965＝1967］）。要するに，②と③の流路を往き来するのは，貨幣のみではなく，①と同様の管理と統制のための指示や信号とこれにたいする国民の対応でもあることに注意しておきたい。

4-5-2　接近方法

このような財政についての政策の決定と実施の全過程を財政過程と呼ぶならば，財政社会学が企図するのは，この財政過程を制度とアクターの関係を基軸として分析することである。とはいえ，財政過程にはさまざまな局面があり，その局面に応じて分析のツールも多様とならざるを得ない。以下においてはまず，財政過程における制度とアクターの関係について，次いで，財政過程における中間組織等についてこれを見てみることとする。

(1)　財政過程分析におけるアクターと制度

財政にかんする政治的意思決定については，これを「政治学や社会学の分野の問題」として財政分析から除外すべきだとする意見（神野［2002］）がある。しかし，財政政策が次に見るように政府の政策一般のなかで独自の位置づけを与えられていること，また，財政政策がこの意思決定過程の出力に他ならないことからすれば（大島［1972］），財政社会学は，むしろ

4-5 財政社会学の課題と分析枠組み

これら隣接科学の研究成果を取りいれながら，この問題に積極的に取り組むべきだろう。

ここでのアクターを特定するには，財政政策には他の領域の政策には見られない独自の性格があることを考慮する必要がある。すなわち，一面では，政府の支出政策はある個別の領域の政策を資金の面でまかなうことにおいて，その規模や構成は当該領域の政策のあり方を規定する役割を果たしている。その際，それらの支出は収入を勘案して一定の規模において予算として集約されなければならない。そのようにして形成される予算政策は，他面では，当面の国内経済の動向や対外経済関係上の必要に対応しうるものであることが求められる。この意味において，財政政策は「つねに政策体系の中枢」にある（山口［1992］）。財政政策の，国のマスター・プランであると同時に個別政策の実体をも規定するというこの特性からして，その政策決定にとって誰が有意のアクターであるかは，分析の対象設定（予算政策そのものか，個別領域についての財政政策か等）によって異ならざるを得ないし，さらには歴史的な文脈によっても規定されることとなるだろう。

次に，何を制度と見るかについて，当面の議論の手がかりとして真渕勝による日本の財務省統制についての研究を見るならば，「制度とは公式の法令およびそれに基づく慣行によって示された行為規範である」と規定されている（真渕［1994：53f.］）。真渕がこのように制度を限定して定義するのは，そのような制度（たとえば法令）が特定可能で操作性が高いこと，制度の範囲を広くとればその説明力は高まるが説明の明晰性は失われる等の理由によっている。この真渕による制度の規定はそれ自体妥当なものだと言ってよいだろう。制度をどの範囲でとらえるかについては諸説があるが，経済理論においても基本的にこのような規定は受け入れられている[29]。検討を要すると思われるのは，制度とアクターの関係である。

---

29) ホジソンは，習慣あるいはルーティンの役割にかんして，高度に複雑であり，不確実性が存在し，情報過多な世界において，規則的で予測可能な行動を可能とするもの，と位置づけている（Hodgson［1988＝1997］）。そして，文化や制度が共有された集団の習慣を持つという点で類似した背景を有する点を認めつつも，その集団の部分集合を制約しうるような成文化可能なルールを具体的に表現している点に制度の特質を見出している（Hodgson［1993＝2003］）。

真渕あるいは上川［2005］においても，この関係は，制度がアクター相互の関係と個々のアクターによる選択を規制するものとしてとらえられているが，それでよいのだろうかという疑問である。われわれの実証研究が示しているのは，制度がアクターを規制することは事実としても，アクターは制度にたいして単に受身で振る舞うのではなく，制度を解釈しなおしたり，あるいは，意図してそれからの逸脱を企てたりしながら，他のアクターの同様の行動に対応するという，双方向の動態的な過程が繰り広げられることである。そして，そこで形成された習慣や実態を追認することによって制度改革は行われるとすべきだろう。

　さらに言えば，アクター相互の関係にしても，それが必ずしも制度配置によって規定されるとは言い切れないのではなかろうか。「制度配置」を「権限配分」と考えてよければのことだが，アクター相互の関係は，この「持てるもの」としての権限[30]の強さや内容に規定されることもあれば，アクターに帰される政治的威信の変動，政策についての市場の評価と反応，過去の政策経験の学習効果などによって決まることもあると考えるべきではないだろうか。このように見てくると，制度の変更にかんする「区切られた均衡」というクラズナーの作業仮説にも疑問が生ずる[31]。

　これらの疑問を，本書の２章と３章で述べたことを引照して言い直すならば，次のとおりである。最初に，制度とアクターの行動との関係について。

　まず，アクターが制度ないしその改革をどのように考えていたかについて言うならば，ドイツの場合，ライヒスバンク副総裁プールは1941年，33年以来の政策を回顧して，1924年銀行法のもっとも重要な条項が「弾力的な規定」となっていたことから，33年以降のあらたな通貨政策を所与の法規定と齟齬をきたすことなしに遂行することができたと述べていた（Puhl［1941］）。また３章において見たように，日銀幹部が42年法の制定につい

　30）　ここで我々の念頭にあるのは，丸山真男による権力の実体概念と機能概念による整理である（丸山［1964］）。
　31）　Punctuated Equilibrium，これは，「制度の変更は，長い停滞のあとに短期間に急激な爆発としておこる」としたクラズナーによる仮説を指す（Krasner［1984］）。真渕［1994］も参照されたい。

て,「従来運用に俟ちたる所を明確に規定するを主眼とするものにして本行機能に於て実質的の変化なし」と述べたのは,まさしく上述の意味においてであった。

次に,制度がアクターの行動を規定するという主張について見るならば,ドイツの場合,ライヒ財政令のうえでは強力な予算統制権を認められていたライヒ財務省が,ヒトラー政権下において軍以外の一般行政省にたいしても統制権限を事実上行使し得なくなるのは,議会が権力を奪われてその財政統制が完全に無効化されたことのみならず,行政規範を無視するナチ党員が一部の省庁を支配するにいたったことに起因していた。この点,天皇制の枠組みのもとで,法としての重みを持つ勅令と議会の立法機能との緊張関係のゆえに予算が法律として規定されなかった日本の場合（加藤一明［1980］），大蔵省による予算統制権限の行使を法制度によって説明することはほとんど不可能である。

第三に,財政に対する金融の従属ないし自律という制度配置について。中央銀行による対政府信用供与の実際を見てみると,日本の場合,政府の日銀信用への依存強化の発端となったのは,大蔵省の指示による以前に日銀自体の発意によって実行された債券売りオペの成功であり,日銀がこれによって民間金融機関にたいする影響力をつよめようとしたことだった。ドイツでは当時,ライヒ政府側には,経済省にせよ財務省にせよ中央銀行にたいする指示ないし監督の権限はなく,あったのは,ライヒスバンクと経済省のあいだでの金融行政をめぐる権限争いだった。そして,ライヒスバンクは,1934年の信用制度法によって民間銀行にたいする監督権を掌握したことから,経済省にたいして優位に立っていた。財務省にたいしては,政府資金調達の鍵をライヒスバンクが握っていたことから,公債政策や租税政策についてもライヒスバンクは自らの方針に財務省を従属させることができた。ライヒスバンクがその政策意図を貫徹できなかったのは,国防軍を別とすれば,省庁横断的な行政権限を認められたゲーリングないし四ヶ年計画庁にたいしてと,38年における政府短期証券流通をめぐる市場の反応にたいしてとであった。これらの場合においては,中央銀行の政策理念すら解釈の対象となり,自己目的の追求,他の政策主体や市場の動向への対応を通じて,さまざまな政策選択がおこなわれたのである。政府への

従属か自律かという二項対立的な把握ではこれらの多様な実態が捨象されてしまうこととなる[32]。

最後に権限配分の背後にある歴史的，社会的文脈を見るならば，ドイツの場合，ライヒスバンクがあのように寛大な態度で国防軍の資金要求に応じたのは，ヴェルサイユの「屈辱」に起因する国民の強い同権化要求が世論として潜在的にせよあったからだと思われる。あるいは日本において，日露戦争における日銀の対政府信用供与の経験や戦勝の記憶が満州事変以降の政策運営に与えた影響も同様の問題だと言えよう。第二次大戦後のことで言えば，1-3で言及したように，戦後の西ドイツの政府政策にたいするブンデスバンクの自立的な政策運営を説明する要因として，一世代のあいだに2回も現実となった超インフレと通貨改革についての国民の記憶がある。これに対して，戦時下日本の国民にインフレの痛切な経験が欠けていたことのゆえに，政府が潜在的なインフレの進行にもかかわらず戦争経済遂行のための経済統制にまい進できたことは，この反対の事例である（日本銀行調査局［1970：495］）。

これらを一般化して言うならば，政策決定過程におけるアクターは，制度によってのみその選択を方向づけられるのではなく，自らの政策権限の強化についてのインセンティブによって突き動かされ，さらには，当面の政治状況や市場の反応，その時期に支配的な国民意識によっても左右されると見るべきだろう。くわえて，制度が実態の追認としての側面を有するものだとすれば，制度が個人の行動を規定するという主張の具体的な意味

---

32) 上川［2005］には，法的な従属の一方で実態において独立性が高かったという指摘が見られる。1970年代末から80年代前半において日銀が主体的な政策選択をおこなったとする上川の議論は財政史ないし中央銀行政策史における通説的な理解とも整合的であり，その結論は説得的である。ただし，法的独立以外にどのような基準で独立を測定できるのかという疑問が残る。日銀の実態面での独立性が高かったからインフレを抑制できたという場合，何を基準に独立を論じているのかを示す必要がある。1-1-1において述べ，上川自身も指摘しているとおり，経済学の示すところによれば，中央銀行の独立性指数はインフレと負の相関を持つが，決してその反対ではない。すなわち，日本がインフレ抑制に成功したという事実によって独立性が高かったと論理を展開するのであれば，それは因果関係が逆である。森永，前川両総裁の大蔵省に対する発言力や国債の大量発行による金融機関・日銀の影響力拡大などを考慮すれば，制度配置概念を用いなくとも同様の結論を導くことは可能なのではないだろうか。

も再検討が必要となろう。

(2) 財政過程分析の射程

次に，前述のカッツェンシュタインの言う政策ネットワークとマンやピルカーが重要視する中間的財政権力とは，われわれの考える財政過程の分析にどのようにかかわってくるのだろうか。

ここでまず問題となるのは，財政過程における前述の政党制・政府間関係・準公共組織の三つの結節環からなる「政策共同体」または「政策フィルター」としての役割である（新川 [1992]）。われわれが第二次大戦後の日本について見慣れてきたのは，〈1½政党制〉のもとでの自民党の一党支配（集団の自民党への系列化）と，「集権的分散システム」（神野 [1993]）と特徴づけられる政府間関係と，社会の自生的な中間組織が衰滅するなかで公私の中間領域を独占してきた政府の〈長い手〉としての準公共組織である。だがこの政策ネットワークは1980年代以来，それ自体を構成する要因によってのみならず，外生的な要因によっても，再編成を強いられている[33]。その表れが民営化であり，規制緩和であり，一連の行政改革だった。これを新保守主義の政策理念が嚮導してきたことは事実だが，その背後で多様なアクターと制度にかかわる変化が起きていたこともたしかである。90年代初頭の連立政権の出現はその端的な表れだし，その頃より繰り返し起きたいわゆる構造汚職事件は，汚職という事実そのものもさることながら，それが「事件」化したという点において，永年にわたって定型化していたアクター間の関係になんらかの変動が起きていたことを推察させるものがある。この政策ネットワーク再編成過程の分析は，財政社会学にとってその方法の有意性を試される重要な課題である。

またわれわれは，このメゾ・レベルでの政策ネットワークに着目することによって，マクロ・レベルでの政治体制に接近する手がかりを得ることもできるだろう。たとえば，中間組織としての社会保険機関の歴史と現状

---

33) 加藤榮一が福祉国家論について"The Enabling State"（「条件整備国家」）という概念（Gilbert [2002]）に注意を促し，「国家は今，そういう方向に向かいつつある」としたのも，この政策ネットワーク再編成の一つの側面を言い表したものと言えるだろう（加藤榮一「2005」）。

を見ることをつうじて，企業内における労使関係のみならず，社会的規模でのネオ・コーポラティズムの成立の経過や現状を明らかにし，あるいは，類型論では見えにくい福祉国家体制の実体に光をあてることもできる[34]。またこの問題は，ある国において公共部門と民間部門，あるいは社会理念としての〈公〉と〈私〉の世界がどのように区分けされて形成されてきたのかという点にも深く関わっている。

中間的財政権力のうち，中央銀行についてはすでに詳論したので，ここではピルカーが重視した会計検査院について述べておこう。中央銀行の場合と同様に会計検査院についても問題は，政府にたいする独立性というドグマにもかかわらず，現実には，その活動が政府にたいして中立的とは言えないことにある（石森［1996］）。日本の会計検査院史は財政史研究のなかでは空白と言わざるを得ない状況にあるが[35]，いっそう注目を要するのは，近年，日本において会計検査院の検査機能の強化がさまざまな仕方で図られてきたことである。その一つの重要な改革は，1997年の会計検査院法改正によるあらたな検査基準（経済性・効率性・有効性のいわゆる3E基準）の導入である。これらの新しい基準のもとでは，会計検査院は従来の合規性基準のもとでよりもいっそうむずかしい判断を求められることになる。それは，政府支出の手段と目的の関係の評価において，目的設定の妥当性に立ち入らざるを得なくなる可能性を否定できないからであり，そのあり得べき帰結は，政府による目的設定に対する会計検査院の批判に他な

34）この可能性を示す研究の一例としてManow［1997］がある。事は，中間組織の一つである社会保険機関にかかわっている。彼によれば，ビスマルク社会保険が画期的とされる一つの理由は社会保険自治の実現にあるが，その際，社会保険機関が職能別に設置されたことが労働組合の職能別編成を促し，労働組合は社会保険の運営をつうじて組織の培養を可能とされ，それはやがて，第一次大戦期とその後のドイツの労働者の経営参加の基盤を形成した。このようにして社会保険制度と労働組合組織とは「共生的発展」を遂げた。これが彼の主張である。ここにドイツの福祉国家体制がコーポラティズム型と呼ばれるようになる背景を見ることができる（詳細は大島［2001］参照）。日本の社会保険制度では，企業ごとに設けられていた共済組合が新制度のもとでの健保組合となり，労働者も職員もおなじ健保組合に組織されたことが，その後労働組合が組織される場合にこれを企業別の組合とする基盤となった。このように，日本についてもまた社会保険制度と労働組合組織との「共生的発展」を見ることができる。

35）ヴァイマル共和制以来ボン共和制にいたる間のドイツにおける会計検査院と政府財政の関係については，Oshima［1980］; Pirker［1987］［1992］；大島［1996：11-32］を参照されたい。

らない。

　加えて上述のように，この間に進められてきた行政改革の結果，従来の政府機関が民間に移されて，政府の補助や出資を受ける多様な形態の非営利組織が生まれつつあり，さらには，地方自治法改正（1996年）によって地方公共団体に外部監査人による監査が義務づけられるといった動きもある。問題は，このようにしてあらたな局面を迎えつつある会計検査院および民間監査法人による国と地方公共団体にたいする検査および監査について，単にその制度の説明にとどまらず，立場上の中立性にもかかわらずその役割は中立的とはかぎらないことを踏まえて，これが国と地方の財政にどのように作用しているのかを明らかにすることにある。

　だが，財政過程に着目する財政社会学は，政策ネットワークや中間組織の分析をもって終わるものではない。その分析は，前述の過程論の概念構成にしたがって，政策の最終的な受け手である家族と企業にまでおよばざるを得ない。とりわけ重要なのは家族である。なぜならば，国民国家における統治の基礎単位はこれまでかわることなく家族であり続けてきたし，今後もこのことにおいて変化はないからである。家族はこの場合，政府の政策の客体であるのと同時に，課税や給付にたいして自己組織化をもって対応するアクターでもある。別の言い方をもってすれば，そこで求められているのは政府の政策と家族の「関係」を問うことである[36]。この点の実証はわれわれにかされた今後の課題である。

　このようにして，アクターと制度の多方向での作用のもとで生み出された政府の財政政策は，政策ネットワークを経由してその最終的な受け手に到達するのだが，その過程で政府の政策は受け手の側のあらたな対応を生み出し，これによって中間組織の自己組織化が進められ，そのことがまた，社会の諸集団の編成や行動を規定していくことになる。財政社会学は，国の財政権力を視野の中心に据えて，その行使が政治・経済・社会におよぼす作用をこのようにして見定める営みだと言ってよいだろう。また，そうであることによって，財政社会学が比較財政論にとって有効な座標軸を提

　36）　この点については中川「2005」に負うところが大きい。この論考で中川は，家族生活の変化と社会政策の展開を，その「関係史」という視点で分析することを試みている。

供するものであることも、ここに明らかである。

　このように分析の対象を見定め、トゥールを整えていくことをつうじて、財政社会学は初めて一つの自立した学科として自己を主張することができる、これがわれわれの考えである。歴史的制度論は、その方法論と財政についての実証分析によって重要な知見をわれわれに提供してくれている。だが、それによってただちに財政社会学が再生したわけではない。ウェーバー社会学はたしかに重要な分析枠組みを提供しているが、現代国家はもはやこれのみをもって取り組むことのできる相手ではない。分析すべき対象の設定とそのためのトゥールの彫琢において、財政社会学が取り組むべき課題はなお険しい山のようである。

4-6　おわりに

　財政社会学が、国家論アプローチや歴史的制度論とともに歴史認識の重要性を強調することは、これまで述べてきたところから明らかである。だが、その根拠は何なのかという批判がある。これを河野勝［2002］について見てみよう。

　河野は、「歴史的制度論として括られる一群の研究は、歴史を重視せよという一般的な立場を表明しているだけ」だと批判する。そのうえで、歴史的文脈を制度の理論に組み込む際の概念として、以下の三種類を提示する。第一は、過去と現在の連続性を説明するものである。選択にいたった当初の諸条件が変更されたにもかかわらず惰性や慣性によってその選択が継続することを示す「経路依存性」、過去のある時点（「フォーカルポイント」）での選択が伝統や遺産としてその後の選択を方向づける場合がこれである。第二は、過去と現在の断絶を説明するためのものである。過去の経緯を過剰に「学習」したり、ある出来事が当事者のトラウマとなって「内面化」されたりした場合、過去と断絶した制度形成が行われる可能性がある。第三は、ある種の合理性を備え存続すべきであるものが存続しない事例を説明するためのものである。善悪をめぐる「アイディア」の転換

や新たな「規範」の普及などがこれに該当する．これらを指摘したうえで，河野は，どのような状況・条件のもとで，どの概念に基づいて過去と現在のつながりが成立するかを明らかにする必要があるというのである．

　まず，このような概念を実際の歴史分析と関連させてその問題点を述べるならば，次のようである．すなわち，歴史の断絶，連続を説明する概念を定義し，それを当てはめて歴史を描写するとするならば，それは多分に演繹的な分析とならざるを得ない．反対に，歴史実証の結果をこれらの概念で解釈するとしても，そこには同様に無理がある．なぜならば，歴史には，断絶する面もあれば連続する面もあるからであり，その意味では，これらの諸概念のどれもが該当しうるし，該当しえないからである．この場合，いくら具体的な歴史過程をどれほどさまざまな概念で解釈しなおしても，結局は，それらの説明変数のあてはまりのよさを比較するに過ぎないし，それらの当てはまりのよさ自体，主観的な評価でしかあり得ないのではないだろうか．

　われわれが目指しているのは，現在について抱く問を解く手がかりとして過去を顧み，過去においてその問が如何に答えられたかを知ることによって現在を考えることである．先にコリングウッドの言葉に託して言おうとしたのは，このことに他ならない．そのために現在と過去を同時に把握するための枠組みが必要とされるのであって，その際，過去と現在の制度的な連続・非連続は問われない．われわれが試みたのはむしろ，制度的に非連続であっても同様の実態が，あるいは，制度が連続するなかでも異なる実態が生み出される事実へ接近するための方法提示であり，制度の解釈と他のアクターとの相互作用による双方向の動態的な過程として歴史を描きだすことだった．また，それゆえに，その解釈や相互作用のあり方をめぐって国際比較も可能となることを，実証分析をつうじて示したつもりである．その意味では，制度が個人の行動を規制する側面を認めつつも，それにとどまらず，その制度が具体的な政策の積み重ねを追認するものであり，さらには，アクターの相互作用をつうじてその制度が転換しうることを示すうえで，歴史分析が有用な手段たりえるとわれわれは考えている．

　別の批判が，われわれが分析対象としての財政を「国民国家」について特定したことに向けられるかもしれない．現代史の理解についての意欲的

な問題提起として近年注目をあつめた山之内靖の主張には，そのような批判が込められているようにわれわれには思われる。山之内は，第一次世界大戦をもって社会は不可逆的な変化を経験し，ここに総力戦体制が実現したという認識に立って，次のように主張する。すなわち「ファシズム型とニューディール型の相違は，総力戦体制による社会的編成替えの分析を終えた後に，その内部の下位区分として考察されるべきで」あり，「ここにおいて実現された福祉国家は，実のところ，戦争国家と等記号によって繋がっているのである」（山之内［1995：10, 38］）。彼の立論の基礎にあるシステム論的社会把握の是非を問うことは，ここでの課題ではない。当面われわれが異とするのは，これにもとづいて彼が「考察されるべき」課題を特定する際の論理である。

　われわれが1930年代の日独の財政金融政策を「ファシズム型」として一括することを斥けるのは，先に吉野［1962］への批判として述べたとおりである。したがってまた，アメリカのニューディール期の財政金融政策をなんらかの「型」としてこれに対置することも考えないという点で，山之内と共通の理解に立っている。しかしながら，だからといって両者の相違についての考察を二の次とするとすれば，それは，現に個々の国民国家を「場」として展開されてきた支配の実態から目をそらさせる結果を招くにすぎないだろう。

　別の機会に論じたように（井手［2004］），1930年代におけるわが国とアメリカの財政政策の性格の違いは，政治リーダーの思想や中央銀行信用の動員のしかた，予算統制における行政の位置づけなどの諸要因の相互作用に基づくものである。そして，その結果が，ニューディール期に景気回復の遅れ，多元的な政策要求の端緒的展開と分権的な意思決定システムの強化をもたらしたのに対し，高橋財政では，機動的な財政出動と景気回復，集権的な意思決定システムの確立と軍事費の突出，日銀信用への依存をもたらすこととなった。ドイツについては縷説したとおりであり，その経過をここに再現するまでもないだろう。

　次に，福祉国家と戦争国家が等記号で結ばれるという主張は，かならずしも誤りではない。むしろ，この二つの概念を相反するものとして位置づける場合には見失うものが多いことは明らかである。ただし，そのように

4-6 おわりに

呼ばれる国のどちらもが山之内の言うように社会の編成替えによって等質化しているから等記号で結べると言うのではない。反対に，いずれの概念にせよ，そう呼ばれる国において起こっていることの一つの局面を強調すれば等記号で結ぶことができるという程度の意味に過ぎない。

戦争国家という言葉で人々が連想するのはまずはヒトラー・ドイツだろう。だが，そのもとでも，社会保険自治は否定されたものの，第二帝政期以来の社会保険と社会福祉の制度は維持されつづけていた。その際見落とすことができないのは，ナチスの警察行政への介入のもとで，民族主義的な価値規範の実現のために福祉警察の強化が図られ（旧プロイセンの伝統への回帰），他方，その機能は戦後の民主化のもとでも払拭されずに旧西ドイツに引き継がれたことである。これを基礎にして1960年代以降，社会的価値規範が動揺するなかで警察による給付行政への関与が強められたといわれる（矢野［2002］）。このような連続的でありながら屈折をも含む制度の発展は，「戦争国家」と「福祉国家」という二項対立的な図式によっては到底解明しうるものではないし，さりとてシステム論的社会把握によって説明できるものでもない。

あるいは，さらに加えて，われわれが財政を「国民国家の財政」と規定したことについて，別の観点から疑問が生ずるかもしれない。近年，折にふれて「国民国家の黄昏」といった言葉が聞こえてくるからである。われわれの答えをあらかじめ示すならば，それでもなお問われるべきは国民国家なのだというに尽きる。周知のように，第一次大戦はロシアおよびオーストリア・ハンガリーにおける帝政の崩壊をもたらし，これに代えて東ヨーロッパではソ連邦が，南東ヨーロッパでは多数の群小国家が誕生した。前者の世界史的意義についての検討はさておき，ここでは，後者が実は「擬似」国民国家に他ならず，そのそれぞれにおける民族問題に端を発する政治と社会の不安定性がやがて第二次大戦を引きおこす土壌となったことに注意しておきたい[37]。そのような経験にもかかわらず，また現に民族間の軋轢を繰り返しながらも国民国家が国家のあるべき姿であり続けてい

---

37) その状況についての鋭い省察として，アーレント H. Arendt（1906-1975）の『全体主義の起原』（同［1951＝1972］）の白眉とも言える一つの章「国民国家の没落と人権の終焉」があるので，参照されたい。

ることは，旧ソ連圏崩壊後の南東ヨーロッパの新生諸国家に見られるとおりであり，第三世界においてもまた国民国家は国家建設の目標であり続けている（高端［1999］）。

たしかに近年のヨーロッパにおいては，国民国家は上方に向かっては主権の一部委譲をともなう統合 Unification と，下方に向かっては国境を超える地域化 Regionalization の渦中にある。また，グローバル化は，国民国家を〈希薄化〉しつつあるように見える。だが，国民国家がこれらの動きによってやがて止揚されると考えるのは，いかにも早計である（岡本［2003］）。グローバル化のもとでの資本と労働力の移動をつうじて，それぞれの国内での経済秩序が変化し，社会保障と同化政策による国民の統合に亀裂が生じていることは事実だが，個々の国民国家はこれらの動きにたいして統治制度の見直し，政策ネットワークの再編成をもって対応しようとしているのであり，さらに進んでも，上記の意味での複数国民国家の連合だろう。国民国家に代わる公共性と権力性をそなえた世界国家の成立を見通すことは，当面不可能である。

要するに，国民国家の財政を分析対象とするというとき，この国家形態の18世紀以来の持続性と同時に，とりわけ第一次大戦以来それが蒙ってきたさまざまな変化を踏まえた分析が求められることとなる。

最後に，本書の基本的な趣旨にもう一度立ち戻りつつわれわれの考えを述べて，この書物を閉じることとする。

本書の第1章においてわれわれは次のように述べた。「一国ケインズ主義の終焉，経済のグローバル化，法的な中央銀行の独立性確保という世界的な潮流に規定されつつ，個別の国家においては多様な利害が錯綜する。これに対して，制度に方向づけられた解決のあり方が模索，選択される一方，その選択は制度の新たな解釈をもたらし，個々のアクターの制度設計とは大きく異なる状況を不可逆的に形作っていく。このような過程において中央銀行政策と財政政策の関係を理解しようということである。もし，これらの見方を受け入れるならば，中央銀行の独立性とは，公共選択論者が想定するようなルールによる政策の統制という問題領域を超えることとなるだろう。」（本書49頁）

4-6 おわりに

　従来この問題についての研究においてとられてきた仮説と異なるのは，われわれが，制度とアクターとの関係を前者による後者の規定という一方向に限定せず，両者の双方向での作用として制度の変化とアクターの行動とを捉えようとする点においてである。こうすることで，過去と現在の比較において，制度が連続するなかでの異なる選択，制度が連続しないなかでの共通する選択，それぞれの実態を浮き彫りにすることができる。また，1939年のライヒスバンク法，42年の日本銀行法の制定にいたる政府と中央銀行との関係は，このように設定された仮説をもって初めて読み解くことが可能となる。これが本書におけるわれわれの主張である。

　その分析をつうじて2章と3章においてわれわれが見たのは，政府の指示にしたがって中央銀行が対政府金融に応じたという構図ではない。中央銀行として国際的に遜色のない権限の掌握とその遂行についての強いインセンティブにもとづいて，恐慌からの脱出を模索する政府の求めにおうじて選択したのが，日銀の場合には政府公債の日銀引受発行であり，ライヒスバンクの場合には，やがて公開市場操作によって整理されるはずの手形金融だった。それも一般に理解されているように高橋是清あるいはシャハトの登場を待つまでもなく，井上準之助のもとでの日銀，ルターのもとでのライヒスバンクによって着手された。しかも，ライヒスバンクの場合には，銀行法における対政府信用供与の禁止規定の間隙をついて，それは実行された。

　その過程での中央銀行当局の発言としてわれわれの記憶にとどめられたのは，次のライヒスバンク統計局の言葉である。「政府の資金調達要求にたいするライヒスバンクの自立性にかんしては，国家の存立が問われるような事態に直面したとき，いかなる発券銀行といえども国家にたいする援助を拒みうるものではないことを考慮に入れておかなければならない。目的に適う堅実な発券銀行政策についての保証は，ひとえにライヒスバンク指導部の理性的な状況把握にかかっている。」(本書59-60頁) このように考えることにおいて日銀も，対政府関係において法的にはライヒスバンクと異なる立場にあったとはいえ，基本的に異なるところはなかったと考えてよいだろう。1930年前後の状況が，日本とドイツのいずれを問わず，「国家の存立が問われる」ものであったことは明らかであり，したがって，

公債の日銀引受あるいは手形金融はそれぞれの中央銀行「指導部の理性的な状況判断」にもとづくものだったと考えるほかはない。だが，中央銀行法改定を経てのその最終的な結末たるや，日独のいずれにおいてもハイパー・インフレーションであり，ドイツの場合にはさらに通貨「ライヒスマルク」の廃位だった。

この一連の過程の展開が見られたのは，議会による政治統制が事実上形骸化した状況（日本），もしくは，議会が完全に権力を奪われた状況（ドイツ）のもとにおいてだった。したがってこれが，ルール制定権力の欠如のもとで起きた事態だったことはたしかである。しかし，議会による統制が有効な状況のもとでも，制度とアクターの関係が双方向的である場合，現実がルールによる統制という問題領域を超えうるものであることは，うえで指摘したとおりである。そのような状況に立ちいたったとして，そこでの中央銀行当局の政策選択が常に「目的に適う堅実な発券銀行政策」である保証がいかにとぼしいかは，これまで見たところから明らかであると言わざるを得ない。

近年では，60年前とは趣をことにして，本書で繰り返して指摘したように，数多くの国々で中央銀行の政府からの独立を規定した法改定がおこなわれている。だが，この法改定が予期された中央銀行と政府の関係を創り出せるのかどうかについては，たしかな保証はない（本書第1章参照）。加えてここでは，通貨・信用政策の決定は，高度に専門化した知識と技術を身につけたテクノクラート化した中央銀行官僚に委ねられているという問題がある。

テクノクラートによる政策運営が民主主義国家における統治に重要な問題を投げかけるものであることは，指摘されてすでにひさしい。前述のように，シュメルダースは1960年代の政策形成の現実を見ながら，「経済・通貨・対外経済政策との相互依存を強めている財政政策上の意思形成」にとって，これが「見過ごしがたい危険性をはらんでいる」こと，通貨政策と財政政策が「二律背反」の関係にあることを指摘していた。最近のある実証研究は，グローバリゼーションの進行のもとで国民国家の統治機構，とくに中央銀行の法的な位置づけにどのような変化が起きたかを，1989～2000年の時期における140ヶ国について統計的に検証した。その所

見として指摘されているのは，グローバリゼーションの結果国民国家体制の弱体化が起きたとは言えず，起きたのは，テクノクラートの支配を強める方向でのその組織替えと，選挙によるサンクションを受けない政策主体の影響力の増大である。そして，結論として次のように述べている。「経済政策決定のあり方や構造といった重要な問題について市民が行使しうると想定されている民主的な選択に，グローバリゼーションが課しうる束縛」という「人々を苛立たせる問」がここに提起されつつある，と(Polillo et al. [2005: 1794])。

1930年代から45年までのあいだ，少なくとも日本とドイツではこの「民主的な選択」は強権によって抑圧されていた。この点だけからみても，当時と今が統治体制の変化，すなわち抑圧からの解放とそのもとでのこのあらたな「問」の発生によって遠く隔てられていることは明らかである。だが，財政過程について起きた変化はこれにとどまらない。45年までの一国管理通貨制度は，ブレトン・ウッズ体制を経て変動相場制へと移行した。30年代において世界市場を分断したブロック経済体制は，為替と貿易の自由化を経て，商品のみならず資本と労働力もまた自由に国境を越えて移動する体制によって置き換えられた。これらの変化に情報のグローバル化が加わることによって，山之内[1995]が提唱する「システム論的方法」では把握しきれない1930年代とはことなる多くの問題が国家と社会の現実に生じつつあると見るべきだろう。

事態がこのようであるならば，われわれとしては，この間における歴史の連続と非連続を読み分けながら，あらためて考察の焦点を国民国家にあわせて，その「貨幣による統治」の歴史と現状に迫ることを図らざるを得ない。シュンペーターの言葉を借りるならば，それは国民国家に「月桂冠をあもうとするものではない」(Schumpeter [1918＝1983: 80])。むしろ，これまで以上にきびしい正統性の危機に遭遇するだろう国民国家の成り行きを見定めるためである。財政社会学は，そのような学でありうるし，また，そうでありたいとわれわれは考える。

参考文献

赤石孝次　1998　「財政社会学と政治経済学」『経営と経済』（長崎大学経済学会）78巻，1号。
池上惇　1999　『財政思想史』有斐閣。
石森久広　1996　『会計検査院の研究　ドイツ・ボン基本法下の財政コントロール』有信堂。
井手英策　2004　「高橋財政とニューディール財政――財政社会学による比較財政の試み」経済理論学会『季刊　経済理論』41巻2号。
大内兵衛　1927→1974　「財政社会学――ゴルドシャイドの財政学批判」『大内兵衛著作集』岩波書店，第2巻。
大島通義　1972「日本財政の国際比較」林榮夫他編『現代日本の財政　現代財政学体系　2』有斐閣。
―――1996　『総力戦時代のドイツ再軍備――軍事財政の制度論的考察』同文館。
―――2001　「政策ネットワークから見たドイツ財政」『獨協経済』73号。
岡本英男　2003　「国民国家システムの再編」SGCIME編『Ⅱ　国民国家システムの再編』御茶の水書房。
加藤榮一　2005　「20世紀型福祉国家の転換」日本財政学会編『グローバル化と現代財政の課題』有斐閣。
加藤一明　1980　『日本の行財政構造』東京大学出版会。
加藤芳太郎　1960　「財政社会学ということ」井藤半弥博士退官記念論文集『財政学の基本問題』千倉書房。
上川龍之進　2005　『経済政策の政治学――90年代経済危機をもたらした『制度配置』の解明』東洋経済新報社。
木村元一　1942　「財政社会学に対する一考察――とくにズルタン『国家収入論』を中心として」東京商科大学研究年報『経済学研究』7号。
河野仁　1992　「アメリカ歴史社会学の現状と課題――比較歴史社会学への反省とその超克」『思想』岩波書店，812号。
河野勝　1999　「シュンペーターの民主主義論」年報政治学『20世紀の政治学』岩波書店。
―――2002　『制度』（社会科学の理論とモデル　12）東京大学出版会。
塩野谷祐一　1995　『シュンペーター的思考　総合的社会科学の構想』東洋経済新報社。
新川敏光　1992　「政策ネットワーク論の射程」『季刊行政管理研究』No.59。
神野直彦　1993　「『日本型』税・財政システム」岡崎哲二他編『現代日本経済システムの源流』日本経済新聞社。
―――2002　『財政学』有斐閣。

シュンペーター（八木紀一郎編訳）　2001　『資本主義は生きのびるか：経済社会学論集』名古屋大学出版会。
鈴木武雄　1957　『近代財政金融』春秋社。
大東文化大学図書館　1993　『マン文庫目録』大東文化大学図書館。
高端正幸　1999　「フィリピンにおける地方財政と国民統合──1991年地方政府法に基づく改革を手がかりに」『熊本学園大学経済論集』第6巻，第1・2合併号。
田口富久治　2001　『政治理論・政策科学・制度論』有斐閣。
中川清　2005　「家族生活と社会政策の関係史──近現代日本を概観する試み」佐口和郎・中川清編『社会福祉の歴史』ミネルヴァ書房。
永田清　1937　『現代財政学の理論　既成体系の批判と反省』岩波書店。
西川祐子　2000　『近代国家と家族モデル』吉川弘文館。
日本銀行調査局　1970　「金輸出再禁止後より終戦までの我国経済統制の推移」『日本金融史資料　昭和編　第27巻』。
野田昌吾　1999　「歴史と政治学」年報政治学『20世紀の政治学』岩波書店。
平井源治　1993　「G. シュメルダースの財政心理学」『明海大学経済学論集』，Vol.5, No.1
藤林敬三　1941　「ルドルフ・ゴルドシャイドの『人間経済学』について」『三田学会雑誌』第35巻4号。
真渕勝　1987　「アメリカ政治学における『制度論』の復活」『思想』1987年11月号。
─────1994　『大蔵省統制の政治経済学』中央公論社。
丸山真男　1964　『現代政治の思想と行動』（増補版）未来社。
宮本憲一　2003　「財政社会学はよみがえるか──神野直彦『財政学』をよんで」『財政学研究』32号。
森田朗　1991/92　「'制度'に関する一考察（上）（中）」『季刊行政管理研究』No. 56，58。
矢野久　2002　「ナチズムのなかの20世紀」川越修・矢野久編『ナチズムのなかの20世紀』（第10章）柏書房。
山口二郎　1992　「国家と財政」『北大法学論集』43巻3号。
山之内靖他編　1995　『総力戦と現代化』柏書房。
吉野俊彦　1962　『日本銀行制度改革史』東京大学出版会。
米原七之助　1932　「ゴールドシャイドの財政学説と其批判」『経済学研究』（九州帝国大学経済学会）第2巻第2号。
Arendt, Hannah 1951 *The Origins of Totalitarianism*, Part Two, *Imperialism*, New York＝1972 大島通義・大島かおり訳『全体主義の起原　2　帝国主義』みすず書房。
Ash, Mitchell G. et al. (hrsg. v.) 2002 *Wissenschaft, Politik und Öffentlichkeit, von der Wiener Moderne bis zur Gegenwart*, WUV Universitätsverlag.
Bentley, Arthur Ashley 1908 *The process of government*, Cambridge＝1994 喜多靖郎・上林良一訳『統治過程論：社会圧力の研究』法律文化社。

Bonney, Richard (ed.) 1999 *The Rise of the Fiscal States in Europe, c. 1200-1815*, Oxford University Press.

Bracher, Karl Dietrich 1960 *Die Auflösung der Weimarer Republik*, 3. Aufl., Ring Verlag, Villingen/Schwarzwald.

Collingwood, Robin George 1965 *Essays in the Philosophy of History*, edited with an Introduction by William Debbins, University of Texas Press＝1986 峠尚武他訳『歴史哲学の本質と目的』未来社。

Daunton, Martin 2001 *Trusting Leviathan. The Politics of Taxation in Britain, 1799-1914*, Cambridge University Press.

――― 2002 *Just Taxes. The Politics of Taxation in Britain, 1914-1979*, Cambridge University Press.

d'Entrèves, Alexander Passerin 1967 *The Notion of the State, An Introduction to Political Theory*, London＝1972 石上良平訳『国家とは何か』みすず書房。

DeWitt, Andrew 1999 「現代財政社会学の諸潮流」大島通義他編著『日本が直面する財政問題』八千代出版。

Downs, Anthony 1957 *An Economic Theory of Democracy*, New York＝1980 古田精司監訳『民主主義の経済理論』成文堂。

Easton, David 1965 *A Framework for Political Analysis*, New York＝1968 岡村忠夫訳『政治分析の基礎』みすず書房。

Fritz, Wolfgang 2003/4 „Rudolf Goldscheid und sein Traum vom guten Staat", Folge 1-20, in: *Wiener Zeitung*.

Gilbert, Neil 2002 *Transformation of the Welfare State: The Silent Surrender of Public Responsibility*, Oxford University Press, New York.

Glatzer, Wolfgang 2003 „Über die DGS - Geschichte: Die akademische soziologische Vereinigung seit 1909". (http://www.soziologie.de/dgs/geschichte.pdf)

Goldscheid, Rudolf 1911 *Höherentwicklung und Menschenökonomie, Grundzüge der Soziologie*, Leipzig.

――― 1917a *Staatssozialismus oder Staatskapitalismus. Ein finanzsoziologischer Beitrag zur Lösung des Staatsschulden-Problems*, 2. und 3. Auflage, Wien et al. (→ Hickel, 1976).

――― 1917b „Finanzwissenschaft und Soziologie", in: *Weltwirtschaftliches Archiv*, Band IX (→ Hickel, 1976).

――― 1926 „Staat, Öffentlicher Haushalt und Gesellschaft", in: *Handbuch der Finanzwissenschaft*, 1. Auflage, Band 1 (→ Hickel, 1976).

――― 1928 „Steuerverwendung und Interessenpolitik", in: Walther Lotz (hrsg. v.), *Finanzwissenschaftliche Untersuchungen, Schriften des Vereins für Sozialpolitik*, 174. Band, Erster Teil.

――― 1932 „Die Zukunft der Gemeinschaft", in: *Festschrift für Carl Grünberg*

zum 70. Geburtstag, Leipzig.
Heller, Hermann 1934 *Staatslehre*, hrsg. v. G. Niemeyer, Leiden=1971 安世舟訳『国家学』未来社。
Hickel, Rudolf (hrsg. v.) 1976 *Rudolf Goldscheid, Joseph Schumpeter, Die Finanzkrise des Steuerstaats, Beiträge zur politischen Ökonomie der Staatsfinanzen*, Suhrkamp Verlag.
Hobson, John M. 1997 *The Wealth of States. A comparative Sociology of international economic and political Change*, Cambridge University Press.
Hodgson, Geoffrey M. 1988 *Economics and institutions: a manifesto for a modern institutional economics*, Cambridge, UK=1997 八木紀一郎他訳『現代制度派経済学宣言』名古屋大学出版会。
──── 1993 *Economics and Evolution*, Cambridge, Polity Press=2003 森岡真史他訳『進化と経済学』東洋経済新報社。
Humboldt, Karl Wilhelm von 1791 → 1991/92 *Ideen zu einem Versuch, die Grenzen der Wirksamkeit des Staates zu bestimmen*, Reklam, Leipzig.
James, Harold 2001 *The End of Globalization*, Harvard University Press=2002 高遠裕子訳『グローバリゼーションの終焉』日本経済新聞社。
Katzenstein, Peter J. 1987 *Policy and Politics in West Germany, The Growth of a Semisovereign State*, Temple University Press, Philadelphia.
Krasner, Stephan D. 1984 "Approaches to the State: Alternative Conceptions and Historical Dynamics", *Comparative Politics*, Vol. 16, No. 2, January 1984.
Krull, Christian 1980 „Fritz Karl Mann†", in: *Finanzarchiv*, N. F. 38, Heft 1.
Mann, Fritz Karl 1928 "Intermediäre Finanzgewalten und ihr Einfluß auf Deutschlands finanzielle Belastung", in: *Jahrbücher für Nationalökonomie und Satistik*, III. Folge 74. Band, 1928, II.
──── 1933 „Zur Soziologie der finanzpolitischen Entscheidung", in: *Schmollers Jahrbuch für Gesetzgebung, Verwaltung und Volkswirtschaft im Deutschen Reich*, Vol. 57.
──── 1937 *Steuerpolitische Ideale. Vergleichende Studien zur Geschichte der ökonomischen und politischen Ideen und ihres Wirkens in der öffentlichen Meinung*, Jena.
──── 1952 „Geschichte der angelsächsischen Finanzwissenschaft", in: W. Gerloff et al. (hrsg. v.), *Handbuch der Finanzwissenschaft*, 2. Auflage, Band I.
──── 1955 „Finanzsoziologie", in: W. Bernsdorf et al. (hrsg. v.), *Wörterbuch der Soziologie*, Stuttgart.
──── 1959 *Finanztheorie und Finanzsoziologie*, Vandenhoeck & Ruprecht in Göttingen.
──── 1964 "Economics of Fiscal Decisions in a pluralistic Society", in:

Norbert Kloten, *Systeme und Methoden in den Wirtschafts- und Sozialwissenschaften*, Erwin von Beckerath zum 75. Geburtstag, J. C. B. Mohr (Paul Siebeck) Tübingen.

―――― 1967 "Die finanzwissenschaftliche Lehre und Forschung an der Universität zu Köln 1927-1935", in: *Finanzwissenschaftliche Forschungen und Lehre an der Universität zu Köln 1927-1967*, Duncker & Humblot/Berlin.

―――― 1968 "Die intermediären Finanzgewalten und der pluralistische Staat", in: L. Boermann et al. (hrsg. v.), *Soziale Verantwortung. Festschrift für Goetz Briefs zum 80. Geburtstag*, Duncker & Humblott/Berlin.

―――― 1977 „Abriß einer Geschichte der Finanzwissenschaft", in: *Handbuch der Finanzwissenschaft*, 3. Auflage, Band I.

―――― 1978 *Der Sinn der Finanzwirtschaft*, J. C. B. Mohr (Paul Siebeck) Tübingen.

Manow, Philip 1997 „Social Insurance and the German Political Economy", Max-Planck-Institut für Gesellschaftsforschung, Discussion Paper 97/2, November 1997.

März, Eduard 1983 *Joseph Alois Schumpeter: Forscher, Lehrer und Politiker*, Oldenbourg München.

Mayreder, Rosa 1988 *Tagebücher, 1873-1937*, hrsg. u. eingel. v. H. Anderson, Insel, Frankfurt am Main.

Miliband, Ralph 1983 *Class power & state power: political essays*, London Verso＝1986 田口富久治他訳『階級権力と国家権力－政治論集』未来社.

Moore, Mick 2004 "Revenues, State Formation, and the Quality of Governance in Developing Countries", in: *International Political Science Review*, Vol. 25, No. 3.

O'Connor, James 1973 *The Fiscal Crisis of the States*, New York＝1981 池上惇他監訳『現代国家の財政危機』御茶ノ水書房.

Oshima, Michiyoshi 1980 „Die Bedeutung des Kabinettsbeschlusses vom 4. April 1933 für die autonome Haushaltsgebarung der Wehrmacht", in: *Finanzarchiv*, N. F. Band 38, Heft 2.

Pirker, Theo (hrsg. v.) 1987 *Rechnungshöfe als Gegenstand zeitgeschichtlicher Forschung*, Duncker & Humblott/Berlin.

―――― 1989 *Autonomie und Kontrolle. Beiträge zur Soziologie des Finanz- und Steuerstaates*, Schelzky & Jeep, Berlin.

―――― 1992 *Die Bizonalen Sparkommissare: Öffentliche Finanzkontrolle im Spannungsfeld zwischen Eigen- und Fremdinteresse während der Vor- und Gründungsphase der Bundesrepublik Deutschland*, Westdeutscher Verlag, Opladen.

Polillo, Simone et al. 2005 "Globalization Pressures and the State: The Worldwide Spread of Central Bank Independence", in: *American Journal of Sociology*, Vol. 110, No. 6.

Puhl, Emil 1941 „Die Wiederherstellung der deutschen Währungshoheit", in: Bayrhoffer et al., *Deutsche Geldpolitik*, Duncker & Humblott/Berlin.

Schmölders, Günter 1932 *Die Ertragsfähigkeit der Getränkesteuern: ein Beitrag zur deutschen Finanzreform*, G. Fischer Jena

―――― 1941 "Das Verhältnis von Währungspolitik und Finanzpolitik in Geschichte und Gegenwart", in: Bayrhoffer et al., *Deutsche Geldpolitik*, Duncker & Humblott/Berlin.

―――― 1959a „Finanzwissenschaft", in: K. Hax et al. (hrsg. v.), *Handbuch der Wirtschaftswissenschaften*, Westdeutscher Verlag, Köln.

―――― 1959b *Finanz- und währungspolitische Bedingungen stetigen Wirtschaftswachstums*, Sonderdruck aus: Verhandlungen auf der Tagung des Vereins für Socialpolitik in Baden-Baden 1958.

―――― 1965 *Allgemeine Steuerlehre*, 4. Aufl., Duncker & Humblott/Berlin＝1967 中村英雄訳『租税の一般理論』中央大学出版部（原書については，Karl-Heinrich Hansmeyerとの共著による改訂版が1980年に出版されている）。

―――― 1962 *Geldpolitik*. Hand- und Lehrbücher aus dem Gebiet der Sozialwissenschaften, Tübingen et al.

―――― 1970 *Finanzpolitik*, Dritte Auflage, Springer-Verlag Berlin et al.＝1981 山口忠夫他訳『財政政策』中央大学出版部。

―――― 1975 *Einführung in die Geld- und Finanzpsychologie*, Wissenschaftliche Buchgesellschaft Darmstadt.

―――― 1983 *Der Wohlfahrtsstaat am Ende*, Wirtschaftsverlag Langen-Müller/Herbig.

―――― 1988 → 2002 „*Gut durchgekommnen?" Lebenserinnerungen*, Duncker & Humblott/Berlin.

Schumpeter, Joseph A. 1918 *Die Krise des Steuerstaates* (→ Hickel, 1976)＝1983 木村元一・小谷義次訳『租税国家の危機』岩波文庫。

―――― 1949 *Capitalism, Socialism, and Democracy*, Third Edition＝1952 中山伊知郎・東畑精一訳『資本主義・社会主義・民主主義』東洋経済新報社。

Skocpol, Theda 1985 "Bringing the state back in: Strategies of analysis in current research", in: P. B. Evans et al. (ed.), *Bringing the State Back In*, Cambridge.

Steinmo, Sven 1989 "Political Institutions and Tax Policy in the United States, Sweden, and Britain", in: *World Politics*, XLI.

―――― 1993 *Taxation and Democracy - Swedish, British, and American Approach to Financing the Modern State*, Yale University Press.

Stepan, Alfred 1978 *The State and Society. Peru in comparative Perspective*,

Princeton University Press.
Sultan, Herbert 1952 „Finanzwissenschaft und Soziologie", in: *Handbuch der Finanzwissenschaft*, 2. Auflage, Band I.
Thelen, Kathleen & Sven Steinmo 1992 "Historical institutionalism in comparative politics", in: S. Steinmo et al. (ed.), *Structuring politics, Historical institutionalism in comparative analysis*, Cambridge University Press.
Tönnies, Ferdinand 1919 *Die Entwicklung der sozialen Frage bis zum Weltkrieg*, Sammlung Göschen.
Wildavsky, Aaron 1964 *The Politics of the Budgetary Process*, Boston＝1972 小島昭訳『予算編成の政治学』勁草書房。
Witt, Peter-Christian (ed.) 1987 *Wealth and Taxation in Central Europe: The History and Sociology of Public Finance*, Leamington Spa et al.

索　引

([日][独]の表記は当該用語が使われている国を示す)

ア　行

Finance としての財政　5-6
アウトバーン，－手形　66-67, 78, 83, 88-89, 115
安定性カルチュア　17
井上準之助　186, 261
インフレーション　7-9, 12, 17, 20, 26, 53, 59, 71, 116, 119, 125, 132, 136, 141, 199, 205, 208, 216, 252, 262
インフレターゲット論　8
インフレ抑制　8, 49, 149, 152, 160
インフレ率　8-9, 29
　調整インフレ論　8, 29
　ハイパー──　3, 25-26, 59, 131, 170, 183, 194, 198, 205, 262
ヴェルサイユ　64, 66, 75, 123, 252
欧州中央銀行　15, 20
大蔵省（＝財務省）
　──大臣　vi, 12-13, 30, 33, 36-38, 42, 44, 46, 130-31, 133-34, 139-41, 147-152, 160-68, 170-72, 174, 176-80, 183-90, 193-95, 198-200, 206, 215, 231-32, 235
　──統制［日］　vi, 14, 130, 133-34, 147-48, 151, 161-62, 167-68, 196, 198, 249, 251
　──主計局，－の機能［日］　37, 148, 163, 197

カ　行

外貨準備（保有）高［日］　4, 33
会計検査院　74-75, 123, 228-30, 246, 254-55
外国為替資金［日］
　──証券　31-32, 35-36
　──証券の残高　33, 36, 40
　──証券の発行限度　32
　──特別会計　31-38
革新官僚［日］　130, 147-48, 150, 161-63, 167, 173, 178, 195, 199
借換（公社債）［独］　81, 88, 96, 100, 105
借換債［日］　40, 43, 46
為替介入［日］　4, 11, 14, 31, 33-34, 36-37
為替評価損［日］　35
管理通貨制度　5, 24, 25, 130, 133, 140, 263
官僚，－制　114, 217, 220, 225, 227-28, 233-34. 235, 242, 262
議会，－制　66, 72-73, 123, 217, 219, 224, 227-28, 233, 235, 246, 251, 262
企画院［日］　130-31, 133, 147-48, 151, 161-67, 170, 175-78, 196-98
議決延期請求権［日］　12
基準外国為替相場［日］　33, 35
恐慌手形［独］　64, 85-86, 88-89, 91, 94
金・外国為替［独］　55-57, 62, 85-86, 88, 208
銀行法［独］
　銀行法（1924年）　15, 54-55, 57-60, 62, 71, 73-74, 91, 102, 110-11, 117, 125, 250
　──修正法（1933年）　56-57, 63-64
　──修正法（1937年）　56
銀行保有株式［日］　22, 186
金本位制度　5, 24-25, 53, 61-62, 130, 134, 205, 232
金融システムの安定化　10, 47
金融調節機能の強化　176, 178-79, 200

金利決定権［日］　184-85
金割引銀行［独］　86, 92-94, 115
グローバル化　14, 28, 49, 207, 260, 262-63
計画外資金［日］　170, 192
経済新体制［日］　161, 172, 200
ケインズ主義，—理論，—経済学　3, 5-7, 14, 49, 66, 78, 80-81, 221, 223, 232, 236, 260
ゲーリング Hermann Goering　61, 79, 84, 100, 107-08, 111, 121, 124, 251
限外発行税［日］　135, 199
健全性
　財政の健全性　20, 140-41, 170, 199
　財務の健全性　20, 22
公開市場政策，—操作　54, 56-57, 63-65, 88, 92, 95-96, 205-06, 261
公共選択論　7-9, 200, 217, 242-43, 260
公債価格支持［独］　97, 108, 113, 118
公債シンディケート団［独］　77, 92-93, 95, 97, 102, 110-11
合理的選択論　245
国債管理政策　viii, 27, 31, 39-40, 44, 46, 206
国際金融のトリレンマ　11
国債市価維持［日］　viii, 27, 31, 39-40, 44, 46, 206
国債漸減政策［日］　139
国債売却，売りオペ［日］　21, 25-26, 38, 136-38, 142-43, 145, 187-88, 205, 251
国債標準価格制度［日］　22
国債保有リスク［日］　4, 30, 39
国防軍支出［独］　67, 70, 74-75, 77, 83-84, 102, 104-05, 109, 120, 124
国家資金計画［日］　148-50, 168, 170-71, 191
雇用創出，—計画，—手形［独］　63-64, 66-71, 77-78, 80, 88-91, 93-94, 98, 102, 117, 122

サ　行

財政（政策）と金融（金融）の一体化　4-5, 23, 125, 133, 149, 152, 172, 177-78, 197, 200, 232, 247
財政危機　viii, 208, 210, 214-15, 238-39
財政金融基本方策要綱［日］　161-64, 167-68, 171-78, 180, 196-97, 200
財政金融政策　3, 5, 8, 14, 39, 134, 136, 151, 161, 198-99, 258
財政高権　6, 7, 231, 235, 247
財政民主主義　34, 37, 39, 140, 200
迫水久常　148, 162
産業金融［日］　144, 154, 185
資金運用部ショック［日］　41
資金動員計画［日］　164, 168-69
資金統制［日］　144, 147, 149, 151-52, 160-62, 168, 171, 176-77, 195, 199
自己金融　76, 101
自己利益　160, 177, 195, 200
資産担保証券［日］　22-23, 186
自治的調整，—団［日］　154, 156-57
市中消化の原則［日］　26
資本市場委員会［独］　61, 80-81, 84, 95, 98-101, 108
社会保険　78-79, 97-98, 226, 229, 244, 253-54, 259
シャハト Hjalmar Schacht　56-57, 59-61, 64-67, 71, 73-74, 77, 79-84, 88, 90, 95-96, 99-101, 103, 108, 113-14, 119, 121-24, 261
重点主義［日］　158, 162, 171
準備適格有価証券［独］　56-57, 63, 85, 87-88, 96, 118
償却原価法［日］　21
商業手形，—割引［独］　54, 62, 64, 71, 73, 85-86, 88, 94
新金融調節方式［日］　26-27, 29
新古典派総合　213, 235, 246
新財政プラン　→　租税証券［1939年］

信用制度監督庁　　61,79,118
信用制度法（1934年），－改正法（39年）
　　61,65,79,93,99,118,123,251
信用秩序の維持　　10,13,29,39,48
政策委員会［日］　　10,12,44
政策ネットワーク　　229,244,253,255,
　　260
政策理念　　14,24,48,192
成長通貨ルール　　26
政党　　224,226,241-242,244,253
政府貸上金［日］　　182-83
ゼロ金利政策［日］　　29-30,38-39,46-
　　48
世論　　233-234,252
総統兼ライヒ首相　　55-56,83,103,121
　　-22,125
租税証券［独］
　　――（1932年）　　95,118
　　――（1939年）　　88,113,118-19

タ　行

対政府信用　　24-25,29,56,59,81,114,
　　117,131,135,139,146,151,181-83,
　　194,251-52,261
対民間信用　　146-47,150-151,170,191
　　-93,198-99
高橋是清　　24,130,135,139,140,184,
　　261
高橋財政　　21,25,29,134,136,140-41,
　　143,147,172,181,183,188,196,199,
　　258
多元主義　　224,226-28,235,237,239-
　　40,244
短期信用（＝運転資金信用）［独］
　　55,59,86-87,110-11,114,121
担保付要求払い貸出，－利率［独］　→
　　ロンバード貸付
単名手形［独］　　91-92,97,101,115-16
中央銀行の独立性　　3-4,7-11,14-15,
　　49,57-61,132,204,232,262
中間組織，中間的財政権力　　226-29,
　　244,248,253-55
長期国債買い切りオペ［日］　　18
長期国債保有額［日］　　19
貯蓄金庫［独］　　61,65,77,79,97-98,
　　114,118
通貨価値の安定　　10,14,17,144,147
通貨高権　　6-7,231-32,235,247
テイラールール　　8
手形オペ［日］　　21,186
手形担保貸付［日］　　22,193-94
手形割引［日］　　185,187,189,192
テクノクラート　　116,233,262-63
ドイツ・ブンデスバンク，－法　　9,15-
　　18,60,235,244,252
ドイツレンダーバンク　　15-17

ナ　行

内閣機能の一元化，強化［日］　　162-
　　63,173,176,178,195
ナチ党，ナチス　　61-62,65,78-83,97,
　　107,121,123-24,213,251,259
日銀信用　　44,46-48,130,135,139-40,
　　146,192,206,251,258
日銀特融　　13
日銀乗換　　44
日銀引受　　21,22,24-28,32,130-31,
　　134-36,139-41,143,146,151,172,
　　181-83,195,199,205,261-62
日本銀行
　　日本銀行（第1・3章を除く）　　vi,
　　　　205-07,250-52,258,261
　　――改組　　172-76,178-79
　　――条例　　154,179,181-82,188,192
　　　　-93
　　――条例改正打合会　　181-84,186,
　　　　188-90,193
　　――制度改善に関する大蔵省及日本銀
　　　　行共同調査会　　25,130,134-36,
　　　　141,143,147,151,181-82,184-86,
　　　　187-90,192,200
　　――法（1942年）　　130-31,134,150,

274　索　引

152, 154, 159, 161, 176, 178-89, 194-96, 198, 200, 205-06, 250, 261
――法（1998年）　vi-viii, 4, 10-13, 15, 31, 46, 106
納入者国庫証券［独］　102-04, 107, 109-10, 112-18

ハ　行

ハーヴェイ・ロードの前提　7
賠償協定, ―債務　15, 54-55, 65
バランスシート　19, 20, 29
非正統的な金融政策　24
福祉国家　3, 232, 236, 242, 253-54, 258-59
物価の安定　3, 9-11, 14, 17, 39, 144
物資需要調書［日］　148, 166
物資動員計画［日］　130, 148, 150, 158, 162, 164-66, 168, 170-71, 177
プライマリーディーラー制度［日］　43
フンク Walther Funk　56, 108, 111, 114, 117-19, 121
米国債　32-36, 38
変態的金融緩慢［日］　25, 135
法人税［独］　83, 106
保管［独］　85-89, 110, 115
保険会社［独］　77, 97-98
保証準備発行［日］　135, 199
補整的財政論　5, 6, 200, 223

マ・ヤ　行

マネタリズム　8
美濃部洋次　148
メフォ手形［独］
　　メフォ手形, ―金融　66-74, 76-78, 81-95, 98, 100-02, 106, 109-10, 114-16, 122, 151
　　――償還　69-72, 74, 90, 95, 98, 100, 112
　　――証書　101-02, 114-16

物の予算［日］　130, 148, 167
結城豊太郎　154, 157, 159, 194-195
預金準備率制度［独］　64-65, 91
予算統制　37, 106-107, 123, 131, 134, 136, 141, 147-148, 150-151, 161, 166, 168, 171, 178, 195-196, 198-200, 251
四ヶ年計画, ―庁, ―全権委員　61, 84, 98-99, 105, 108, 114, 124, 251

ラ・ワ　行

ライヒ
　　――銀行券　55, 86-88, 95, 110
　　――発券準備　55-58, 61-63, 86-87, 232
　　――経済省, ―大臣　60-61, 78, 84, 89, 99, 101, 106, 108, 111-12, 117-19, 121-22, 124-25, 251
　　――国防省, 国防軍統合司令部　69-70, 72-75, 83-84, 102, 104, 124
　　――国庫, ―危機　86-87, 95, 103, 106, 109, 111, 113-14, 117, 206
　　――国庫手形　54-55, 59, 71, 77, 82, 85-87, 95, 103, 108, 110-11, 115, 119-20, 125, 206
　　――財政令　73, 75, 107, 123, 251
　　――財務省, ―大臣　56, 61, 63, 72-75, 78-79, 81-83, 86, 97-98, 102, 106-09, 110-13, 119, 122-25, 251
　　――政府決定（1933年4月4日）　72, 75, 107, 123, 150
　　――鉄道　55-56, 67, 89, 110-11, 119
　　――郵便　55, 67, 89, 97, 110-11
　　――利付国庫証券　90, 92, 96-98, 106, 108-11, 113, 119-20
　　――割引国庫証券　55, 82, 85-87, 91, 102-03, 110-11, 115-16, 120
ライヒスバンク［第2章を除く］　151, 205-06, 251-52, 261
　　――総裁　54-61, 65, 79, 114, 117, 121-22

——評議員会　　54,56,79
　　——法（1939年）　　15-16,49,54-56,
　　　62,85,103,111,114,116-17,119-21,
　　　125,205-06,261
　　——役員会　　55-56,58-59,62,73-
　　　74,93,99,108,112-113,119
ラインハルト計画（第一次，第二次）
　　→　雇用創出
立憲主義　　8
流動性公債［独］　→　ライヒ利付国庫
　　証券
量的緩和政策［日］　　4,18-19,22,28-
　　30,36-40,44,46,48

臨時軍事費特別会計［日］　　150,152,
　　198
臨時資金審査委員会［日］　　153-54,
　　156
臨時資金調整法［日］　　141,145,149,
　　152-54,156-59,177,185,199
ルター Hans Luther　　60,67,94,261
労務動員計画［日］　　164
ロンバード貸付［独］　　54-55,63,87,
　　90-91,102,118

割引短期国債［日］　　20,42,44,45

大島通義（おおしま・みちよし）

1952年慶應義塾大学経済学部卒業，1957年慶應義塾大学大学院経済学研究科博士課程単位取得退学．1954年慶應義塾大学経済学部副手に就任，その後，同教授，1995年退職．1995年獨協大学経済学部教授に就任，2000年退職．
〔主要業績〕『総力戦時代のドイツ再軍備——軍事財政の制度論的考察』1996年．"Von der Rüstungsfinanzierung zum Reichsbankgesetz 1939", in: *Jahrbuch für Wirtschaftsgeschichte*, 2006/1.

井手英策（いで・えいさく）

1995年東京大学経済学部卒業，2000年同大学院経済学研究科博士課程単位取得退学，同年，日本銀行金融研究所客員研究生，2001年東北学院大学経済学部助手，その後，専任講師を経て，現在，横浜国立大学大学院国際社会科学研究科助教授．
〔主要業績〕『高橋財政の研究——財政赤字の形成メカニズムと大蔵省統制』（近刊）有斐閣．"Policy Debates on Public Finance between the Ministry of Finance and the Bank of Japan from 1930 to 1936", *Monetary and Economic Studies*, Vol. 21 No. 4, Institute for Monetary and Economic Studies, Bank of Japan, 2003.

〔中央銀行の財政社会学〕　　　　　　　ISBN4-901654-76-4

2006年7月10日　第1刷印刷
2006年7月15日　第1刷発行

著 者	大 島 通 義 井 手 英 策
発行者	小 山 光 夫
印刷者	向 井 哲 男

発行所　〒113-0033 東京都文京区本郷1-13-2
　　　　電話(3814)6161　振替 00120-6-117170
　　　　http://www.chisen.co.jp
　　　　　　　　　　　　　　　株式会社 知泉書館

Printed in Japan　　　　　　　印刷・製本／藤原印刷